Vocabulaire de l'Arabe Dialectal Égyptien

Matthew Aldrich

lingualism

Image de couverture : © Can Stock Photo Inc. / khvost

ISBN-10 : 0692660380

site web : www.lingualism.com

email : contact@lingualism.com

Table des Matières

Introduction iii

Comment utiliser ce livre v

Prononciation vii

1 La Vie et la Mort 1

2 La Famille 5

3 L'Amour, le Mariage et le Sexe 10

4 Les Noms et les Formules d'Adresse 13

5 Le Corps Humain et les Descriptions Physiques 14

6 Les Vêtements, les Bijoux et les Accessoires 32

7 La Maison 39

8 Les Aliments et les Boissons 50

9 Le Travail 67

10 L'École et l'Éducation 73

11 La Santé et la Médecine 82

12 La Technologie 88

13 Circuler 92

14 En Ville 101

15 Les Bâtiments et les Constructions 102

16 La Banque 104

17 Le Bureau de Poste 105

18 Les Livres et la Papeterie 106

19 Les Achats 108

20 Au Restaurant 112

21 Loisirs et Repos 113

22 La Musique 122

23 Les Jeux et les Sports 124

24 Les Voyages et les Vacances 132

25 Le Gouvernement et la Politique 140
26 Le Crime et la Justice 143
27 L'Argent 146
28 Les Affaires et le Commerce 147
29 L'Agriculture 149
30 L'Armée 151
31 Les Facultés Mentales 153
32 Les Sentiments 154
33 La Personnalité 156
34 Les Goûts et les Aversions 157
35 Les Opinions et l'Entente 158
36 Les Désirs et les Intentions 160
37 La Religion 161
38 La Langue 165
39 Les Pays et les Nationalités 172
40 L'Égypte 178
41 Le Caire et ses Environs 180
42 La Terre et l'Espace 184
43 La Météo 188
44 Les Animaux 194
45 La Vie des Plantes 199
46 Les Couleurs 201
47 Les Formes, les Tailles et les Mesures 202
48 La Quantité 205
49 Les Nombres 206
50 Le Temps 214
51 Les Pronoms 223
52 Les Particules Interrogatives 225
53 Les Adverbes 227
54 Les Conjonctions 232

55 Les Prépositions 235

56 Les Verbes 239

57 Les Adjectifs 245

Notes 249

Index 260

Introduction

Plus encore que la grammaire, le vocabulaire est la clé d'une communication efficace en arabe. Vous avez besoin de mots pour communiquer ; vous avez besoin de mots pour écouter et comprendre.

Connaître la grammaire sur le bout des doigts ne vous sera d'aucun secours si vous ne possédez pas le terme approprié pour l'insérer dans la bonne structure. Vous pouvez entrer dans un magasin pourvu de structures grammaticales telles que "Je voudrais __." ou "Est-ce que vous avez __?", mais si vous ne connaissez pas le mot pour la chose que vous désirez, vous risquez fort de sortir de la boutique les mains vides. D'un autre côté, si vous entrez dans ce même magasin et dites simplement "sucre", il est quasi-certain que vous obtiendrez ce que vous étiez venu chercher.

Et sans un répertoire de vocabulaire étendu, vous ne comprendrez pas grand-chose à ce dont il est question autour de vous. Pour vos oreilles d'étranger, l'arabe parlé demeurera du charabia, mais une fois que vous pourrez comprendre la plus grande partie de ce que vous entendez, quelque chose de magique adviendra. Les informations extérieures deviendront gérables et vous serez à même d'utiliser les indices contextuels qui font sens pour deviner la signification de mots nouveaux et vous commencerez à faire de rapides progrès en arabe.

Il est donc très important de se constituer une vaste réserve de mots dès que possible. A cette fin, le *Vocabulaire de l'Arabe Dialectal Égyptien* s'avère être un outil particulièrement efficace. En présentant des phrases et des mots pratiques repartis par thèmes et arrangés dans une suite logique, les connections mentales qui participent à la mémorisation du vocabulaire sont favorisées. La présentation en colonnes parallèles de la traduction française, de la transcription phonétique et de l'écriture arabe autorise tout un éventail de possibilités pour étudier le vocabulaire en vous permettant de cacher les colonnes et de vous tester.

Les MP3s d'accompagnement, téléchargeables gratuitement auprès de "Audio Library" sur **www.lingualism.com**, constituent une part inestimable du processus d'apprentissage, vous permettant d'entendre et d'imiter la prononciation des locuteurs natifs, le ton, l'intonation et le rythme. Un matériel supplémentaire d'étude (des cartes mémoire Anki, un livre électronique) est disponible séparément auprès de www.lingualism.com et offre encore plus d'outils puissants pour une acquisition rapide du vocabulaire.

Bien qu'extrêmement important, le vocabulaire ne constitue encore qu'un aspect de l'apprentissage d'une langue. *Le Vocabulaire de l'Arabe Dialectal Égyptien* est l'outil idéal supplémentaire pour renforcer l'acquisition du vocabulaire. Cependant, il n'est pas conçu comme un cours autonome. Il va de soit que vous suivez, que vous avez suivi ou que vous projetez de suivre, un cours d'arabe dialectal égyptien (ADE). Autre possibilité, vous pourriez avoir étudier un autre dialecte arabe ou l'arabe standard moderne (ASM), et être désireux d'en apprendre davantage au sujet de l'ADE et d'accoutumer vos oreilles aux particularités de ce beau dialecte.

L'auteur voudrait remercier Mido Ali, Mostafa Said et Mostafa El-Kassar pour leur collaboration en fournissant des traductions en arabe égyptien authentique des articles de cet ouvrage, Lilia Khachroum et Patrick Baggett pour leur correction du texte, Pascal Loison pour la traduction de l'édition française et Cameleons Group au Caire pour l'enregistrement des MP3s.

MP3 download

Les **MP3s** peuvent être téléchargés gratuitement

en accédant à l'Audio Library de Lingualism sur :

www.lingualism.com

Comment Utiliser Ce Livre

Le Vocabulaire de l'Arabe Dialectal Égyptien est constitué de 57 sections thématiques, chacune étant consacrée à un sujet différent. Chaque section est numérotée pour faciliter les références entre l'index et les MP3.

Vous pouvez étudier les sections et les éléments individuels de vocabulaire dans l'ordre qui vous convient, comme vous pouvez aussi étudier le livre de façon systématique. N'hésitez pas à l'annoter ou à le surligner au fur et à mesure de votre utilisation. Personnalisez-le. Quelques pages de notes ont été laissées après la dernière section où vous pourrez ajouter d'autres mots que vous aurez appris à partir d'autres sources.

De nombreux mots pourraient logiquement appartenir à plus d'un sujet. Alors que certains mots apparaissent effectivement dans plus d'une section, la plupart d'entre eux n'apparaissent qu'une seule fois, ceci afin d'éviter les répétitions superflues. Etonnamment, vous pourriez ne pas trouver des animaux aussi communs que la *vache* et le *cheval* dans la section «Animaux», par exemple. En effet, les animaux d'élevage apparaissent plutôt dans la section "Agriculture". Ceci pourrait ne pas s'avérer tout à fait intuitif, aussi afin d'y remédier, un index figure à la fin du livre où les mots français sont indiqués en ordre alphabétique accompagnés du numéro de la section ou des sections dans lesquels ils apparaîssent.

- Pour les noms et les adjectifs qui ont une forme plurielle irrégulière, le pluriel est indiquée entre parenthèses.
- Si un nom est repertorié dans sa forme duelle ou sa forme plurielle ([pl.]), ceci est indiqué.
- Un nom se terminant en ـة est féminin, et un nom qui ne se termine pas par ـة est masculin. Le genre est marqué par [m.] et par [f.] pour les noms qui ne suivent pas cette règle.
- Tous les pays, exceptés ceux marqués [m.] et toutes les villes sont du genre féminin. Souvenez-vous en car les pays et les villes ne sont pas marqués [f.].
- Seule la version masculine des noms désignant des êtres humains est mentionnée quand l'équivalent féminin peut être formé en ajoutant un ـة. Par exemple, مدرس *mudarris* est un enseignant. Une enseignante sera donc مدرسة *mudarrisa.*
- Dans un souci de cohérence et de simplicité, la forme au masculin singulier est utilisée dans les expressions. Il vous faudra recourir à votre connaissance de la grammaire arabe pour formuler les équivalents féminins ou pluriels.

- Quelques noms sont répertoriés comme étant des *noms collectifs.* Une explication de l'utilisation des noms collectifs figure à la page 58.
- Quelques adjectifs sont invariables et sont indiqués [invar.]. Ceux-ci n'ont ni forme féminine, ni forme plurielle.
- Chaque verbe apparaît dans sa forme de base (sa forme la plus succincte sans aucun préfixe ou suffixe), qui est le masculin singulier au passé, littéralement "il a fait" ; cependant, la traduction française apparaît dans sa forme standard : "faire". Afin d'utiliser un verbe dans une phrase, il doit être conjugué.
- Chaque verbe est suivi par une indication entre petits crochets faisant référence à la table qui lui correspond dans le livre *Egyptian Colloquial Arabic Verbs*, lequel présente les tables de conjugaison permettant de construire toutes les formes conjuguées possibles de n'importe quel verbe figurant dans l'ADE.
- L'écriture arabe reflète les conventions courantes d'orthographe utilisées par les égyptiens, mais mis à part deux ou trois exceptions notables pour en faciliter la lecture : ـة and ـي apparaîssent avec des points, alors que la plupart des égyptiens omettent les points (ـه et ـى).
- Quelques mots, considérés comme vulgaires ou tabou, ne figurent pas sur les fichiers MP3 en raison de leur caractère délicat. Ceux-ci sont indiqués par un astérisque (*).

Prononciation

L'arabe dialectal égyptien (ADE) est un dialecte parlé sans statut officiel ni règles orthographiques. Les égyptiens ont tendance à emprunter les conventions orthographiques de l'arabe standard moderne avec quelques adaptations pour prendre en compte la prononciation propre à l'ADE. Cependant, l'écriture arabe est mal adaptée pour indiquer la prononciation réelle de l'ADE et les changements sonores qui interviennent quand les mots sont déclinés. (Pour une étude de ces modifications sonores, voir le livre *Egyptian Colloquial Arabic Verbs.*) Même si vous êtes à l'aise avec l'écriture arabe, mieux vaut prêter attention à la transcription phonétique pour déterminer la prononciation exacte des mots et expressions.

Consonnes

Les phonèmes suivants sont présents en français et ne devraient pas poser de difficultés aux apprenants :

			exemples
b	ب	[b] comme dans **b**anane	*bána* بنى *(construire)*
d	د	[d̪] comme dans **d**avantage	*dáras* درس *(étudier)*
f	ف	[f.] comme dans **f**our	*fāz* فاز *(gagner)*
g	ج	[g] comme dans **g**are	*gíri* جرى *(courir)*
ɣ	غ	[ɣ] comme dans **r**ouge	*ɣāb* غاب *(être absente)*
k	ك	[k] comme dans **k**ilo	*kal* كل *(manger)*
l	ل	[l] comme dans **l**oger	*líbis* لبس *(s'habiller)*
m	م	[m.] comme dans **m**ousson	*māt* مات *(mourir)*
n	ن	[n] comme dans **n**ièce	*nísi* نسى *(oublier)*
s	س ث	[s] comme dans **s**ublime	*sāb* ساب *(quitter)*
š	ش	[ʃ] comme dans **ch**aud	*šakk* شكّ *(douter)*
t	ت	[t̪] comme dans **t**ige	*taff* تفّ *(cracher)*
w	و	[w] comme dans **w**apiti	*wárra* ورّى *(montrer)*
y	ي	[j] comme dans **y**éti	*yíktib* يكتب *(il écrit)*
z	ز ذ	[z] comme dans **z**oo	*zār* زار *(visiter)*
ž	ج	[ʒ] comme dans **j**our et apparaît dans quelques emprunts, parfois orthographié چ pour le distinguer de ج [g]	*žim* جيم *(gym)*
v	ف	[v] (parfois orthographié ڤ) et [p] (پ) apparaîssent dans quelques emprunts, mais peuvent être prononcés aussi [f.] et [b], respectivement, par de nombreux locuteurs	*seven ap* سفن اپ *(7 Up = boisson gazeuse)*
p	ب		

Les phonèmes suivants n'ont pas d'équivalents en français et requièrent une attention particulière. Cependant, certains existent dans d'autres langues avec lesquelles vous pourriez être accoutumées.

h	ه	[h] légèrement expiré comme en anglais dans **h**ome.	*hágam* هجم *(attaquer)*
r	ر	[ɾ] roulé comme en espagnol ou en italien dans ca**r**a	*ráma* رمى *(jeter)*
L	ل	[ɫ] emphatique (vélarisé) comme en anglais dans ye**ll** ; en arabe ce phonème ne se rencontre que dans le nom ﷲ.	*aLLāh* الله *(Dieu)*
x	خ	[x] variation sourde de [ɣ] ; comme en allemand dans do**ch** ou en espagnol dans rojo	*xad* خد *(prendre)*
q	ق	[q] variation emphatique de k qui se fait au fond de la gorge (et non dans la bouche)	*qād* قاد *(mener)*
ɧ	ح	[ħ] une expiration plus forte que le simple **h**, comparable à celle émise quand on a un aliment beaucoup trop chaud dans la bouche et qu'on tente en expirant de rendre la bouchée supportable ou aussi lorsque l'on souffle sur une vitre pour y faire apparaître de la buée	*ɧáfar* حفر *(creuser)*
3	ع	[ʕ] une occlusive glottale emphatique qui se produit avec la langue retirée vers la gorge	*3írif* عرف *(savoir)*
ʔ	ء ق	[ʔ] une contraction sourde au niveau de la glotte, comme [ʕ] ci-dessus, mais dans un léger soupir ou formulé plus simplement, comme le léger étranglement qui s'intercalle entre les voyelles dans uh-oh.	*ʔíbil* قبل *(accepter)* *ʔá3lan* أعلن *(annoncer)*

Les phonèmes qui suivent n'ont pas non plus d'équivalent en français mais sont des versions dites "emphatiques" de sons qui sont pourtant familiers. Une consonne emphatique est prononcée plus profondément dans la gorge ou de façon plus lourde, comme si la langue s'était épaissie.

ḍ	ض	[dˤ] ***d*** emphatique	*ḍárab* ضرب *(frapper)*
ṣ	ص	[sˤ] ***s*** emphatique	*ṣamm* صمّ *(mémoriser)*
ṭ	ط	[tˤ] ***t*** emphatique	*ṭáwa* طوى *(plier)*
ẓ	ظ	[zˤ] ***z*** emphatique	*ẓann* ظنّ *(penser)*

Voyelles

			exemples
a	َ	[æ] se situe normalement entre le 'a' et le 'è' français, ou plutôt comme en anglais dans c**a**t ; [a] comme dans c**a**squette lorsqu'il se trouve dans une syllabe avec ***ḫ*** ou ***3***; et lorsqu'il se trouve dans le même môt que ***q***, ***ḍ***, ***ṣ***, ***ṭ***, ***ẓ*** ou bien souvent ***r***, [ɑ] comme dans g**a**z ou t**â**che (prononcé du fond de la gorge)	*kátab* كتب *(écrire)* *ḫámla* حاملى *(je remplirai)* *mabá3š* مباعش *(il n'a pas vendu)* *ḍárab* ضرب *(frapper)* *ɣáṣab* غصب *(forcer)*
ā	ـَا	[æ:] / [a:] / [ɑ:] comme le son ***a*** ci-dessus mais plus long	*nām* نام *(dormir)* *gā3* جاع *(avoir faim)* *qād* قاد *(mener)*
ē	ـَي	[e:] comme dans **é**tirer mais plus long	*malēt* مليت *(j'ai rempli)*
ᵊ		[ə] e muet. En arabe égyptien, on insère un ᵊ afin d'éviter que trois consonnes ne se succèdent.	*kúntᵊ hína* كنت هنا *(j'étais là)*
i	ِ	[ɪ] quelque peu comme dans **é**paule, ou plutôt comme en anglais dans k**i**d ; [ɛ] comme dans tr**è**s lorsqu'il se trouve dans une syllabe avec ***ḫ*** ou ***3*** ; dans une syllabe avec ***q***, ***ḍ***, ***ṣ***, ***ṭ*** ou ***ẓ***, [ɨ], produit avec la langue retirée vers la gorge	*3ílim* علم *(savoir)* *biyíḫsib* بيحسب *(il calcule)* *itẓāhir* اتظاهر *(manifester)*
ī	ـِي	[i:] normalement comme dans p**i**le mais plus long ; [ɛ:] and [ɨ:] comme le son ci-dessus mais plus long	*biygīb* بيجيب *(il apporte)* *biybī3* بيبيع *(il vend)* *3āqib* عاقب *(punir)*

ō	ـُو	[o:] comme dans b**eau** mais plus long	*nōm* نَوْم *(sommeil)*
u	ـُ	[ʊ] comme en anglais dans b**oo**k ; [o] comme dans b**eau** lorsqu'il se trouve dans une syllabe avec ***ḫ*** ou ***3***	*yúṭlub* يطلب *(il commande)* *inbā3u* انباعوا *(ils ont vendu)*
ū	ـُو	[u:] comme dans t**ou**t ; [o:] comme dans b**eau** mais plus long lorsqu'il se trouve dans une syllabe avec ***ḫ*** ou ***3***	*bitšūf* بتشوف *(tu vois)* *manba3ūš* مانباعوش *(ils n'ont pas vendu)*

1 La Vie et la Mort

vie	*ħaya, ħayāʔ*	حياة
vivre, habiter	*3āš* [1h2]	عاش
Je vis en Égypte, la "mère du monde".	*ana 3āyiš fi maşr, umm iddunya.*	انا عايش في مصر ام الدنيا.
Vive le roi !	*yi3īš ilmalik*	يعيش الملك!
en vie, vivant	*bi-lħaya* *3āyiš*	بالحياة عايش
accoucher ; donner naissance à	*wilid* [1s5]	ولد
naître	*itwalad* [7s1]	اتولد
naissance	*wilāda*	ولادة
nouveau né	*mawlūd (mawalīd)*	مولود (موليد)
bébé	*nūnu (nunuhāt)* *bībi (bibihāt)* *3ayyil şuɣayyar (3iyāl şuɣār)*	نونو (نونوهات) بيبي (بيبيهات) عيل صغير (عيال صغار)
nourrison	*raḍī3 (ruḍḍa3)*	رضيع (رضع)
être allaité, téter	*riḍi3* [1s4]	رضع
allaiter, nourrir au sein	*raḍḍa3* [2s2]	رضع
bébé, bambin	*ţifl^{ə} ş(u)ɣayyar (aţfāl şuɣār)*	طفل صغير (اطفال صغار)
couche-culotte	*ħafāḍa*	حفاضة
enfant (0-17 ans)	*3ayyil (3iyāl)* *ţifl (aţfāl)*	عيل (عيال) طفل (اطفال)

bien élevé	*mitrabbi* *muʔaddab*	متربي مؤدب
vilain, espiègle	*šaʔi (ašʔiya)*	شقي (اشقيا)
puéril	*3ayyil (fi taşarrufātu)*	عيل (في تصرفاته)
mûr	*sābiʔ sinnu*	سابق سنه

Parmi les mots énumérés ci-dessous, ceux placés en seconde position pour "garçon" et "fille" peuvent être considérés comme désobligeants dans de nombreux contextes. Il est conseillé d'utiliser uniquement les premiers mots (standard).

garçon	*walad, wād (awlād, wilād)*	ولد، واد (اولاد، ولاد)
fille	*bint* [f.], *bitt* [f.] *(banāt)*	بنت، بت (بنات)
adolescent	*murāhiq*	مراهق
grandir ; vieillir	*kibir* [1s4]	كبر

personne	*šaxş (ašxāş)*	شخص (اشخاص)
gens, personnes	*nās* [f. ou pl.]	ناس
jeune homme	*šabb (šubbān)*	شاب (شبان)
jeune femme	*šabba*	شابة
homme	*rāgil (rigāla)*	راجل (رجالة)
femme	*sitt* [f.]	ست
adulte	*bāliɣ*	بالغ
adultes	*kubār* [pl.]	كبار
les jeunes	*šabāb* [coll.]	شباب
jeune	*şuɣayyar (şuɣār)*	صغير (صغار)

Il n'y a pas d'équivalent en arabe commun pour «âge mûr». Au lieu de cela, on peut utiliser une description plus précise, telle que «avoir la quarantaine / cinquantaine».

dans la cinquantaine, d'âge mûr	*fi -lxamsiniyāt (min il3umr)*	في الخمسينيات (من العمر)

vieux, âgé	*kibīr (kubār) fi -ssinn* *3agūz (3awagīz)*	**كبير (كبار) في السن** **عجوز (عواجيز)**
vieil homme	*rāgil 3agūz* *rāgil kibīr*	**راجل عجوز** **راجل كبير**
vieille femme	*sitt^{ə} 3agūza* *sitt^{ə} k(i)bīra*	**ست عجوزة** **ست كبيرة**
vieillir, prendre de l'âge	*3aggiz* [2s1]	**عجز**
Tout le monde vieillit.	*kull innās bit3aggiz.*	كل الناس بتعجز.

enfance	*ṭufūla*	**طفولة**
dans son enfance	*fi ṭ(u)fultu*	في طفولته
adolescence	*murahaqa*	**مراهقة**
jeunesse	*šabāb*	**شباب**
dans sa jeunesse	*fi šabābu*	في شبابه
vieillesse	*sinn^{ə} k(i)bīr*	**سن كبير**

anniversaire	*3īd milād*	**عيد ميلاد**
Bon anniversaire !	*kull^{ə} sana w inta ṭayyib!*	**كل سنة و انت طيب!**
Je te remercie ! (en réponse à "Joyeux anniversaire !")	*w inta ṭayyib!*	**و انت طيب!**
Joyeux anniversaire et puisses-tu en fêter beaucoup d'autres !	*kull^{ə} sana w inta ṭayyib wi 3uʔbāl mīt sana ʔin šāʔ aLLāh!*	**كل سنة و انت طيب و عقبال مية سنة ان شاء الله!**
C'est quand ton anniversaire ?	*imta 3īd milādak?*	امتى عيد ميلادك؟
Mon anniversaire est en mai.	*3īd milādi f māyu.*	عيد ميلادي في مايو.

âge, durée de vie	*3umr (a3mār)*	**عمر (اعمار)**

toute sa vie	*ṭūl 3umru*	**طول عمره**
an, année	*sana (sinīn)*	**سنة (سنين)**
Quel âge as-tu?	*3andak kam sana?*	عندك كام سنة؟
J'ai 20 ans.	*3andi 3išrīn sana.*	عندي عشرين سنة.
avoir __ ans	*tamm* [1g3] *__ sana*	**تم __ سنة**
Il aura dix ans la semaine prochaine.	*haytimmᵊ 3ašar sinīn il?isbū3 ilgayy.*	هيتم عشر سنين الاسبوع الجاي.
J'ai eu 30 ans le mois dernier.	*tammēt talatīn sana -iššahr illi fāt.*	تميت تلاتين سنة الشهر اللي فات.
un garçon/enfant de 10 ans	*walad/wād/3ayyil/ṭiflᵊ 3andu 3ašar sinīn*	ولد/واد/عيل/طفل عنده عشر سنين
une femme de 50 ans	*sittᵊ 3andaha xamsīn sana*	ست عندها خمسين سنة
Quand es-tu né?	*itwaladtᵊ ?imta?*	اتولدت امتى؟
En quelle année es-tu né?	*itwaladtᵊ sanit kām?*	اتولدت سنة كام؟
Je suis né en 1980.	*itwaladtᵊ sanit alfᵊ tus3u miyya w tamanīn.*	اتولدت سنة الف تسع مية و تمانين.

(la) mort	*mōt*	**موت**
mourir	*māt* [1h1]	**مات**
mort(e)	*mayyit (amwāt)*	**ميت (اموات)**
décès	*wafāh (wafiyāt)*	**وفاة (وفيات)**
décéder	*itwaffa* [5d]	**اتوفى**
décédé	*mutawaffi*	**متوفي**
cadavre, corps	*gussa (gusas)*	**جثة (جثث)**
funérailles	*ganāza*	**جنازة**
enterrer	*dafan* [1s2]	**دفن**
être enterré	*itdafan* [7s1]	**اتدفن**

enterrement	*dafna*	دفنة
cercueil	*tabūt (tawabīt)*	تابوت (توابيت)
cimetière	*madfan (madāfin)* *maqbara (maqābir)*	مدفن (مدافن) مقبرة (مقابر)
tombe	*qabr (qubūr)*	قبر (قبور)
pierre tombale	*šāhid (šawāhid) qabr*	شاهد (شواهد) قبر
porter le deuil	*ɧizin* [1s4]	حزن
deuil	*ɧuzn*	حزن
période de deuil	*muddit ɧuzn*	مدة حزن
incinérer	*ɧaraʔ* [1s1] *gussitu*	حرق جثته
incinération	*ɧaraʔ*	حرق

2 La Famille

famille (élargie)	*3ēla*	عايلة
famille (proche)	*usra (usar)*	اسرة (اسر)
parent	*ʔarīb (ʔarāyib)*	قريب (قرايب)
J'ai de la famille qui vit à New York.	*ana 3andi ʔarāyib 3āyšīn fi nyuyōrk.*	انا عندي قرايب عايشين في نيويورك.
être apparenté à	*yiʔrab* [1s4] *li-*	يقرب لـ
Êtes-vous apparentés tous les deux ?	*huwwa -ntu ilʔitnēn tiʔrabu l-ba3ḍ?*	هو انتو الاتنين تقربوا لبعض؟
Je ne (lui) suis pas apparenté.	*ana maʔrablūš.*	انا مقربلوش.

père	*abb (abbahāt)* *wālid*	اب (ابهات) والد

mère	*umm* [f.] *(ummahāt)* *wālida*	ام (امهات) والدة

Dans une construction possessive, اب *abb* se transforme en ابو *abū-*. Mais ام *umm* reste inchangé.

ma mère et mon père	*ummi w abūya*	امي و ابويا
papa	*bāba* [m.]	بابا
maman	*māma* [f.]	ماما
ma maman et mon papa	*mamti wi babāya*	مامتي و بابايا
Bonjour, Papa !	*izzayyak ya bāba!* *izzayyak ya ʔabi!*	ازيك يا بابا! ازيك يا ابي!
Où es-tu, Maman ?	*fēnik ya māma?* *fēnik ya ʔummi?*	فينك يا ماما؟ فينك يا امي؟
parents (mère et père)	*ahl*	اهل

fils	*ibn (wilād, awlād)*	ابن (ولاد، اولاد)
fille	*bint* [f.] *(banāt)*	بنت (بنات)
As-tu des enfants ?	*3andak awlād?*	عندك اولاد؟
Combien d'enfants as-tu ?	*3andak kam walad?*	عندك كام ولد؟
avoir (un enfant)	*xallif* [1s1]	خلف
Ils ont eu des triplés.	*xallifu talat tawāʔim.*	خلفوا تلات توائم.

fratrie, frères et sœurs	*ixwāt* [pl.]	اخوات
frère	*axx (ixwāt wilād)*	اخ (اخوات ولاد)

Dans une construction possessive, اخّ *axx* devient اخو *axū-*.

Mon frère et le frère de mon ami sont venus avec moi.	*axūya w axū ṣaḥbi gum ma3āya.*	اخويا و اخو صاحبي جم معايا.
sœur	*uxt* [f.] *(ixwāt banāt)*	اخت (اخوات بنات)
grand frère, frère aîné	*axx*ᵊ *k(i)bīr*	اخ كبير

petite sœur, sœur cadette	*uxtᵊ ṣuɣayyara*	**اخت صغيرة**
As-tu des frères et sœurs ?	*3andak ixwāt?*	عندك اخوات؟
J'ai deux sœurs aînées et un frère cadet.	*3andi ʔuxtēn akbar minni wi ʔaxxe ʔaṣɣar minni.*	عندي اختين اكبر مني و اخ اصغر مني.
Je suis le plus jeune dans ma famille.	*ana ʔaṣɣar fardᵊ fi -lʔusra.*	انا اصغر فرد في الاسرة.
Je suis le fils cadet.	*ana -lʔaxx ilʔawsaṭ.*	انا الاخ الاوسط.
Je suis fils unique.	*ma-3andīš ixwāt.*	معنديش اخوات.
jumeau, jumelle (jumeaux, jumelles)	*tawʔam (tawāʔim)*	**توأم (توائم)**

توأم *tawʔam* peut se référer aux frères et aux sœurs issus d'une naissance multiple d'un nombre quelconque d'enfants (triplés, quadruplés, etc.)

Êtes-vous (deux) jumeaux ?	*huwwa -ntu -lʔitnēn tawʔam?*	هو انتو الاتنين توأم؟
J'ai un frère jumeau.	*3andi ʔaxxᵊ tawʔam.*	عندي اخ توأم.
demi-frère	*axxᵊ min abb* *axxᵊ min umm*	**اخ من اب** **اخ من ام**
demi-sœur	*uxtᵊ min abb* *uxtᵊ min umm*	**اخت من اب** **اخت من ام**
Il est mon demi-frère.	*huwwa (a)xūya min abūya.*	هو اخويا من ابويا.

mari	*gōz (agwāz)* *zōg (azwāg)*	**جوز (اجواز)** **زوج (ازواج)**
femme, épouse	*zawga (zawgāt)*	**زوجة (زوجات)**
la femme de __	*mirāt-__* [f.] *issittᵊ btā3it __* [f.]	**مرات __** **الست بتاعة __**
Sa femme est venue avec lui.	*mirātu gat ma3ā.* *issittᵊ bta3tu gat ma3ā.*	مراته جت معاه. الست بتاعته جت معاه.

Plutôt que d'utiliser un seul terme qui signifie "beau/belle", en arabe, les relations sont décrites.

beau-père (le mari de la mère)	*gōz umm*	جوز ام
belle-mère (la femme du père)	*mirāt abb*	مرات اب
beau-frère (le fils du mari de la femme ou le fils de la femme du mari)	*ibn^{ə} gōz umm* *ibn^{ə} mrāt abb*	ابن جوز ام ابن مرات اب
belle-sœur (la fille du mari de la mère ou la fille de l'épouse du père)	*bint^{ə} gōz umm* *bint^{ə} mrāt abb*	بنت جوز ام بنت مرات اب
beau-fils	*ibn^{ə} gōz* *ibn^{ə} mrāt-*	ابن جوز ابن مرات
belle-fille	*bint^{ə} gōz* *bint^{ə} mrāt-*	بنت جوز بنت مرات

grand-père	*gidd (gudūd)*	جد (جدود)
grand-mère	*gidda*	جدة
mes grand-parents	*giddi wi gidditi*	جدي و جدتي
grand-papa, Papi	*giddu*	جدو
grand-maman, Mamie	*tēta*	تيتة
arrière-grand-père	*abū gidd*	ابو جد
petit-fils	*ḫafīd (aḫfād)*	حفيد (احفاد)
petite-fille	*ḫafīda*	حفيدة
petits-enfants	*aḫfād* [pl.]	احفاد

oncle (le frère du père)	*3amm (a3mām, 3imām)*	عم (اعمام، عمام)
tante (l'épouse du frère du père)	*mirāt 3amm*	مرات عم
tante (la sœur du père)	*3amma*	عمة
oncle (le mari de la sœur du père)	*gōz 3amma*	جوز عمة

oncle (le frère de la mère)	*xāl (axwāl)*	خال (اخوال)
tante (la femme du frère de la mère)	*mirāt xāl*	مرات خال
tante (la sœur de la mère)	*xāla*	خالة
oncle (le mari de la sœur de la mère)	*gōz xāla*	جوز خالة

cousin (le fils du frère du père)	*ibnᵊ 3amm*	ابن عم
cousine (la fille du frère du père)	*bintᵊ 3amm*	بنت عم
cousin (le fils de la sœur du père)	*ibnᵊ 3amma*	ابن عمة
cousine (la fille de la sœur du père)	*bintᵊ 3amma*	بنت عمة
cousin (le fils du frère de la mère)	*ibnᵊ xāl*	ابن خال
cousine (la fille du frère de la mère)	*bintᵊ xāl*	بنت خال
cousin (le fils de la sœur de la mère)	*ibnᵊ xāla*	ابن خالة
cousine (la fille de la sœur de la mère)	*bintᵊ xāla*	بنت خالة
Nous sommes cousins.	*iɧna wilād 3amm.*	احنا ولاد عم.

L'exemple ci-dessus fait référence à deux ou plusieurs hommes/garçons dont les pères sont frères.

orphelin	*yatīm (aytām)*	يتيم (ايتام)
orphelinat	*malgaʔ (malāgiʔ) aytām*	ملجأ (ملاجئ) ايتام
adopter	*itbanna*	اتبنى
adoption	*tabanni*	تبني
être adopté	*ɧadd itbannā* [5d]	حد اتبناه
J'ai été adopté.	*ana mutabanni.*	انا متبني.
un fils adoptif	*ibnᵊ bi-ttabanni*	ابن بالتبني
parents adoptifs	*ahlᵊ bi-ttabanni*	اهل بالتبني

parents naturels	*walidēn* [dual]	والدين
ancêtres	*agdād* [pl.]	اجداد
descendants	*aђfād* [pl.]	احفاد

3 L'Amour, le Mariage et le Sexe

aimer, être amoureux	*ђabb* [1g3]	حب
amour	*ђubb*	حب
Je t'aime !	*baђibbak!*	بحبك!
chéri	*ђabīb*	حبيب
histoire d'amour	*rumansiyya*	رومانسية
aimer passionnément	*3iši?* [1s4]	عشق
la passion	*3aš?*	عشق
amoureux	*3āši? (3uššā?)*	عاشق (عشاق)
rendez-vous (galant)	*mi3ād (mawa3īd)*	ميعاد (مواعيد)
aller à un rendez-vous avec __	*xarag* [1s3] *ma3a __ fi mi3ād*	خرج مع __ في ميعاد
avoir une relation, être lié	*fi -rtibāţ* *fi 3alāqit ђubb*	في ارتباط في علاقة حب
un couple ; sortir ensemble	*murtabiţīn* [pl.]	مرتبطين
petit ami, petit copain	*şāђib (aşђāb, şuђāb)*	صاحب (اصحاب، صحاب)
petite amie, petite copine	*şaђba*	صاحبة
rompre	*infaşal* [7s2]	انفصل
briser le cœur de quelqu'un	*kasar* [1s1] *?albu*	كسر قلبه

fiançailles	*xuṭūba*	خطوبة
se fiancer	*itxaṭab* [7s1]	اتخطب
demander à son père sa main en mariage	*ṭalab* [1s3] *idēha m-n abūha li-lgawāz*	طلب ايديها من ابوها للجواز
fiancé	*xaṭīb (xuṭṭāb)*	خطيب (خطاب)
fiancée	*xaṭība*	خطيبة
Son fiancé travaille à l'étranger.	*xaṭibha šaɣɣāl barra.*	خطيبها شغال بره.

marié à	*mitgawwiz min*	متجوز من
Es-tu marié ?	*inta mitgawwiz?*	انت متجوز؟
célibataire	*3āzib* *miš mitgawwiz* *sīngil* [invar.]	عازب مش متجوز سينجل
se marier	*itgawwiz* [5s1]	اتجوز
mariage	*gawāz*	جواز
mariage arrangé	*gawāz ṣalunāt*	جواز صالونات
Ils se sont mariés l'année dernière.	*itgawwizu -ssana -lli fātit.*	اتجوزوا السنة اللي فاتت.
Il l'a épousée l'année dernière.	*itgawwizha -ssana -lli fātit.*	اتجوزها السنة اللي فاتت.
mariage	*faraḩ (afrāḩ)*	فرح (افراح)
(le) marié	*3arīs (3irsān)*	عريس (عرسان)
(la) mariée	*3arūs* [f.], *3arūsa (3arāyis)*	عروس، عروسة (عرايس)
lune de miel	*šahr*[ə] *3asal*	شهر عسل
jeunes mariés	*lissa mitgawwizīn* [pl.]	لسه متجوزين
anniversaire de mariage	*3īd gawāz*	عيد جواز

Ils ont célébré leur dixième anniversaire (de mariage).	*iḫtafalu bi-3īd gawazhum il3āšir.*	احتفلوا بعيد جوازهم العاشر.

divorce	*ṭalāʔ*	**طلاق**
divorcer	*itṭallaʔ* [5s2]	**اتطلق**
divorcé	*muṭallaq*	**مطلق**
se remarier	*itgawwiz* [5s1] *tāni*	**اتجوز تاني**
Mon père s'est remarié l'an dernier.	*abūya itgawwiz tāni -ssana -lli fātit.*	ابويا اتجوز تاني السنة اللي فاتت.
devenir veuf/veuve	*itrammil* [5s1]	**اترمل**
veuf	*armil (arāmil)*	**ارمل (ارامل)**
veuve	*armila (arāmil)*	**ارملة (ارامل)**

tromper __ avec, avoir une liaison/aventure avec	*xān* [1h1] *__ ma3a*	**خان __ مع**
Il trompait sa femme avec sa secrétaire.	*kān biyxūn mirātu ma3a -ssikirtēra.*	كان بيخون مراته مع السكرتيرة.

(un) baiser	*bōsa*	**بوسة**
embrasser	*bās* [1h1]	**باس**
sexe	*gins*	**جنس**
Les termes suivants n'apparaissent pas sur le MP3 en raison de leur caractère sensible :		
avoir des relations sexuelles	*māris* [3s] *ilgins**	**مارس الجنس**
coucher avec	*nām* [1h3] *ma3a**	**نام مع**
dormir ensemble	*nām* [1h3] *ma3a ba3ḍ**	**نام مع بعض**
baiser	*nāk** [1h2] [vulgaire]	**ناك**

4 Les Noms et les Formules d'Adresse

nom ; prénom	*ism (asmāʔ, asāmi)*	**اسم (اسماء، اسامي)**
Comment t'appelles-tu ?	*ismak ʔē?*	اسمك ايه؟
Mon nom est __.	*ismi __.*	اسمي __.
nom de famille	*ismᵊ 3ēla*	**اسم عايلة**
nom complet	*ismᵊ kāmil*	**اسم كامل**
appeler	*samma* [2d]	**سمى**
se nommer, s'appeler	*itsamma* [5d]	**اتسمى**
appeler	*nāda* [3d]	**نادى**
Comment dois-je m'addresser à vous ?	*tiḫibb anadīk bi-ʔē?*	تحب اناديك بايه؟
Appelez-moi juste/simplement __.	*nadīni __.* *ʔulli __.*	ناديني __. قوللي __.
titre ; surnom	*laqab (alqāb)*	**لقب (القاب)**
Il n'y a pas besoin de titres / de formalités.	*ma-fīš dā3i li-lʔalqāb.*	مفيش داعي للالقاب.
Je n'ai pas de surnom.	*ma-3andīš laqab.*	معنديش لقب.
alias, pseudonyme	*ismᵊ šuhra*	**اسم شهرة**

Un teknonyme est une épithète utilisée dans la culture arabe pour indiquer la familiarité et le respect. Il est composé du mot ابو *abū* pour un homme ou du mot ام *umm* pour une femme suivi par le nom du fils aîné, ou (si il n'y a pas de fils) de la fille aînée.

teknonyme	*kunya*	**كنية**
Abou Khaled	*abū xālid*	ابو خالد
Umm Ali	*ummᵊ 3ali*	ام علي

Monsieur !, Madame !, Mademoiselle !	*ya-fandim!*	**يا افندم!**

Monsieur !	*ya ʔustāz!*	يا استاذ!
Madame !	*ya madām!*	يا مدام!
Mademoiselle !	*ya ānisa*	يا انسة

Voici les titres qui peuvent précéder le nom d'une personne. Contrairement au français, les titres précèdent généralement le prénom.

M. __	*ustāz __*	استاذ __
Mme __, Mlle __	*madam __*	مدام __
Mademoiselle __	*ānisa __*	انيسة __
Dr (en médecine ou doctorat) __	*duktūr __*	دكتور __
Architecte __	*bašmuhandis __*	باشمهندس __

Oui? (réponse à quelqu'un qui vous appelle)	*afandim?*	افندم؟

5 Le Corps Humain et les Descriptions Physiques

corps	*gism (agsām)*	جسم (اجسام)

tête	*rās* [f.] *(rūs)*	راس (روس)
cerveau ; esprit	*dimāɣ* *muxx (amxāx)*	دماغ مخ (امخاخ)
crâne	*gumguma (gamāgim)*	جمجمة (جماجم)
visage	*wišš (wušūš)*	وش (وشوش)
Il a un visage rond.	*wiššu m(i)dawwar.*	وشه مدور.

Elle a un visage rectangulaire.	*wiššaha ṭawīl.*	وشها طويل
J'ai un visage carré.	*wišši mrabba3.*	وشي مربع.
Tu as un visage ovale.	*wiššak bayḍāwi.*	وشك بيضاوي.
laver le visage	*ɣasal* [1s2] *wiššu*	**غسل وشه**
front	*ʔūra (ʔiwar)*	**قورة (قور)**
Il a un grand front.	*3andu ʔūra kbīra.*	عنده قورة كبيرة.
sourcil	*gibīn (agbina)*	**جبين (اجبنة)**
froncer les sourcils, prendre un air renfrogné	*kaffar* [2s2]	**كفر**
joue	*xadd (xudūd)*	**خد (خدود)**
menton	*daʔn* [f.] *(duʔūn)*	**دقن (دقون)**
mâchoire	*fakk (fukūk)*	**فك (فكوك)**

œil	*3ēn* [f.] *(3iyūn, 3inēn)*	**عين (عيون، عنين)**

Le duel et le pluriel deviennent عني *3inē-* quand on ajoute un suffixe pronom. Le singulier, le duel, ou le pluriel peuvent être utilisés pour désigner les yeux d'une personne.

Mes yeux me démangent.	*3ēni btakulni*	عيني بتاكلني.
yeux bleus	*3iyūn zarʔa*	**عيون زرقا**
yeux verts	*3iyūn xaḍra*	**عيون خضرا**
yeux bruns	*3iyūn bunni*	**عيون بني**
Elle a de beaux yeux bruns.	*3inēha ɧilwa wi lunhum bunni.*	عنيها حلوة و لونهم بني.
De quelle couleur sont ses yeux?	*lōn 3inē ʔē?*	لون عنيه ايه؟
Ses yeux sont verts.	*3inē xaḍra.*	عنيه خضرا.

sourcil	*ђāgib (ђawāgib)*	حاجب (حواجب)
paupière	*gifn (gufūn)*	جفن (جفون)
cil	*rimš (rumūš)*	رمش (رموش)
Elle a de longs cils.	*rumušha ţawīla.*	رموشها طويلة.
avoir des cils épais	*rumūšu kasīfa*	رموشه كثيفة
le blanc des yeux (la sclère)	*bayāɖ 3ēn*	بياض عين
iris	*ninni 3ēn*	نني عين
pupille	*ђadaqa*	حدقة
cligner des yeux	*ramaš*	رمش
faire un clin d'œil	*ɣamaz*	غمز
fermer les yeux	*ɣammaɖ* [2s2] *3ēnu*	غمض عينه
ouvrir les yeux	*fataђ* [1s1] *3inē*	فتح عنيه
avoir des cernes sous les yeux	*3inē taђtaha iswid*	عنيه تحتها اسود
avoir un strabisme, louché	*aђwal* [m.], *ђōla* [f.] *(ђūl)*	احول، حولا (حول)
aveugle	*3ama* [m.], *3amya* [f.] *(3umy)*	عمى، عميا (عمي)
voir	*šāf* [1h1]	شاف
Je ne peux pas voir l'horloge à partir d'ici.	*miš šāyif issā3a min hina.*	مش شايف الساعة من هنا.
vue, vision	*naẓar*	نظر
J'ai une vue parfaite.	*nazari ʔawi.*	نظري قوي.
porter des lunettes	*libis* [1s5] *naɖɖāra*	لبس نضارة
Je pense que tu as besoin de lunettes.	*ana šāyif innak miђtāg naɖɖāra.*	انا شايف انك محتاج نضارة.

pleurer	*3ayyaț* [2s2]	**عيط**
larme	*dam3a (dimū3)*	**دمعة (دموع)**
Pourquoi as-tu les yeux rouges? As-tu pleuré?	*3ēnak ħamra lē? kuntᵊ bit3ayyaț?*	عينك حمرا ليه؟ كنت بتعيط؟

nez	*manaxīr* [pl.]	**مناخير**

مناخير *manaxīr* est toujours au pluriel, pour parler du nez. (A l'origine le singulier fait référence à une narine.)

narine	*fatħit manaxīr*	**فتحة مناخير**
gros nez / nez fort	*manaxīr kibīra*	**مناخير كبيرة**
petit nez	*manaxīr şuɣayyara*	**مناخير صغيرة**
nez droit / nez fort / nez pointu	*manaxīr mudabbaba*	**مناخير مدببة**
crochet / nez crochu	*manaxīr ma3qūfa*	**مناخير معقوفة**
éternuer	*3ațas* [1s1]	**عطس**
morve	*barbūr (barabīr)*	**بربور (برابير)**
avoir le nez qui coule	*barbar* [11s2]	**بربر**
se moucher	*naff* [1g3]	**نف**
se mettre les doigts dans le nez	*li3ib* [1s4] *fi manaxīru*	**لعب في مناخيره**
sentir	*šamm* [1g2]	**شم**
odorat	*ħassit šamm*	**حاسة شم**
Je n'ai pas un très bon odorat.	*ħassit šammi miš ʔawiyya.* *miš ba3raf ašimmᵊ kwayyis.*	حاسة شمي مش قوية. مش بعرف اشم كويس.

Je crois que je sens (l'odeur) de la fumée.	*ana ḫāsis inni šāmim rīḫit duxxān.*	انا حاسس اني شامم ريحة دخان.

oreille	*widn* [f.] *(widān)*	ودن (ودان)
lobe de l'oreille	*šaḫmit widn*	شحمة ودن
entourer son oreille de sa main (pour mieux entendre)	*ḫaṭṭ* [1g2] *īdu wara widnu*	حط ايده ورا ودنه
entendre	*simi3* [1s4]	سمع
Entends-tu ce bruit?	*sāmi3 iddawša di?*	سامع الدوشة دي؟
avoir des bourdonnements dans l'oreille	*widnu bitṣaffar*	ودنه بتصفر
être malentendant	*sam3u taʔīl*	سمعه تقيل
sourd	*aṭraš* [m.], *ṭarša* [f.] *(ṭurš)*	اطرش، طرشا (طرش)
porter une aide auditive / un appareil auditif	*libis* [1s5] *sammā3a*	لبس سماعة
avoir les oreilles percées	*widnu maxrūma*	ودنه مخرومة
cire d'oreille, cérumen	*šam3ᵊ widn*	شمع ودن

bouche	*buʔʔ (biʔāʔ)*	بق (بقاق)
sourire	*ibtasam* [8s1]	ابتسم
ouvrir sa bouche	*fataḫ* [1s1] *buʔʔu*	فتح بقه
fermer sa bouche	*ʔafal* [1s2] *buʔʔu*	قفل بقه
langue	*lisān (alsina)*	لسان (السنة)
goûter	*dāʔ* [1h1]	داق

Est-ce que tu sens la menthe dans ce dessert?	*ђāsis bi-ţa3mᵊ ni3nā3 fi -lђalawiyyāt di?*	حاسس بطعم نعناع في الحلويات دي؟
lèvre	*šiffa (šafāyif)*	**شفة (شفايف)**
lèvre supérieure	*aššiffa -lli fōʔ*	**الشفة اللي فوق**
lèvre inférieure	*aššiffa -lli taђt*	**الشفة اللي تحت**
avoir des lèvres minces	*3andu šafāyif şuɣayyara*	**عنده شفايف صغيرة**
lèvres pleines	*šafāyif milyāna*	**شفايف مليانة**
lèvres sèches ou gercées	*šafāyif našfa*	**شفايف ناشفة**
dent	*sinn, sinna (sinān)*	**سن، سنة (سنان)**
gencives	*lissa*	**لثة**
se brosser les dents	*ɣasal* [1s2] *sinānu*	**غسل سنانه**
de la soie dentaire	*naḍḍaf* [2s2] *sinānu bilxēţ*	**نضف سنانه بالخيط**
dents de devant	*sinān ʔuddamaniyya* [pl.]	**سنان قدمانية**
mordre	*3aḍḍ* [1g2]	**عض**
molaire	*ḍirs (ḍurūs)*	**ضرس (ضروس)**
mâcher	*naḍaɣ* [1s3]	**نضغ**
cracher	*taff* [1g3]	**تف**
crachat	*tifāfa*	**تفافة**
salive	*rīʔ* *lu3āb*	**ريق** **لعاب**
bailler	*ittāwib* [6s]	**اتاوب**
tousser	*kaђђ* [1g2]	**كح**
faire un rot, roter	*itkarra3* [5s2]	**اتكرع**

avoir mauvaise haleine	*rīɧit buʔʔu w(i)ɧiša*	**ريحة بقه وحشة**
les amygdales	*lōza (liwaz)*	**لوزة (لوز)**
cou	*raʔaba (riʔāb)*	**رقبة (رقاب)**
nuque	*ʔafa (ʔafawāt)*	**قفا (قفوات)**
gorge	*zūr (zuwār)*	**زور (زوار)**
larynx	*ɧangara (ɧanāgir)*	**حنجرة (حناجر)**
respirer	*itnaffis* [5s1]	**اتنفس**
inspirer profondément	*itnaffis* [5s1] *bi-3umq*	**اتنفس بعمق**
souffle	*nafas (anfās)*	**نفس (انفاس)**
avaler	*bala3* [1s1]	**بلع**
s'étrangler, s'étouffer	*širiʔ* [1s4] *fī*	**شرق في**
Il a failli s'étouffer sur un morceau de nourriture.	*širiʔ fi ɧittit akl.*	شرق في حتة اكل.
cheveux	*ša3r* [coll.]	**شعر**
cheveux brun foncé	*ša3rᵊ bunni ɣāmiʔ*	**شعر بني غامق**
cheveux chatain clair	*ša3rᵊ bunni fātiɧ*	**شعر بني فاتح**
cheveux blonds	*ša3r aʂfar*	**شعر اصفر**
Elle est blonde.	*ša3raha aʂfar.*	شعرها اصفر.
cheveux noirs	*ša3r iswid*	**شعر اسود**
roux	*ša3r aɧmar*	**شعر احمر**
cheveux gris	*ša3rᵊ ruʂāʂi*	**شعر رصاصي**

cheveux blancs	*ša3r abyaḑ*	**شعر ابيض**
teindre ses cheveux	*şabaɣ* [1s3] *ša3ru*	**صبغ شعره**
Elle se teint les cheveux en blond.	*bituşbuɣ ša3raha aşfar.*	بتصبغ شعرها اصفر.
Elle est blonde naturelle.	*ša3raha aşfar ţabī3i.*	شعرها اصفر طبيعي.
cheveux longs	*ša3rᵊ ţawīl*	**شعر طويل**
cheveux courts	*ša3rᵊ ʔuşayyar*	**شعر قصير**
cheveux mi-longs	*ša3rᵊ l-ɧadd ilkitf*	**شعر لحد الكتف**
cheveux raides	*ša3rᵊ nā3im*	**شعر ناعم**
cheveux bouclés	*ša3rᵊ kirli*	**شعر كيرلي**
cheveux ondulés	*ša3rᵊ mumawwag*	**شعر مموج**
Elle a de beaux longs cheveux bruns raides.	*ša3raha ţawīl wi ɧilwᵊ w nā3im wi bunni.*	شعرها طويل و حلو و ناعم و بني.
se peigner / se brosser les cheveux	*maššaţ* [2s2] *ša3ru*	**مشط شعره**
se faire couper les cheveux	*ʔaşşᵊ* [1g2] *ša3ru*	**قص شعره**
chauve	*aşla3* [m.], *şal3a* [f.] (Sul3)	**اصلع، صلعة (صلع)**
devenir chauve	*işla33* [9s] *baʔa* [1d1] *aşla3*	**اصلع** **بقى اصلع**
pattes	*sawālif* [pl.]	**سوالف**
queue de cheval	*dēl ɧusān*	**ديل حصان**
tresses	*ḑafāyir* [pl.]	**ضفاير**
Elle porte ses cheveux en tresses.	*biti3mal ša3raha ḑafāyir.*	بتعمل شعرها ضفاير.
chignon	*kaɧka*	**كحكة**

Elle porte habituellement ses cheveux en chignon.	*hiyya dayman bitlimmᵊ ša3raha kaɦka.*	هي دايما بتلم شعرها كحكة.
frange	*ʔuşşa (ʔuşaş)*	**قصة (قصص)**
Tu es bien avec une frange. Ça te va bien la frange.	*šaklak ɦilw bi-lʔuşşa.*	شكلك حلو بالقصة.
perruque, postiche	*barūka*	**باروكة**
On voit qu'il porte une perruque.	*šaklu lābis barūka.*	شكله لابس باروكة.
barbe	*daʔn* [f.] *(duʔūn)*	**دقن (دقون)**
moustache	*šanab*	**شنب**
Il porte la barbe et la moustache.	*3andu šanab wi daʔn*	عنده شنب و دقن.
bouc, barbiche	*saksūka*	**سكسوكة**
entretenir sa barbe	*hazzib* [2s1] *daʔnu*	**هذب دقنه**
raser	*ɦalaʔ* [1s1]	**حلق**
Je me rase tous les matins.	*baɦlaʔ kullᵊ yōm işşubɦ.*	بحلق كل يوم الصبح.
rasé de près	*ɦalīʔ iddaʔn*	**حليق الدقن**
barbe de plusieurs jours	*daʔnᵊ xafīfa*	**دقن خفيفة**

peau	*gild* *bašra*	**جلد** **بشرة**
bouton (d'acné)	*fasfūsa (fasafīs)*	**فسفوسة (فسافيس)**
J'ai un énorme bouton sur le menton !	*3andi fasfūsa kbīra fi daʔni.*	عندي فسفوسة كبيرة في دقني.
acné	*ɦabb iššabāb*	**حب الشباب**

Pendant son adolescence, il avait beaucoup d'acné.	*kān 3andu ɧabb iššabāb wi huwwa šabb.*	كان عنده حب الشباب و هو شاب.
avoir une mauvaise peau	*wiššu m(i)ɧabbib*	**وشه محبب**
avoir une belle peau	*bašritu ṣafya*	**بشرته صافية**
blanc de peau	*abyaḍ* [m.], *bēḍa* [f.] *(bēḍ)*	**ابيض، بيضا (بيض)**
noir de peau	*ʔasmar* [m.], *samra* [f.] (sumr)	**اسمر، سمرا (سمر)**
avoir un teint olivâtre	*bašritu ʔamɧi*	**بشرته قمحي**
avoir la peau sèche	*bašritu gaffa*	**بشرته جافة**
mettre une lotion	*ɧaṭṭᵊ* [1g2] *lōšin*	**حط لوشن**
mettre de la crème solaire	*ɧaṭṭᵊ* [1g2] *wāqi šams* *ɧaṭṭᵊ* [1g2] *ṣan bluk*	**حط واقي شمس** **حط صن بلوك**
taches de rousseur	*namaš* [coll.]	**نمش**
Elle a beaucoup de taches de rousseur.	*3andaha namaš kitīr.*	عندها نمش كتير.
gros grain de beauté, tache de naissance	*waɧma*	**وحمة**
(des) rides	*taga3īd* [pl.]	**تجاعيد**
On se ride en vieillissant.	*kullᵊ ma tikbar bitgīlak taga3īd.*	كلما تكبر بتجيلك تجاعيد.
cicatrice	*nadba*	**ندبة**
tatouage	*tatū* *wašm* [coll.]	**تاتو** **وشم**
Il a un tatouage sur son bras gauche.	*huwwa 3andu tatū 3ala drā3u ššimāl.*	هو عنده تاتو على دراعه الشمال.
As-tu des tatouages?	*inta rāsim wašm?*	انت راسم وشم ؟

bras	*dirā3*	دراع
coude	*kū3 (ki3ān)*	كوع (كعان)
aisselle	*bāţ* *taɧt ilbāţ*	باط تحت الباط
transpiration	*3araʔ*	عرق
suer, transpirer	*3iriʔ* [1s4]	عرق
en sueur	*3arʔān*	عرقان
Il était en sueur après avoir joué au football.	*huwwa kān 3arʔān awi ba3dᵊ li3b kōra.*	هو كان عرقان اوي بعد لعب كورة.

main ; poignet	*īd* [f.] *(idēn, ayādi)*	ايد (ايدين، ايادي)
Qu'est-ce que tu as dans la main?	*fī ʔē f- īdak?*	فيه ايه في ايدك؟

Le pluriel devient ايديـ *idē-* lorsqu'on ajoute le pronom-suffixe.

Ils portent tous des montres au poignet.	*kulluhum labsīn sa3āt fi idēhum.*	كلهم لابسين ساعات في ايديهم.
doigt	*şubā3 (şawābi3)*	صباع (صوابع)
empreinte digitale	*başmit şubā3*	بصمة صباع
pouce	*şubā3 kibīr*	صباع كبير
(doigt) index	*şubā3 tāni*	صباع تاني
(doigt) majeur	*şubā3 wisţāni* *sabbāba*	الصباع وسطاني سبابة
annulaire	*şubā3 xātim*	صباع خاتم

petit doigt, auriculaire	*şubā3 şuɣayyar*	صباع صغير
bout du doigt	*ţaraf şubā3*	طرف صباع
ongle	*ḍufr (ḍawāfir)*	ضفر (ضوافر)
paume	*kaff (kufūf)*	كف (كفوف)
dos de la main	*ḍahr īd (ḍuhūr idēn)*	ضهر ايد (ضهور ايدين)
balle de la main	*bāţi n īd (bawāţin idēn)*	باطن ايد (بواطن ايدين)
jointures, articulations	*mafşal şubā3 (mafāşil şawābi3)*	مفصل صباع (مفاصل صوابع)
poignet	*mafşal īd (mafāşil idēn)*	مفصل ايد (مفاصل ايدين)
faire un poing (avec sa main)	*kawwar* [2s2] *īdu*	كور ايده
étendre les doigts de la main	*maddᵊ* [1g3] *şawābi3u*	مد صوابعه
tenir, serrer, agripper	*misik* [1s5]	مسك
pointer vers	*šāwir* [3s] *3ala*	شاور على
Il a pointé l'horloge du doigt.	*šāwir 3ala -ssā3a.*	شاور على الساعة.

jambe, pied	*rigl* [f.] *(riglēn)*	رجل (رجلين)

Le pluriel devient رجليـ *riglē-* lorsqu'on ajoute un pronom suffixe.

cuisse	*faxd (fixād)*	فخد (فخاد)
tibia	*ʔaşabit rigl*	قصبة رجل
mollet	*sammāna*	سمانة
genou	*rukba (rukab)*	ركبة (ركب)
cheville	*mafşal rigl (mafāşil riglēn)*	مفصل رجل (مفاصل رجلين)

plante ; voute plantaire	*bāţin rigl (bawāţin riglēn)*	باطن رجل (بواطن رجلين)
talon	*ka3b (ku3ūb)*	كعب (كعوب)
doigt de pied, orteil	*şubā3 rigl (şawābi3 riglēn)*	صباع رجل (صوابع رجلين)

épaule	*kitf (kitāf)*	كتف (كتاف)
avoir les épaules larges	*kitāfu 3arīḑa*	كتافه عريضة
torse, poitrine, seins	*şadr (şudūr)*	صدر (صدور)
avoir la poitrine plate	*ma-3andahāš şadr**	معندهاش صدر
nichon	*bizz (bizāz)**	بز (بزاز)
mamelon	*ɧalama*	حلمة
abdomen, ventre, estomac	*baţn* [f.] *(buţūn)*	بطن (بطون)
dos	*ḑahr (ḑuhūr)*	ضهر (ضهور)
taille, hanches	*wisţ*	وسط
nombril	*surra (surar)*	سرة (سرر)

organes internes	*aɧšāʔ* [pl.]	احشاء
estomac	*mi3da (mi3ad)*	معدة (معد)
intestins	*maşarīn* [pl.]	مصارين
poumon	*riʔa (riʔtēn)*	رئة (رئتين)
cœur	*ʔalb (ʔulūb)*	قلب (قلوب)

battre, palpiter	*daʔʔ* [1g2] *nabaḍ* [1s3]	دق نبض
rythme cardiaque, pouls	*daʔʔit ʔalb* *nabḍit ʔalb*	دقة قلب نبضة قلب
foie	*kibd (akbād)*	كبد (اكباد)
rein	*kilya*	كلية
vessie	*masāna*	مثانة
vésicule biliaire	*marāra*	مرارة
glande	*ɣudda (ɣudad)*	غدة (غدد)
glande thyroïde	*ɣudda daraqiyya*	غدة درقية

os	*3aḍm* [*3aḍm*]	عضم (عضم)
squelette	*haykal 3aẓmi (hayākil 3azmiyya)*	هيكل عظمي (هياكل عظمية)
colonne vertébrale	*3amūd faʔri (3awamīd faʔriyya)*	عمود فقري (عواميد فقرية)
côte	*ḍil3 (ḍulū3)*	ضلع (ضلوع)
muscle	*3aḍala*	عضلة
veine	*warīd (awrida)*	وريد (اوردة)
artère	*širyān (šarayīn)*	شريان (شرايين)
sang	*damm*	دم
nerf	*3aṣab (a3ṣāb)*	عصب (اعصاب)

organes génitaux, parties intimes	*a3ḑāʔ tanasuliyya*	اعضاء تناسلية

Inutile de dire qu'il faut être prudent quand on parle de «parties intimes». Il y a de nombreux synonymes (et des euphémismes), mais chacun n'est approprié que dans certains contextes sociaux. Il y a des termes médicaux qui peuvent être utilisés lorsqu'il est nécessaire de mentionner les «parties intimes», comme lorsque l'on parle à un médecin. Il y a aussi des euphémismes utilisés avec de petits enfants. Et bien sûr, il y a les termes vulgaires qui ne doivent être utilisés qu'avec des proches susceptibles de ne pas être offensés par ces vulgarités. En tant que locuteur non-natif, il est conseillé d'éviter complètement d'utiliser des termes vulgaires, car ils pourraient vous causer des ennuis ; néanmoins, ils sont inclus ici pour pouvoir les reconnaître. Toutefois, en raison de leur caractère sensible, ils (et les mots apparentés) ne figurent pas sur les MP3.

pénis	*ʔaḑīb (ʔuḑbān)**	قضيب (قضبان)
zizi (pénis)	*ɧamāma** [enfants]	حمامة
bite	*zibb (azbāb)** [vulgaire] *zubr (azbār)** [vulgaire]	زب (ازباب) زبر (ازبار)
avoir une érection	*intaşab**	انتصب
érection	*intişāb**	انتصاب
avoir la trique	*zibbu wiʔif** [i5] [vulgaire]	زبه وقف
bander	*zibbᵊ wāʔif** [vulgaire]	زب واقف
testicule	*xaşya**	خصية
scrotum, testicules	*kīs şafan (ikyās aşfān)**	كيس صفن (اكياس اصفان)
les couilles (scrotum)	*xaşyitēn** [dual] *biḑān** [vulgaire]	خصيتين بيضان
vagin	*mihbal (mahābil)**	مهبل (مهابل)
zézette	*ilɧitta -lli min ʔuddām** [enfants]	الحتة اللي من قدام

chatte	*kuss (iksās)** [vulgaire]	كس (اكساس)
nu, à poil	*3iryān (3arāya)**	عريان (عرايا)
postérieur, derrière	*ma?3ad (ma?ā3id)** *mu?axxira**	مقعد (مقاعد) مؤخرة
derrière	*ilɦitta -lli wara** [enfants]	الحتة اللي ورا
cul, fesses	*ṭīz* [f.] *(ṭiyāz)** [vulgaire]	طيز (طياز)
anus	*šarag**	شرج
trou du cul	*xurm ṭīz (xurūm ṭiyāz)** [vulgaire]	خرم طيز (خروم طياز)
uriner	*itbawwil** [5s1]	اتبول
urine	*bōl**	بول
faire pipi	*3amal* [1s2] *bībi**	عمل بيبي
pipi	*bībi**	بيبي
pisser	*šaxx** [1g2] [vulgaire]	شخ
Il y avait un homme qui pissait sur le côté de la route.	*kān fī rāgil biyšuxxᵊ 3ala gamb iṭṭarī?.**	كان فيه راجل بيشخ على جنب الطريق.
uriner (en position debout)	*ṭarṭar** [11s2] [vulgaire]	طرطر
déféquer	*itbarriz** [5s1]	اتبرز
excréments, matières fécales	*burāz**	براز
Attention ! Ne marche pas dans la crotte de chien !	*xalli bālak! ma-tdussšᵊ 3ala b(u)rāz ilkalb!**	خلي بالك! متدوسش على براز الكلب!
faire caca	*3amal* [1s2] *kāka** [enfants]	عمل كاكا

caca	*kāka** [enfants]	**كاكا**
chier	*xiri** [1d5] [vulgaire]	**خري**
merde	*xara** [coll. ; vulgaire]	**خرى**
péter	*ḍarraṭ** [2s2]	**ضرط**
(un) pet	*ḍarṭa**	**ضرطة**
lacher un gaz	*ṭalla3* [2s2] *rīḫ*	**طلع ريح**
aller aux toilettes	*rāḫ* [1h1] *ilḫammām* *rāḫ* [1h1] *ittuwalitt*	**راح الحمام** **راح التواليت**
Je dois aller aux toilettes.	*3āyiz arūḫ ilḫammām.*	عايز اروح الحمام.

hauteur	*ṭūl (aṭwāl)*	**طول (اطوال)**
grand	*ṭawīl (ṭuwāl)*	**طويل (طوال)**
la hauteur moyenne	*mutawassiṭ iṭṭūl*	**متوسط الطول**
petit	*ʔuṣayyar (ʔuṣār)*	**قصير (قصار)**
Quelle est ta taille?	*ṭūlak ʔaddᵊ ʔē?*	طولك اد ايه؟
Je fais/mesure 1,75 mètres.	*ṭūli miyya xamsa wi sab3īn santi.*	طولي مية خمسة وسبعين سنتي.

poids	*wazn (awzān)*	**وزن (اوزان)**
Combien pèses-tu?	*waznak kam kīlu?*	وزنك كام كيلو؟
Je pèse 70 kg.	*wazni sab3īn kīlu.*	وزني سبعين كيلو.
gabarit, forme du corps	*šaklᵊ gism*	**شكل جسم**
graisse	*tixīn (tuxān)*	**تخين (تخان)**

prendre du poids	*tixin* [1s4]	**تخن**
Ne mange pas trop afin de ne pas prendre de poids.	*ma-takulšᵊ b-ziyāda 3ašān ma-titxanš.*	متاكلش بزيادة عشان متتخنش.
embonpoint	*waznu zāyid*	**وزنه زايد**
joufflu	*mikalbaẓ*	**مكلبظ**
dodu, corpulent	*malyān*	**مليان**
poids moyen	*waznu k(u)wayyis* *gismu k(u)wayyis*	**وزنه كويس** **جسمه كويس**
mince	*rufayya3*	**رفيع**
maigre	*gildᵊ 3ala 3aḍm*	**جلد على عضم**

l'apparence (de quelqu'un)	*šaklu*	**شكله**
bel homme ; beau	*gamīl (gumāl)*	**جميل (جمال)**
beau, séduisant, joli	*ḫilw* *wasīm*	**حلو** **وسيم**
mignon	*kyūt* [invariable]	**كيوت**
Mon Dieu, ces filles sont si mignonnes !	*waLLāhi, ilbanāt dōl kyūt xāliṣ!*	و اللهي البنات دول كيوت خالص!
laid, moche	*wiḫiš*	**وحش**
(une) apparence quelconque	*šaklu 3ādi*	**شكله عادي**

6 Les Vêtements, les Bijoux et les Accessoires

vêtements	*hudūm* [pl.] *malābis* [pl.]	هدوم ملابس
vêtements pour hommes	*hudūm rigāli*	هدوم رجالى
vêtements pour femmes	*hudūm ḫarīmi*	هدوم حريمى
sous-vêtements	*hudūm daxliyya*	هدوم داخلية
caleçon	*kalsōn*	كلسون
maillot de corps (aussi : T-shirt, tricot de corps)	*fanilla* *falinna*	فانلة فالنة
culotte	*kulutt*	كلوت
panties, collants	*kulōn*	كولون
soutien-gorge	*sutyān* *sintiyān*	سوتيان سنتيان
chemise	*ʔamīṣ (ʔumṣān)*	قميص (قمصان)
col	*yāʔa*	ياقة
manche	*kumm (kimām)*	كم (كمام)
chemise à manches longues	*ʔamīṣ bi-kummᵊ ṭawīl*	قميص بكم طويل
à manches courtes	*bi-nuṣṣᵊ kumm* *bi-kummᵊ ʔuṣayyar*	بنص كم بكم قصير
T-shirt	*tī širt*	تي شيرت
polo	*tī širtᵊ pōlu*	تي شيرت بولو
chemisier	*bilūza*	بلوزة

pantalon	*banṭalōn*	بنطلون
jambe de pantalon	*rigl ilbanṭalōn*	رجل البنطلون
jeans	*žins, žīnz*	جينز
short	*šōrt*	شورت
ceinture	*ḫizām (ḫizíma)*	حزام (حزمة)
boucle (de ceinture)	*tōkit ḫizām*	توكة حزام

costume	*badla (bidal)*	بدلة (بدل)
veste de costume	*žākit badla*	جاكيت بدلة
uniforme	*yunifōrm* *ziyy (azyāʔ)*	يونيفورم زي (ازياء)
galabeya (vêtement traditionnel égyptien)	*galabiyya (galalīb)*	جلابية (جلاليب)

cravate	*garafatta*	كرافتة
nouer sa cravate	*rabaṭ* [1s3] *garafattitu*	ربط كرافته
montre	*sā3a*	ساعة
portefeuille	*maḫfaẓa (maḫāfiz)*	محفظة (محافظ)
sac, mallette	*šanṭa (šunaṭ)*	شنطة (شنط)
sac d'homme	*šanṭa rigāli*	شنطة رجالي
sac à main	*šanṭit īd*	شنطة ايد

robe	*fustān*	فستان
jupe	*žība*	جيبة
hijab, foulard	*ḫigāb* [no pl.]	حجاب
niqab	*niqāb* [no pl.]	نقاب
écharpe (pour les femmes)	*išarb*	اشارب
ruban de cheveux	*širīṭit (šarāyiṭ) ša3r*	شريطة (شرايط) شعر

barette, pince à cheveux	*tōka*	توكة
chapeau	*burnēṭa (baranīṭ)*	برنيطة (برنيط)
casquette (de baseball)	*kāb*	كاب
casquette, bonnet (en laine)	*ṭaʔiyya (ṭawāʔi)*	طاقية (طواقي)
turban	*3imāma (3amāyim)*	عمامة (عمايم)
veste	*žākit (žawākit)* *žakitta (žakittāt)*	جاكيت (جواكت) جاكتة (جاكتات)
manteau	*balṭu (balāṭi)*	بالطو (بلاطي)
chandail	*bulōvar*	بلوفر
pull zippé	*swīter*	سويتر
sweat-shirt	*swīt širt*	سويت شيرت
écharpe	*skarf*	سكارف
gant	*fardit guwanti*	فردة جونتي
(paire de) gants	*guwanti*	جوانتي
peignoir, robe de chambre	*burnuṣ (barāniṣ)* *rōb (arwāb) ɦammām*	برنص (برانص) روب (ارواب) حمام
pyjama	*bižāma (bažāyim, bižamāt)*	بيجامة (بجايم، بيجامات)
chemise de nuit, teddy	*ʔamīṣ nōm*	قميص نوم
maillot de bain	*mayōh*	مايوه
bikini	*bikīni*	بيكيني
poche	*gēb (giyūb)*	جيب (جيوب)
mettre __ dans sa poche	*ɦaṭṭ* [1g2] *__ fi gēbu*	حط __ في جيبه

sortir __ de sa poche	*šāl* [] 1h2 *__ min gēbu*	**شال __ من جيبه**
bouton	*zurār (zarāyir)*	**زرار (زراير)**
boutonner	*zarrar* [2s2]	**زرر**
déboutonner	*fataḫ* [1s1] *izzarāyir* *fakk izzarāyir*	**فتح الزراير** **فك الزراير**
fermeture éclair	*susta (susat)*	**سوستة (سوست)**
zipper, remonter sa fermeture éclair	*ʔafal* [1s2] *issusta*	**قفل السوستة**
dézipper, défaire sa fermeture éclair	*fataḫ* [1s1] *issusta* *fakk* [1g2] *issusta*	**فتح السوستة** **فك السوستة**

(paire de) chaussures	*gazma (gizam)*	**جزمة (جزم)**
chaussure	*fardit gazma*	**فردة جزمة**
(paire de) bottes	*būt*	**بوت**
(paire de) sandales	*ṣandal, sandal (ṣanādil)*	**صندل (صنادل)**
(paire de) talons hauts	*gazma ka3b 3āli*	**جزمة كعب عالي**
(paire de) pantoufles	*šibšib (šabāšib)*	**شبشب (شباشب)**
lacets de chaussure	*rubāṭ gazma*	**رباط جزمة**
attacher ses lacets	*rabaṭ* [1s3] *rubāṭ ilgazma*	**ربط رباط الجزمة**
dénouer ses lacets	*fakkᵊ* [1g2] *rubāṭ ilgazma*	**فك رباط الجزمة**
Tes lacets sont défaits.	*irrubāṭ bitā3 gazmitak itfakk.* *irrubāṭ bitā3 gazmitak mafkūk.*	الرباط بتاع جزمتك اتفك. الرباط بتاع جزمتك مفكوك.
cirage	*warnīš*	**ورنيش**
cirer ses chaussures	*lamma3* [2s2] *gazmitu*	**لمع جزمته**
pointure	*maʔās gazma*	**مقاس جزمة**
Quelle taille de chaussures portes-tu ?	*ʔē miʔās gazmitak?*	ايه مقاس جزمتك؟
Je porte du 40.	*balbis maʔās arba3īn.*	بلبس مقاس اربعين.

Je ne suis pas sûr de ma taille.	*ma3rafš maʔāsi.* *miš mutaʔakkid maʔāsi kām.*	معرفش مقاسي. مش متأكد مقاسي كام.
(paire de) chaussettes	*šarāb*	**شراب**

porter, s'habiller, mettre	*libis* [1s5]	**لبس**
Que vas-tu mettre/porter aujourd'hui ?	*inta hatilbis ʔē innaharda?*	انت هتلبس ايه النهاردة؟
Il a pris une douche, s'est habillé et est parti au travail.	*istaɧamma, libis, wi rāɧ iššuɣl.*	استحمى، لبس و راح الشغل.

Comme les verbes «mettre» et «porter», لبس *libis* peut prendre une variété de compléments : chemise, pantalon, chapeau, ceinture, chaussures, lunettes, bijoux, etc. Mais il n'est pas utilisé lorsqu'il s'agit de parfum, de lotion, etc.

se déshabiller	*ʔala3* [1s1] *hudūmu*	**قلع هدومه**
retirer	*ʔala3* [1s1]	**قلع**
J'ai retiré ma veste.	*ʔala3t ižžākit.*	قلعت الجاكيت.
changer de vêtements	*ɣayyar* [2s2] *hudūmu*	**غير هدومه**

taille (habillement)	*maʔās*	**مقاس**
petite (S)	*smōl*	**سمول**
moyen (M)	*mīdiyam*	**ميديم**
grand (L)	*larž*	**لارج**
extra-large (XL)	*eks larž*	**اكس لارج**
ample	*wāsi3*	**واسع**
serré	*ḑayyaʔ*	**ضيق**
juste bien (pas trop lâche ni trop serré)	*maẓbūţ*	**مظبوط**
Est-ce que la chemise te va bien ?	*maʔās ilʔamīş maẓbūţ?*	مقاس القميص مظبوط؟
La taille me va très bien.	*maẓbūţ.*	مظبوط.
La taille ne me va pas.	*miš maẓbūţ.*	مش مظبوط.

C'est un peu grand.	*kibīr šiwayya*	كبير شوية.
C'est trop serré.	*ḍayyaʔ awi*	ضيق اوي.
Je crois qu'il me faut la taille au-dessus.	*3āyiz ilmaʔās ilʔakbar.*	عايز المقاس الاكبر.

faire la lessive	*ɣasal* [1s2] *ilɣasīl*	**غسل الغسيل**
suspendre son linge	*naššar* [2s2] *ilɣasīl*	**نشر الغسيل**
faire sécher son linge	*naššif* [2s1] *ilɣasīl*	**نشف الغسيل**
machine à laver	*ɣassāla*	**غسالة**
sèche-linge	*migaffif*	**مجفف**
corde à linge	*ḥabl (ḥibāl) ɣasīl*	**حبل (حبال) غسيل**
panier à linge	*sallit (silal) ɣasīl*	**سلة (سلل) غسيل**
repasser	*kawa* [1d2]	**كوى**
fer à repasser	*makwa (makāwi)*	**مكوى (مكاوي)**
planche à repasser	*ṭarabēzit makwa*	**طرابيزة مكوى**
froissé	*mikarmiš*	**مكرمش**
Cette chemise est froissée. Je dois la repasser.	*ilʔamīṣ mikarmiš. 3āyiz akwī.*	القميص مكرمش. عايز اكويه.

tissu	*ʔumāš (aʔmiša)*	**قماش (اقمشة)**
coton	*ʔuṭn*	**قطن**
laine	*ṣūf*	**صوف**
soie	*ḥarīr*	**حرير**
nylon	*naylōn*	**نايلون**
lin	*kittān*	**كتان**
Est-ce que ce T-shirt est en coton ?	*ittī širtᵊ di ʔuṭn?*	التي شيرت دي قطن؟
Ce chemisier est en soie.	*ilbilūza di ḥarīr.*	البلوزة دي حرير.
cuir	*gild*	**جلد**

lunettes	*naḍḍāra*	**نضارة**
lentilles de contact	*3adasāt* [pl.]	**عدسات**
Portes-tu des lunettes ?	*inta btilbis naḍḍāra?*	انت بتلبس نضارة؟
Oh, tu portes des lunettes aujourd'hui !	*ʔē da, inta lābis naḍḍāra -nnaharda!*	ايه ده، انت لابس نضارة النهاردة!
Je porte habituellement des lentilles de contact.	*ana fi -ṭṭabī3i balblis 3adasāt.*	انا في الطبيعي بلبس عدسات.
lunettes de soleil	*naḍḍārit šams*	**نضارة شمس**
lunettes de lecture	*naḍḍārit ʔirāya*	**نضارة قراية**
Je n'arrive pas à trouver mes lunettes !	*miš lāʔi -nnaḍḍāra bta3ti.*	مش لاقي النضارة بتاعتي.

bijoux	*migawharāt* [pl.]	**مجوهرات**
bague	*xātim (xawātim)*	**خاتم (خواتم)**
alliance	*dibla (dibal), diblit gawāz*	**دبلة (دبل)، دبلة جواز**
bague de fiançailles	*diblit xuṭūba*	**دبلة خطوبة**
bracelet	*ɣiwēša (ɣawāyiš)* *iswira (asāwir)*	**غويشة (غوايش)** **اسورة (اساور)**
boucle d'oreille	*ɦalaʔ (ɦilʔān)*	**حلق (حلقان)**
J'ai perdu ma boucle d'oreille.	*ḍā3 minni -lɦalaʔ bitā3i.*	ضاع مني الحلق بتاعي.
(paire de) boucles d'oreilles	*ɦilʔān*	**حلقان**
collier	*3uʔd (3uʔūd)*	**عقد (عقود)**
broche	*burōš*	**بروش**
diamants	*almāẓ*	**الماظ**
rubis	*yaʔūt*	**ياقوت**
topaze	*yaʔūt aṣfar*	**ياقوت اصفر**
émeraudes	*zumurrud*	**زمرد**

or	*dahab*	**دهب**
argent	*faḍḍa*	**فضة**
une bague de diamant, un bracelet en or et un collier en argent	*xāṭim almāẓ, ɣiwēša dahab, wi 3uʔdᵊ faḍḍa*	خاتم الماظ، غويشة دهب و عقد فضة

7 La Maison

maison	*bēt (biyūt)*	**بيت (بيوت)**
appartement	*šaʔʔa (šuʔaʔ)*	**شقة (شقق)**
duplex	*villa* [f.] (vilal)	**ڤيلا (ڤلل)**
studio	*villa rūf*	**ڤيلا روف**
étage	*dōr (adwār)*	**دور (ادوار)**
maison à vendre de deux étages	*li-lbē3 bēt durēn*	**للبيع بيت دورين**
L'appartement est au quatrième étage.	*iššaʔʔa fi -ddōr irrābi3.*	الشقة في الدور الرابع.

louer un appartement	*ʔaggar* [2s2] *šaʔʔa*	**اجر شقة**
loyer ; location	*ʔigār*	**ايجار**
Combien coûte le loyer ?	*ilʔigār kām?*	الايجار كام؟
Combien paies-tu de loyer ?	*bitidfa3 kām lilʔigār?*	بتدفع كام للايجار؟
locataire, bailleur	*muʔaggir*	**مؤجر**
propriétaire	*ṣāḥib šaʔʔa* *ṣaḥbit šaʔʔa*	**صاحب شقة** **صاحبة شقة**
louer un appartement à	*ʔaggar* [2s2] *šaʔʔa li*	**اجر شقة لـ**

toit	*saṭħ (suṭūħ)* *rūf*	سطح (سطوح) روف
Le pluriel سطوح *suṭūħ* est couramment utilisé au lieu du singulier.		
clôture	*sūr (aswār)*	سور (اسوار)
portail, porte	*bawwāba*	بوابة
jardinier	*ganayni*	جنايني
Le jardinier vient une fois par semaine.	*ilganayni biyīgi marra fi -lʔisbū3*	الجنايني بييجي مرة في الاسبوع.
gouvernante, femme de ménage/chambre	*šaɣɣāla*	شغالة
portier	*bawwāb*	بواب
Demande au portier de laver notre voiture cet après-midi.	*xalli -lbawwāb yimsaħ il3arabiyya ba3d iḍḍuhr.*	خلي البواب يمسح العربية بعد الضهر.

chambre	*ōḍa (iwaḍ)*	اوضة (اوض)
meubles	*3afš* [coll.] *asās*	عفش اثاث
meublé	*mafrūš* *bi-l3afš*	مفروش بالعفش
chaise	*kursi (karāsi)*	كرسي (كراسي)
table	*ṭarabēza, tarabēza*	طرابيزة
porte	*bāb (abwāb)*	باب (ابواب)
porte d'entrée	*bāb amāmi*	باب أمامي
clé	*muftāħ (mafatīħ)*	مفتاح (مفاتيح)

plancher, sol	*arḍiyya*	ارضية
plafond	*saʔf (suʔūf)*	سقف (سقوف)
tapis	*siggāda (sagagīd)*	سجادة (سجاجيد)

carreaux	*balāṭ* [coll.]	بلاط
plancher de bois	*parkēh*	بركيه
fenêtre	*šubbāk (šababīk)*	شباك (شبابيك)
rideaux	*sitāra (satāyir)*	ستارة (ستاير)
volets	*šīš* [coll.]	شيش
étagère	*raff (rufūf)*	رف (رفوف)

mur	*ḫēṭa (ḫiṭān)*	حيطة (حيطان)
horloge murale	*sā3it ḫēṭa*	ساعة حيطة
peinture, image	*ṣūra (ṣiwar)* *lōḫa*	صورة (صور) لوحة
accrocher un tableau sur le mur	*3allaʔ* [2s2] *ṣūra 3ala -lḫēṭa*	علق صورة على الحيطة
J'aime beaucoup le tableau qui est accroché au-dessus du canapé.	*3agbāni -ṣṣūra -lmit3alla ʔa fōʔ ilkanaba.*	عاجباني الصورة المتعلقة فوق الكنبة.
affiche	*puster*	بوستر

faire le ménage	*3amal* [1s2] *šuɣl ilbēt*	عمل شغل البيت
nettoyer, ranger	*naḍḍaf* [2s2]	نضف
laver les fenêtres	*ɣasal* [1s2] *iššababīk*	غسل الشبابيك
balai	*miʔašša*	مقشة
balayer	*kanas*	كنس
balai à franges	*mamsaḫa (mamāsiḫ)*	ممسحة (مماسح)
passer le balai à franges ou la serpillère	*masaḫ* [1s1] *(bi- lmamsaḫa)*	مسح (بالممسحة)
aspirateur	*maknasa (makānis) kahrabaʔiyya*	مكنسة (مكانس) كهربائية
passer l'aspirateur sur le tapis	*kanas* [1s2] *issiggāda (bi- lmaknasa -lkahrab aʔiyya)*	كنس السجادة (بالمكنسة الكهربائية)

épousseter	*naffaɖ* [2s2]	نفض
poussière	*turāb*	تراب
poussiéreux	*mittarrab*	مترب
battre la poussière du tapis	*naffaɖ* [2s2] *issiggāda min itturāb*	نفض السجادة من التراب

lumière	*nūr (anwār)*	نور (انوار)
lampe	*lamba*	لمبة
allumer la lumière	*walla3* [2s2] *innūr* *nawwar* [2s2] *innūr*	ولع النور نور النور
éteindre la lumière	*ʈafa* [1d2] *-nnūr*	طفى النور
Peux-tu éteindre la lumière dans la cuisine, s'il te plaît ?	*mumkin tiʈfi innūr fi -lmaʈbax, law samaɧt?*	ممكن تطفي النور في المطبخ لو سمحت؟
interrupteur	*kubsᵊ (ikbās) nūr* *muftāɧ (mafatīɧ) nūr*	كبس (اكباس) نور مفتاح (مفاتيح) نور
prise (de courant)	*barīza (barāyiz)*	بريزة (برايز)
fiche, prise mâle	*fīša*	فيشة
brancher	*ɧaʈʈᵊ* [1g2] *fīša*	حط فيشة
débrancher	*šāl* [1h2] *fīša*	شال فيشة
rallonge, adaptateur	*muštarak*	مشترك
boîte à fusibles	*tablō kahraba*	تابلوه كهربا
fusible	*fiyūz*	فيوز
Un fusible a sauté.	*fī fyūz ɖarab.*	فيه فيوز ضرب.
n'y avoir pas de courant	*ilkahraba ʔaʈa3it* *innūr ʔaʈa3*	الكهربا قطعت النور قطع
Le courant a été coupé pendant une heure cet après-midi.	*ilkahraba ʔaʈa3it sā3a -ɖɖuhr.*	الكهربا قطعت ساعة الضهر.
bougie	*šam3a*	شمعة

chauffage	*daffāya*	دفاية
climatisation	*takyīf hawa*	تكييف هوا

salon	*ōḍit ma3īša* *antirēh*	اوضة معيشة انتريه
salon de réception (pour recevoir des invités)	*ṣalōn*	صالون
canapé, divan	*kanaba*	كنبة
fauteuil	*futēh*	فوتيه
télévision	*tilivizyōn*	تلفزيون
regarder la télé	*itfarrag* [5s2] *3ala -ttilivizyōn*	اتفرج على التلفزيون
La seule chose que je veux faire ce soir, c'est m'assoir sur le canapé et regarder la télévision.	*3āyiz ma-3milšᵊ ḥāga bi-llēl ɣēr inni aʔ3ud 3ala -lkanaba w- atfarrag 3ala -tilivizyōn.*	عايز ماعملش حاجة بالليل غير اني اقعد على الكنبة و اتفرج على التلفزيون.

salle à manger	*ōḍit sufra*	اوضة سفرة
table de salle à manger	*ṭarabēzit sufra*	طرابيزة سفرة
mettre la table	*gahhiz* [5s1] *iṭṭarabēza*	جهز الطرابيزة
débarrasser la table	*naḍḍaf* [5s2] *iṭṭarabēza*	نضف الطرابيزة
s'assoir à table	*ʔa3ad* [1s3] *3ala -ṭṭarabēza*	قعد على الطرابيزة
Le dîner est prêt ! À table !	*il3aša gāhiz! ta3ālu 3and iṭṭarabēza!*	العشا جاهز! تعالوا عند الطرابيزة!
vase (à fleurs)	*fāza*	فازة
assiette, plat	*ṭabaʔ (aṭbāʔ)*	طبق (اطباق)
cuillère	*ma3laʔa (ma3āliʔ)*	معلقة (معالق)
fourchette	*šūka (ši wak)*	شوكة (شوك)
couteau	*sikkīna (sakakīn)*	سكينة (سكاكين)

bol	*sulṭaniyya* *zibdiyya*	سلطانية زبدية
serviette	*mandīl (manadīl)*	منديل (مناديل)

cuisine	*maṭbax (maṭābix)*	مطبخ (مطابخ)
placard de cuisine	*dulāb (dawalīb)*	دولاب (دواليب)
compteur	*ruxāmit maṭbax*	رخامة مطبخ
réfrigérateur	*talāga*	تلاجة
congélateur	*frīzir*	فريزر
cuisinière	*butagāz*	بوتاجاز
four	*furn (afrān)*	فرن (افران)
micro-ondes (four)	*maykruwēv*	ميكروويف
passer au micro-ondes	*ṭabax* [1s3] *fi -lmikruwēv*	طبخ في الميكروويف
Il suffit de le mettre dans le micro-ondes pendant deux minutes.	*ḥuṭṭu bassᵊ fi -lmikruwēv li-muddit diʔiʔtēn.*	حطه بس في الميكروويف لمدة دقيقتين.
réchauffer	*saxxan* [2s2]	سخن
J'ai réchauffé la soupe au micro-ondes.	*ana saxxant iššurba fi -lmaykruwēv.*	انا سخنت الشوربة في الميكروويف.
cuisine	*ṭabx*	طبخ
préparer le dîner	*3amal* [1s2] *il3aša*	عمل العشا
couper	*ʔaṭa3* [1s1]	قطع
couper en dés	*ʔaṭa3* [1s1] *ḥitat ṣuɣayyara*	قطع حتت صغيرة
découper	*ʔaṭa3* [1s1] *šarāyiḥ*	قطع شرايح
trancher	*xarraṭ* [2s2]	خرط
couper en deux	*ʔaṭa3* [1s1] *nuṣṣēn*	قطع نصين
faire cuire (sur la cuisinière)	*ṭabax* [1s3]	طبخ
cuire (pain)	*xabaz* [1s2]	خبز
bouillir	*salaʔ* [1s3]	سلق

faire frire	*ʔala* [1d2]	قلى
casserole	*ɦalla (ɦilal)*	حلة (حلل)
poêle à frire	*ţāsa*	طاسة
plateau, cocotte	*şiniyya (şawāni)*	صينية (صواني)
recette	*waşfa*	وصفة
suivre une recette	*miši ɦasb ilwaşfa*	مشي حسب الوصفة
livre de cuisine, livre de recettes	*kitāb (kutub) ţabx*	كتاب (كتب) طبخ
mixeur	*xallāţ*	خلاط
mixeur	*xallāţ yadawi*	خلاط يدوي
grille-pain	*tustir*	توستر

lavabo	*ɦōḑ (aɦwāḑ)*	حوض (احواض)
robinet	*ɦanafiyya*	حنفية
faire la vaisselle	*ɣasal* [1s2] *ilʔaţbāʔ*	غسل الاطباق
liquide vaisselle	*sāyil ɣasīl ilʔaţbāʔ*	سايل غسيل الاطباق

faire du thé	*3amal* [1s2] *šāy*	عمل شاي
bouilloire	*ɣallāya* *kettil*	غلاية كيتل
faire du café	*3amal* [1s2] *ʔahwa*	عمل قهوة
machine à café	*kōfi mēkir* *makanit ʔahwa*	كوفي ميكر مكنة قهوة

les ordures	*zibāla*	زبالة
la poubelle	*şafīɦit zibāla*	صفيحة زبالة
jeter	*rama* [1d2]	رمى
sortir la poubelle	*xarrag* [2s2] *izzibāla*	خرج الزبالة

chambre à coucher	*ōḍit nōm*	اوضة نوم
lit	*sirīr (sarāyir)*	سرير (سراير)
lit simple, lits jumeaux	*sirīr suɣayyar* *sirīr li-šaxṣ*	سرير صغير سرير لشخص
lit double, grand lit	*sirīr kibīr* *sirīr li-šaxṣēn*	سرير كبير سرير لشخصين
tête de lit	*rās sirīr* [f.] (ruus saraayir)	راس سرير (روس سراير)
matelas	*martaba (marātib)*	مرتبة (مراتب)
couverture	*baṭṭaniyya (baṭaṭīn, baṭaniyyāt)*	بطانية (بطاطين، بطانيات)
couette, édredon	*liḫāf (ilḫifa)*	لحاف (لحفة)
drap de lit	*milāya*	ملاية
oreiller, coussin	*maxadda*	مخدة
taie d'oreiller	*kīs maxadda (akiyās maxaddāt)*	كيس مخدة (اكياس مخدات)
faire son lit	*rawwaʔ* [2s2] *sirīru*	روق سريره

le sommeil	*nōm*	نوم
dormir, s'endormir, aller dormir, aller au lit	*nām* [1h3]	نام
Je n'ai dormi que quatre ou cinq heures la nuit dernière.	*nimt imbāriḫ bi-llēl arba3 aw xamas sa3āt bass.*	نمت امبارح بالليل اربع او خمس ساعات بس.
Tu t'es couché à quelle heure ?	*inta nimt issā3a kām?*	انت نمت الساعة كام؟
endormi	*nāyim*	نايم
somnolent	*na3sān*	نعسان
avoir sommeil	*kābis* [3s] *3alē -nnōm*	كابس عليه النوم
somnoler	*nām* [1h3] *3ala rōḫu*	نام على روحه

faire une sieste	*xad* [i3] *ʔaylūla* *nām* [1h3] *šuwayya suɣayyarīn*	**خد قيلولة** **نام شوية صغيرين**
J'avais sommeil, alors j'ai fait une petite sieste.	*kān kābis 3alayya -nnōm fa-ʔaxadtᵊ ʔaylūla.*	كان كابس عليا النوم فأخدت قيلولة.
rêver	*ɧilim* [1s4]	**حلم**
un rêve	*ɧilm (aɧlām)*	**حلم (احلام)**
un cauchemar	*kabūs (kawabīs)*	**كابوس (كوابيس)**
avoir un cauchemar	*ɧilim* [1s4] *bi-kabūs*	**حلم بكابوس**
ronfler	*šaxxar* [2s2]	**شخر**
parler dans son sommeil	*itkallim* [5s1] *wi huwwa nāyim*	**اتكلم و هو نايم**
être somnambule	*miši* [1d5] *w huwwa nāyim*	**مشي و هو نايم**
être incapable de dormir, avoir un sommeil agité	*miš 3ārif yinām kuwayyis*	**مش عارف ينام كويس**
Tu n'as pas l'air d'avoir bien dormi.	*šaklak ma-nimtiš kuwayyis.*	شكلك مش نمت كويس.
avoir une insomnie	*3andu ʔaraq*	**عنده ارق**
avoir le sommeil léger	*nōmu xafīf*	**نومه خفيف**
être profondément endormi	*nām* [1h3] *bi-3umq*	**نام بعمق**
être un gros dormeur	*nōmu t(i)ʔīl*	**نومه تقيل**
se coucher tard	*sihir* [1s4]	**سهر**
rester debout toute la nuit	*sihir* [1s4] *ţūl illēl*	**سهر طول الليل**
réveiller, éveiller	*şaɧɧa* [2d]	**صحى**
Ma mère m'a réveillé.	*ummi şaɧɧitni min innōm.*	امي صحتني من النوم.
se réveiller	*şiɧi* [1d4]	**صحي**
Je me suis réveillé à six heures du matin.	*şiɧīt issā3a sitta -şşubɧ.*	صحيت الساعة ستة الصبح.

Un grand bruit m'a réveillé.	*ṣiḫīt min iddawša.*	صحيت من الدوشة.
se lever, sortir du lit	*ʔām* [1h1] *min issirīr*	**قام من السرير**

garde-robe, armoire	*dulāb (dawalīb)*	**دولاب (دواليب)**
cintre	*šammā3a*	**شماعة**
commode	*šufunīra*	**شوفنيرة**
tiroir	*durg (adrāg)*	**درج (ادراج)**
table de chevet	*kōmudīnu*	**كومودينو**
réveil-matin	*minabbih*	**منبه**
J'ai mis mon réveil pour six heures du matin.	*ẓabaṭt ilminabbih 3ala (-ssā3a) sitta -ṣṣubḫ.*	ظبطت المنبه على (الساعة) ستة الصبح.
bibliothèque	*maktaba*	**مكتبة**
bureau	*ṭarabēza*	**طرابيزة**

salle de bain	*ḫammām*	**حمام**
baignoire	*banyu (banyuhāt)*	**بانيو (بانيوهات)**
prendre un bain	*istaḫamma* [10.2d]	**استحمى**
douche	*dušš* *šāwir*	**دش** **شاور**
prendre une douche	*axad* [i3] *dušš* *axad* [i3] *šāwir*	**اخد دش** **اخد شاور**
éponge, luffa	*līfa*	**ليفة**
shampooing	*šampū*	**شامبو**
se sécher	*naššif* [2s1] *nafsu*	**نشف نفسه**
serviette	*fūṭa (fuwaṭ)*	**فوطة (فوط)**
porte-serviette	*fawāṭa*	**فواطة**
sèche-cheveux	*sišwār*	**سشوار**

cuvette (des toilettes)	*tawalitt*	تواليت
siège de toilette	*ʔa3dit tawalitt*	قعدة تواليت
tirer la chasse d'eau	*šadd* [1g3] *issifōn*	شد السيفون
papier toilette	*mandīl ɧammām*	منديل حمام

lavabo	*ɧōḍ (aɧwāḍ)*	حوض (احواض)
eau chaude	*mayya suxna* [f.]	مية سخنة
eau froide	*mayya saʔ3a* [f.]	مية ساقعة
chauffe-eau (à gaz)	*saxxān*	سخان
miroir	*mirāya*	مراية
se brosser les dents	*ɣasal* [1s2] *sinānu*	غسل سنانه
brosse à dents	*furšit (furaš) sinān*	فرشة (فرش) سنان
dentifrice	*ma3gūn sinān*	معجون سنان
fil dentaire	*xēṭ ilʔasnān*	خيط الاسنان
se passer de la soie / du fil dentaire	*naḍḍaf* [2s2] *sinānu bi-lxēṭ*	نضف سنانه بالخيط
bain de bouche	*ɣasūl ilfam*	غسول الفم
se gargariser	*ɣarɣar* [11s2]	غرغر
se laver le visage	*ɣasal* [1s2] *wiššu*	غسل وشه
(morceau de) savon	*ṣabūna*	صابونة
raser	*ɧalaʔ* [1s1]	حلق
(lame de) rasoir	*mūs (amwās)*	موس (امواس)
rasoir électrique	*makanit ɧilāʔa*	مكنة حلاقة
crème à raser	*raɣwit ɧilāʔa*	رغوة حلاقة

pelouse	*3ušb* [coll.]	عشب
tondre la pelouse	*ʔaṣṣ* [1g2] *il3ušb*	قص العشب
cour intérieure	*ɧōš (aɧwāš)*	حوش (احواش)

jardin, cour	*ginēna (ganāyin)*	جنينة (جناين)
jardiner	*ištaɣal* [8s2] *fi -lginēna*	اشتغل في الجنينة
pelle	*garūf (gawarīf)*	جاروف (جواريف)
creuser	*ɧafar* [1s3]	حفر
tuyau d'arrosage	*xarṭūm (xaraṭīm)*	خرطوم (خراطيم)

outil	*adāh (adawāt)*	اداة (ادوات)
scie	*munšār (manašīr)*	منشار (منشير)
scier	*ʔaṭa3* [1s1] *bi-lmunšār*	قطع بالمنشار
marteau	*šakūš (šawakīš)*	شاكوش (شواكيش)
marteler	*daʔʔ*[a] [1g2] *bi-ššakūš*	دق بالشاكوش
clou, vis	*musmarr (masamīr)*	مسمار (مسامير)
tournevis	*mafakk*	مفك
hache	*fās* [f.] *(fūs)*	فاس (فوس)
couper du bois	*ʔaṭṭa3* [2s2] *xašab*	قطع خشب
clé de serrage	*muftāɧ (mafatīɧ) inglīzi*	مفتاح (مفاتيح) انجليزي

8 Les Aliments et les Boissons

manger	*akal* [i3] *kal* [i3]	اكل كل
Qu'est-ce que tu as envie de manger ?	*tiɧibb*[a] *tākul ʔē?*	تحب تاكل ايه؟
aliments	*akl*	اكل
boire	*širib* [1s4]	شرب
boisson	*mašrūb*	مشروب

morceau, bouchée	*ʔaṭma* *ɧitta (ɧitat)*	**قطمة** **حتة (حتت)**
prendre une bouchée de	*xad* [i3] *ʔaṭma min* *xad* [i3] *ɧitta min*	**خد قطمة من** **خد حتة من**
Il a pris une bouchée de hamburger et l'a reposée.	*ʔaṭam ʔaṭma min ilhamburgur wi sābu.*	قطم قطمة من الهمبرجر و سابه.
une gorgée	*šafṭa*	**شفطة**
prendre une gorgée de	*xad* [i3] *šafṭa min*	**خد شفطة من**
la bouche pleine	*buʔʔ*	**بق**
prendre une bouchée/gorgée de	*xad* [i3] *buʔʔᵊ min*	**خد بق من**
Elle a pris une gorgée d'eau et a reposé le verre.	*xadit šafṭit mayya wi sābit ilkubbāya.* *xadit buʔʔᵊ mayya wi sābit ilkubbāya.*	خدت شفطة مية وسابت الكوباية. خدت بؤ مية و سابت الكوباية.
mâcher	*nadaɣ* [1s3] *maḍaɣ* [1s3]	**ندغ** **مضغ**
avaler	*bala3* [1s1]	**بلع**
s'étouffer	*širiʔ* [1s4] *min*	**شرق من**
Mâche avec précaution. Ne va pas t'étrangler avec une arête de poisson.	*umḍuɣ bi-rāɧa 3ašān ma-tišraʔšᵊ min šuk issamak.*	امضغ براحة عشان متشرقش من شوك السمك.

affamé	*ga3ān*	**جعان**
avoir faim	*gā3* [1h1]	**جاع**
faim	*gū3*	**جوع**
assoiffé	*3aṭšān*	**عطشان**
J'ai tellement soif. Pourrais-je avoir un peu d'eau ?	*ana 3aṭšān awi. mumkin tiddīni šwayyit mayya?*	انا عطشان اوي. ممكن تديني شوية مية؟

commencer à avoir soif	*3iţiš* [1s4]	**عطش**
soif	*3aţaš*	**عطش**
rassasié	*šab3ān*	**شبعان**
ne plus en pouvoir	*šibi3* [1s4]	**شبع**
Merci, je n'en peux plus. Non merci, j'ai bien mangé.	*šukran, ana šibi3t.*	شكرا، انا شبعت.

goûter	*dāʔ* [1h1]	**داق**
Goûte la soupe. Est-ce qu'il faut rajouter du sel ?	*dūʔ iššurba. 3āyza milɦ?*	دوق الشوربة. عايزة ملح؟
	lazīz (luzāz)	**لذيذ (لذاذ)**
goût	*ţa3m*	**طعم**
Je n'aime pas le goût. Je ne trouve pas ça bon.	*miš 3agibni ţa3mu.*	مش عاجبني طعمه.
Le lait a un drôle de goût.	*ţa3m illaban ɣarīb.*	طعم اللبن غريب.
tourner	*bāz̧* [1h1]	**باظ**
Le lait a tourné.	*illaban bāz̧.*	اللبن باظ.
date d'expiration	*tarīx intihāʔ işşalaɦiyya*	**تاريخ انتهاء الصلاحية**
La date d'expiration du lait est passée.	*illaban tarīxu xiliş.*	اللبن تاريخه خلص.
pourrir	*3affin* [2s1]	**عفن**
frais	*ţāza* [invar.]	**طازة**
éventé, rassis	*bāyit*	**بايت**

fade	*xafīf*	**خفيف**
salé	*māliɦ*	**مالح**
Quel goût a la soupe ? Elle est un peu salée.	*ʔē raʔyak fi -ššurba? malɦa šwayya.*	ايه رأيك في الشوربة؟ مالحة شوية.

sucré	*ɦilw* *misakkar*	**حلو** **مسكر**
acide	*miziz*	**مزز**
amer	*murr*	**مر**
épicé	*ɦarrāʔ*	**حراق**
Je n'aime pas la nourriture épicée.	*ma-baɦibbiš ilʔakl ilɦarrāʔ.*	مبحبش الاكل الحراق.
relevé	*ɦāmi*	**حامي**

sain, bon pour la santé	*ṣiɦɦi* *mufīd*	**صحي** **مفيد**
bon pour la santé	*mufīd li-ṣiɦɦitak*	**مفيد لصحتك**
mauvais pour la santé	*muḍirr* *miš ṣiɦɦi*	**مضر** **مش صحي**
mauvais pour la santé	*muḍirr li-ṣiɦɦitak*	**مضر لصحتك**
Les chips sont vraiment mauvaises pour la santé.	*iššibsi muḍirrᵊ ʔawi.*	الشيبسي مضر اوي.

repas	*wagba*	**وجبة**
petit déjeuner	*fiṭār*	**فطار**
prendre le petit déjeuner	*fiṭir* [1s4]	**فطر**
(le) déjeuner	*ɣada*	**غدا**
déjeuner	*itɣadda* [5d]	**اتغدى**
(le) dîner	*aša*	**عشا**
dîner	*it3ašša* [5d]	**اتعشى**
snack, encas	*wagba xafīfa* *taṣbīra* *ʔazʔaza* *snāk*	**وجبة خفيفة** **تصبيرة** **قزقزة** **سناك**

prendre un encas	*ʔazʔaz* [11s2] *xad* [i3] *taşbīra*	**قزقز** **خد تصبيرة**
Si j'ai faim, je prends juste un petit encas.	*lamma -ḩiss inni ga3ān, baʔazʔaz ʔayyᵊ ḩāga xafīfa.*	لما احس اني جعان، بقزقز أي حاجة خفيفة.

eau	*mayya*	**مية**
de la glace	*talg*	**تلج**
Puis-je avoir un verre d'eau, s'il vous plaît ?	*mumkin kubbāyit mayya, law samaḩt?*	ممكن كوباية مية لو سمحت؟
eau minérale	*mayya ma3daniyya*	**مية معدنية**
jus	*3aşīr*	**عصير**
jus d'orange	*3aşīr burtuʔān*	**عصير برتقان**
soda, boisson gazeuse	*mašrūb ɣāzi*	**مشروب غازي**
cola	*kōla*	**كولا**
Veux-tu une boisson gazeuse ?	*tiḩibbᵊ tāxud šuwayyit kōla?*	تحب تاخد شوية كولا؟
Les boissons gazeuses sont communément appelées 'Pepsi' en Égypte, quelle que soit la marque réelle.		
Pepsi	*pepsi*	**بيبسي**
Pepsi Diet	*pepsi dāyit*	**بيبسي دايت**
Coke, Coca Cola	*kōka kōla*	**كوكا كولا**
Coca Light	*kōka kōla dāyit*	**كوكا كولا دايت**

canette	*3ilba (3ilab)* *kān* *kanzāya*	**علبة (علب)** **كان** **كنزاية**
Il y a une canette de Pepsi dans le réfrigérateur.	*fī kān pepsi fi -ttalāga.*	فيه كان بيبسي في التلاجة.
bouteille	*izāza (azāyiz)*	**ازازة (ازايز)**

verre	*kubbāya*	كوباية
gobelet	*fingāl (fanagīl)*	فنجال (فناجيل)
mug, grande tasse	*kubbāya mag*	كوباية مج

café	*ʔahwa*	قهوة
espresso	*espresu*	اسبريسو
café turc	*ʔahwa turki* *ʔahwa 3arabi*	قهوة تركي قهوة عربي
Comment aimes-tu prendre le café (turc) ?	*tiɧibbᵊ ʔahwitak ʔē?*	تحب قهوتك ايه؟
sans sucre	*sāda*	سادة
avec peu de sucre	*3ala -rrīɧa*	على الريحة
moyennement sucré	*maẓbūṭ*	مظبوط
sucré	*sukkar ziyāda*	سكر زيادة
grains de café	*bunn* [coll.] *ɧubūb ʔahwa* [pl.]	بن حبوب قهوة
café instantané	*ʔahwa furiyya*	قهوة فورية
thé	*šāy*	شاي

alcool	*kuɧūl*	كحول
bière	*bīra*	بيرة
vin	*nibīt* *xamr* [coll.]	نبيت خمر
vin rouge	*nibīt aɧmar*	نبيت احمر
vin blanc	*nibīt abyaḍ*	نبيت ابيض
alcool	*xamr* [coll.]	خمر
ivre	*sakrān* *šārib*	سكران شارب
être ivre	*sikir* [1s4]	سكر

pompette	*sakrān šuwayya*	سكران شوية
boire et conduire	*sāʔ* [1h1] *wi huwwa sakrān*	ساق و هو سكران
À ta santé ! **À la tienne !**	*bi-ṣiɦɦitak*	بصحتك
produits laitiers	*muntagāt ilʔalbān* [coll.]	منتجات الالبان
lait	*laban*	لبن
yaourt	*zabādi*	زبادي
beurre	*zibda*	زبدة
ghee égyptien (fait à partir du lait de buffle d'eau)	*samna baladi*	سمنة بلدي
glace	*āys krīm*	آيس كريم
Mange ta glace avant qu'elle ne fonde.	*kul ilʔāys krīm bitā3ak ʔabl*^{ə} *ma ydūb.*	كل الآيس كريم بتاعك قبل ما يدوب.
crème	*ʔišṭa* *krīma*	قشطة كريمة
margarine	*samn*^{ə} *nabāti*	سمن نباتي
fromage	*gibna (giban)*	جبنة (جبن)
Le fromage Areesh (semblable à du fromage frais ou de la ricotta)	*gibna ʔarīš*	جبنة قريش
Le fromage cheddar (semi-dur, fort, fromage jaune)	*gibna šēdar*	جبنة شيدر
Le fromage Domiati (doux, blanc, fromage salé)	*gibna dumyāṭi* *gibna bēḍa*	جبنة دمياطي جبنة بيضا
Le fromage Halloumi (semi-dur, fromage non affiné à base de lait de chèvre)	*gibna ɦallūm*	جبنة حلوم
Le fromage Istanbuli (fromage feta)	*gibna -sṭanbūli*	جبنة اسطنبولي

Le fromage Romy (fromage à pâte dure et au goût prononcé)	*gibna rūmi*	جبنة رومي
malbouffe, fast-food	*akl^{ə} sarī3*	اكل سريع
pizza	*pitsa*	بيتزا
hamburger	*hamburgur*	همبرجر
chewing-gum	*libān* [coll.]	لبان
mâcher du chewing-gum	*maḑaɣ* [1s3] *libāna*	مضغ لبانة
chocolat	*šukulāta*	شوكولاته
Le chocolat noir est meilleur pour toi que le chocolat au lait.	*iššukulāta -lɣamʔa aɧsanlak min iššukulāta bi-llaban.*	الشوكولاته الغامقة احسنلك من الشوكولاته باللبن.
chips	*šibsi*	شيبسي
pâtisseries	*ɧalawiyyāt* [pl.]	حلويات
bonbon	*bimbōni* [coll.]	بنبوني
barbe à papa	*ɣazl ilbanāt*	غزل البنات
cookie	*kūkiz*	كوكيز
gauffre, biscuit, petit gâteau	*bask(a)wīt*	بسكويت
gâteau	*kēka*	كيكة
tarte	*fiţīra*	فطيرة
baklava (couches de pâte filo liquoreuse)	*baʔlāwa*	بقلاوة
basboosa (gâteau de semoule sirupeux)	*basbūsa*	بسبوسة
fateer meshaltet (pâtisserie composée de plusieurs couches)	*faţīr mišaltit*	فطير مشلتت
kahk (sablés fourrés aux dates et aux noix)	*kaɧk*	كحك
kunafeh (pâte sirupeuse de fromage frit)	*kunāfa*	كنافة

luqmat al-qadi (boules de pâte frite sirupeuse)	*luʔmit ilʔāḍi*	لقمة القاضي
om Ali (un dessert très populaire de pudding au pain sucré)	*ummᵊ 3ali*	ام علي
qatayef (bouchée sucrée de pâte avec des noix et de la crème)	*ʔaṭāyif*	قطايف
riz au lait	*ruzzᵊ b-laban*	رز بلبن

La majorité des fruits et des légumes ont des **noms collectifs**. Ceux-ci sont utilisés avec un sens pluriel, bien qu'ils soient grammaticalement singuliers. Les noms collectifs ont aussi des formes singulier et pluriel, mais elles ne sont utilisées qu'avec des chiffres. Le pluriel se forme avec ـات *-āt*. Le singulier est formé en ajoutant ـة *-a*, constituant ainsi un nom féminin. Pour les noms collectifs qui se terminent déjà par ـة *-a* (et parfois même pour ceux dont ce n'est pas le cas), la finale est modifiée en اية *-āya* : Le duel est formé en ajoutant ـين *-ēn* au singulier.

coll.	bananes *mōz* موز	tomates *ʔūṭa* قوطة
sing.	une banane *mōza waḥda* موزة واحدة	une tomate *ʔuṭāya waḥda* قوطاية واحدة
duel	deux bananes *moztēn*	deux tomates *ʔuṭaytēn* قوطايتين
pl.	*talat mozāt* تلات موزات trois bananes	*xamas ʔuṭayāt* خمس قوطايات cinq tomates

légume	*xuḍār (xaḍrawāt)*	خضار (خضروات)
asperge	*hilyōn* [coll.]	هليون
haricot (vert)	*faṣulya* [coll.]	فاصوليا
betterave	*bangar* [coll.]	بنجر
fève	*fūl* [coll.]	فول
broccoli	*brōkuli*	بروكلي
chou	*kurumb* [coll.]	كرنب
poivron, piment doux	*filfil rūmi* [coll.]	فلفل رومي
carotte	*gazar* [coll.]	جزر
chou-fleur	*ʔarnabīṭ* [coll.]	قرنبيط
céleri	*karafs*	كرفس
pois chiche	*ḥummuṣ* [coll.]	حمص

piment rouge	*filfil ɦarrāʔ* [coll.]	فلفل حراق
concombre	*xiyār* [coll.]	خيار
aubergine	*bitingān* [coll.]	بتنجان
ail	*tūm* [coll.]	توم
oignon vert	*baṣal axḍar* [coll.]	بصل اخضر
champignon	*māšrum* *ʒišš^{ə} ɣurāb* [coll.]	مشروم عيش غراب
gombo	*bamya*	بامية
olive	*zatūn* [coll.]	زتون
oignon	*baṣal* [coll.]	بصل
petit pois	*bisilla* [coll.]	بسلة
pomme de terre	*baṭāṭis* [coll.]	بطاطس
radis	*figl* [coll.]	فجل
épinards	*sabānix*	سبانخ
patate douce	*baṭāṭa* [coll.]	بطاطا
tomate	*ṭamāṭim* [coll.] *ʔūṭa* [coll.]	طماطم قوطة
navet	*lift* [coll.]	لفت
courgette	*kōsa* [coll.]	كوسة

salade	*salaṭa*	سلطة
vinaigrette	*ṣōṣ salaṭa* *tatbīlit salaṭa*	صوص سلطة تتبيلة سلطة
salade César	*salaṭa sīzar*	سلطة سيزر
salade de pois chiches	*salaṭit ɦummuṣ*	سلطة حمص
salade verte	*salaṭa xaḍra*	سلطة خضرا
salade de pommes de terre	*salaṭit baṭāṭis*	سلطة بطاطس
salade au tahiné	*salaṭit ṭiɦīna*	سلطة طحينة

fruit	*fakha* (fawaakih)	فاكهة (فواكه)
pomme	*tuffāђ* [coll.]	تفاح
abricot	*mišmiš* [coll.]	مشمش
banane	*mōz* [coll.]	موز
baie	*tūt* [coll.]	توت
myrtille	*tūt azraʔ* [coll.]	توت ازرق
cerise	*kirēz* [coll.]	كريز
datte	*balaђ* [coll.]	بلح
figue	*tīn* [coll.]	تين
grain de raisin	*3inab* [coll.]	عنب
pamplemousse	*grēp frūt*	جريب فروت
citron	*lamūn* [coll.]	لمون
mangue	*manga* [coll.]	منجة
orange	*burtuʔān* [coll.]	برتقان
pêche	*xūx* [coll.]	خوخ
poire	*kummitra* [coll.]	كمترى
ananas	*ananās* [coll.]	اناناس
prune	*barʔūʔ* [coll.]	برقوق
grenade	*rummān* [coll.]	رمان
framboise	*tūt aђmar* [coll.]	توت احمر
fraise	*farawla* [coll.]	فراولة
mandarine	*yustafandi* [coll.]	يوستفندي

noisette	*bunduʔ* [coll.]	بندق
amande	*lōz* [coll.]	لوز
noix de coco	*gōz hind* [coll.]	جوز هند
cacahuète	*(fūl) sudāni* [coll.]	(فول) سوداني

beurre d'arachide, beurre de cacahuète	*zibdit fūl sudāni*	زبدة فول سوداني
noix	*gōz* [coll.] *3ēn gamal*	جوز عين جمل
noix mélangées	*makassarāt* [pl.]	مكسرات

herbes fraîches	*a3šāb* [pl.]	اعشاب
herbes sèches, épices, condiments	*tawābil* [pl.] *buharāt* [pl.]	توابل بهارات
graines d'anis	*yansūn*	ينسون
basilic	*riḫān*	ريحان
poivre noir	*filfil iswid*	فلفل اسود
ciboulette	*tūm mi3ammar*	توم معمر
cannelle	*ʔirfa*	قرفة
clou de girofle	*ʔurunful mugaffaf*	قرنفل مجفف
cumin	*kammūn*	كمون
curry en poudre	*kāri*	كاري
gingembre	*ganzabīl*	جنزبيل
noix muscade	*gōz ṭīb*	جوز طيب
origan	*ur(e)gānu*	اوريجانو
persil	*baʔdūnis*	بقدونس
menthe poivrée, menthe verte	*ni3nā3*	نعناع
romarin	*rōz mēri*	روز ميري
sauge	*marmariyya*	مرمرية
sel	*milḫ*	ملح
sucre	*sukkar*	سكر
thym	*za3tar*	زعتر
vanille	*vanilya*	ڤانيليا

sauce	*ṣōṣ*	صوص
sauce	*ṣalṣit laɧma*	صلصة لحمة
ketchup	*ketšab*	كاتشب
mayonnaise	*mayunēz*	مايونيز
moutarde	*mastarda*	مستردة
sauce pimentée, purée de tomates	*ṣalṣa*	صلصة
sauce soja	*ṣōya ṣōṣ*	صويا صوص
sauce de tomate	*ṣalṣit ţamāţim*	صلصة طماطم
vinaigre	*xall*	خل

riz	*ruzz* [coll.]	رز
pâtes	*makarōna* *pasta*	مكرونة باستا
pain	*3ēš*	عيش
miche de pain	*riɣīf (arɣifit) 3ēš*	رغيف (ارغفة) عيش
tranche de pain	*šarīɧit (sarāyiɧ) 3ēš*	شريحة (شرايح) عيش
morceau de pain	*ɧittit (ɧitat) 3ēš*	حتة (حتت) عيش
pain tranché ; pain grillé	*3ēš tust*	عيش توست
baguette, rouleau de pain pour sandwich	*3ēš fīnu*	عيش فينو
pain pita (farine blanche)	*3ēš šāmi*	عيش شامي
pain pita (de blé entier)	*3ēš baladi*	عيش بلدي
aysh dora (pain de maïs "tortilla")	*3ēš dura*	عيش درة

levure	*xamīra*	خميرة
farine	*diʔīʔ*	دقيق
pain grillé	*tust*	توست

confiture	*mirabba*	مربى
miel	*3asal*	عسل

protéine	*b(u)rutīn*	بروتين
œuf	*bēḑ* [coll.]	بيض
jaune d'œuf	*şafār bēḑ*	صفار بيض
blanc d'œuf	*bayāḑ bēḑ*	بياض بيض
œuf frit	*bēḑ maʔli*	بيض مقلي
œuf à la coque	*bēḑ maslūʔ*	بيض مسلوق
œufs brouillés	*bēḑ maxfūʔ*	بيض مخفوق
omelette	*umlett*	اومليت

viande	*laђm* [coll.] *laђma*	لحم لحمة
du bœuf	*laђma (baʔari)*	لحمة (بقري)

Lorsque le type de viande n'est pas spécifié, لحمة *laђma* sous-entend de la «viande bovine».

Je n'ai pas envie de poulet. Allons-y pour le boeuf.	*miš 3āyiz ākul firāx. ta3āl nigīb laђma.*	مش عايز آكل فراخ. تعال نجيب لحمة.
steak (de bœuf)	*stēk* *buftēk*	ستيك بفتيك
pastrami	*bastirma*	بسطرمة
viande hachée	*laђma mafrūma*	لحمة مفرومة
poulet	*firāx*	فراخ
filet de poulet	*firāx filēh*	فراخ فيليه
agneau	*laђmᵊ xirfān*	لحم خرفان
porc	*(laђme) xanzīr*	(لحم) خنزير
jambon	*hām*	هام

saucisse	*suguʔʔ*	سجق
hot-dog	*susīs*	سوسيس

poisson	*samak* [coll.]	سمك
arête de poisson	*šūk samak*	شوك سمك
bolti (perche du Nil)	*samak bulṭi* [coll.]	سمك بلطي
bec de cane bleuté (poisson de la Mer Rouge)	*šu3ūr* [coll.]	شعور
maigre (poisson de la Méditerranée)	*lūṭ* [coll.]	لوط
mulet (poisson de la Méditerranée)	*būri* [coll.]	بوري
saumon	*salamun*	سلمون
requin	*samak ʔirš*	سمك قرش
thon	*tūna*	تونا، تونة

fruit de mer	*maʔkulāt baђriyya* [pl.]	مأكولات بحرية
crabe	*kaburya*	كابوريا
homard	*astakōza*	استاكوزا
moule	*balaђ baђr*	بلح بحر
poulpe	*ixtabūṭ*	اخطبوط
huître	*maђār*	محار
fruits de mer	*ummᵊ x(u)lūl*	ام خلول
crevette	*gambari*	جمبري
calmar, seiche	*ђabbār*	حبار

gras	*dihn (duhūn)*	دهن (دهون)
Il y a beaucoup de gras dans cette viande.	*illaђma malyāna dihn.* *illaђma di fīha dihnᵊ ktīr.*	اللحمة مليانة دهن. اللحمة دي فيها دهن كتير.

graisseux, huileux	*midhahnin* *simīn*	مدهنن سمين
Ce plat est assez gras.	*iṭṭabaʔ da smīn šuwayya.*	الطبق ده سمين شوية.

soupe, potage	*šurba*	شوربة
manger de la soupe	*širib* [1s4] *šurba*	شرب شوربة
siroter	*šafaṭ* [1s3]	شفط
aspirer bruyament la soupe	*šafaṭ* [1s3] *šurba b-ṣōt*	شفط شوربة بصوت
soupe à la crème	*šurbit krīma*	شوربة كريمة
soupe de corète potagère (soupe verte gluante)	*muluxiyya*	ملوخية
soupe orzo	*šurbit lisān 3aṣfūr*	شوربة لسان عصفور
soupe à la tomate	*šurbit ṭamāṭim*	شوربة طماطم
soupe aux légumes	*šurbit xuḍār*	شوربة خضار

frit	*maʔli* *miḫammar*	مقلي محمر
huile (végétale)	*zēt*	زيت
cuit (pain)	*maxbūz*	مخبوز
cuit, rôti, au four	*fi furn*	في فرن
bouilli	*mayli* *maslūʔ*	مغلي مسلوق
grillé, rôti	*mašwi*	مشوي

carton	*kartōna*	كرتونة
sac	*kīs (akyās)*	كيس (اكياس)
pot	*barṭamān*	برطمان

sandwich à la cervelle	*sandiwitšᵊ muxx*	سندوتش مخ
falafel	*ṭa3miyya*	طعمية
fatair (pizza égyptienne)	*faṭīr*	فطير
ful (fèves frites)	*fūl*	فول
ful médamès (bouillie de fèves)	*fūl midammis*	فول مدمس
koshari (lentilles, riz et macaronis)	*kušari*	كشري
sandwich au foie	*sandiwitšᵊ kibda*	سندوتش كبدة
légumes marinés	*mixallil* *ṭurši*	مخلل طرشي

bonnes manières à table	*adāb issufra*	آداب السفرة
Merci pour le repas ! (dit à l'hôte(sse) après avoir goûté la nourriture)	*tislam īdak!*	تسلم ايدك.
parler la bouche pleine	*itkallim* [5s1] *wi f buʔʔu akl*	اتكلم و في بقه اكل
Ne parle pas la bouche pleine !	*ma-titkallimšᵊ w fi buʔʔak akl!*	متتكلمش و في بقك اكل!
Peux-tu me passer le sel s'il te plait?	*mumkin tidīni -lmilḫ?*	ممكن تديني الملح؟
Excuse-moi un instant. (lorsqu'on s'excuse de table)	*ba3dᵊ ʔiznak.*	بعد اذنك.
Merci pour le repas. (dit après avoir terminé un repas dans la maison de quelqu'un)	*dayman 3āmir*	دايما عامر.
Tu es le bienvenu. (réponse)	*dāmit ḫayātak.*	دامت حياتك.

9 Le Travail

travail, emploi	*šuɣl (ašɣāl)* *waẓīfa (waẓāyif)*	**شغل (اشغال)** **وظيفة (وظايف)**
travailler, être employé	*ištaɣal* [8s2]	**اشتغل**
Elle travaille en tant que professeur.	*hiyya btištaɣal mudarrisa.*	هي بتشتغل مدرسة.
Elle travaille dans (le domaine de) l'enseignement.	*hiyya btištaɣal fi (magāl) ittadrīs.*	هي بتشتغل في مجال التدريس.
Je travaille cinq jours par semaine.	*baštaɣal xamas tiyyām fi -lʔisbū3.*	بشتغل خمس ايام في الاسبوع.
emploi, tâche	*šuɣla* *šuɣlāna*	**شغلة** **شغلانة**
à plein temps	*dawām kāmil* *fūl tāym*	**دوام كامل** **فول تايم**
Je travaille à temps plein.	*baštaɣal fūl tāym.*	بشتغل فول تايم.
à temps partiel	*dawām guzʔi* *nuṣṣᵊ yōm* *part tāym*	**دوام جزئي** **نص يوم** **بارت تايم**
Je veux un emploi à temps partiel.	*3āyiz šuɣlᵊ dawām guzʔi.*	عايز شغل دوام جزئي.
le secteur privé	*ilqitā3 ilxāṣṣ*	**القطاع الخاص**
le secteur public	*ilqiṭā3 il3āmm*	**القطاع العام**
fonctionnaire d'État	*muwaẓẓaf ḫukūmi*	**موظف حكومي**

chercher un emploi	*dawwar* [2s2] *3ala šuɣl*	**دور على شغل**
postuler pour un poste	*ʔaddim* [2s1] *3ala šuɣl*	**قدم على شغل**
demandeur, candidat	*mitʔaddim*	**متقدم**
expérience	*xibra*	**خبرة**

avoir un entretien d'embauche	*3andu muʔablit šuɣl*	عنده مقابلة شغل
interroger	*3amal* [1s2] *muʔabla*	عمل مقابلة
trouver un travail	*gālu* [i1] *šuɣl*	جاله شغل

trouver un travail	*laʔa* [i4] *šugl*	لقى شغل
obtenir un emploi	*itwaẓẓaf* [5s2]	اتوظف
As-tu trouvé un emploi ?	*laʔēt šuɣlᵊ walla lissa?*	لقيت شغل ولا لسه؟
employer	*waẓẓaf* [2s2] *3ayyin* [2s1] *šaɣɣal* [2s2]	وظف عين شغل
employé	*muwaẓẓaf*	موظف
employeur	*ṣāɧib (aṣɧāb) šuɣl*	صاحب (اصحاب) شغل
patron, directeur	*mudīr*	مدير
collègue	*zimīl (zamāyil)*	زميل (زمايل)
compagnie	*širka*	شركة

commencer à travailler	*badaʔ* [1s1] *šuɣlu*	بدأ شغله
faire une pause	*axad* [i3] *istirāɧa*	اخد استراحة
pause déjeuner	*istarāɧit ɣada*	استراحة غدا
quitter/terminer le travail	*xallaṣ* [2s2] *iššuɣl*	خلص الشغل
faire des heures supplémentaires	*ištaɣal* [8s2] *ōver tāym*	اشتغل اوفر تايم
heures de travail	*dawām*	دوام
Je travaille huit heures par jour.	*ana baštaɣal dawām taman sa3āt yumiyyan.*	انا بشتغل دوام تمان ساعات يوميا.
poste de jour	*šiftᵊ bi-nnahār* *wardiyyit innahār*	شفت بالنهار وردية النهار

poste de nuit	*šiftᵊ bi-llēl* *wardiyyit illēl*	**شفت بالليل** **وردية الليل**
Je travaille de nuit.	*iššiftᵊ btā3i bi-llēl.*	الشفت بتاعي بالليل.
libre, en congé	*fāḏi*	**فاضي**
J'ai les week-ends de libre.	*ana fāḏi āxir ilʔisbū3.*	انا فاضي اخر الاسبوع.

bureau	*maktab (makātib)*	**مكتب (مكاتب)**
travailleur de bureau	*muwaẓẓaf maktabi*	**موظف مكتبي**
représentant de la société	*mandūb širka*	**مندوب شركة**
rester tard au bureau	*itʔaxxar* [5s2] *fi -lmaktab*	**اتأخر في المكتب**
partir en voyage d'affaires	*sāfir* [3s] *f- riḫlit šuɣl*	**سافر في رحلة شغل**
avoir une réunion	*3andu igtimā3*	**عنده اجتماع**
client	*3amīl (3umala)*	**عميل (عملا)**

gagner de l'argent	*gāb* [1h2] *filūs*	**جاب فلوس**
paie, salaire	*agr (ugūr)*	**اجر (اجور)**
salaire (mensuel)	*murattab*	**مرتب**
Mon salaire est juste correct.	*ilmurattab bitā3i nuṣṣᵊ nuṣṣ.*	المرتب بتاعي نص نص.
se faire payer	*ʔabaḏ* [1s1]	**قبض**
jour de paie	*yōm ʔabḏ*	**يوم قبض**
Je suis payé le premier du mois.	*baʔbaḏ f- awwal iššahr.*	بقبض في اول الشهر.
bonus, prime	*ḫāfiz (ḫawāfiz)*	**حافز (حوافز)**
augmentation de salaire	*ziyāda fi -lmurattab*	**زيادة في المرتب**
obtenir une augmentation	*zād* [1h2] *fi -lmurattab*	**زاد في المرتب**
donner une augmentation à __	*zawwid-lu* [2s1] *-lmurattab*	**زود له المرتب**

promotion	*tarʔiyya*	ترقية
obtenir une promotion	*itraʔʔa* [5d]	اترقى
Dieu merci, j'ai eu une promotion ce mois-ci.	*ilḫamdu lillāh, ana itraʔʔēt iššahrᵊ da.*	انا اترقيت الشهر ده.

chômeur, sans emploi	*3āṭil*	عاطل
chômage	*baṭāla*	بطالة
démissionner	*istaqāl* [10h]	استقال
quitter son emploi	*sāb* [1h2] *iššuɣl*	ساب الشغل
mettre à pied, licencier	*istaɣna* [10d1] *3an*	استغنى عن
virer, mettre à la porte	*ṭarad* [1s3]	طرد
se faire virer	*inṭarad* [7s2] *min šuɣlu*	انطرد من شغله
partir à la retraite	*ṭili3* [1s4] *min iššuɣl* *ṭili3* [1s4] *3ala ma3āš*	طلع من الشغل طلع على معاش
pension de retraite	*ma3āš*	معاش
(âge de) la retraite	*sinn ilma3āš*	سن المعاش
J'espère prendre ma retraite quand j'aurai soixante ans.	*nifsi aṭla3 ma3āš 3ala sinn issittīn.*	نفسي اطلع معاش على سن الستين.

carrière	*mihna (mihan)*	مهنة (مهن)
commerce, artisanat	*ḫirfa (ḫiraf)*	حرفة (حرف)
Que fais-tu (dans la vie) ?	*bitištaɣal ʔē?*	بتشتغل ايه؟
Je suis __.	*ana __.* *baštaɣal __.*	انا __. بشتغل __.
comptable	*muḫāsib*	محاسب
acteur	*mumassil*	ممثل
architecte	*muhandis mi3māri*	مهندس معماري
artiste	*fannān*	فنان

athlète	*riyāḍi*	رياضي
boulanger	*xabbāz*	خباز
caissier de banque, banquier	*muwaẓẓaf fi bank*	موظف في بنك
directeur de banque	*mudīr bank*	مدير بنك
coiffeur	*ḫallāʔ*	حلاق
chauffeur de bus	*sawwāʔ utubīs*	سواق اتوبيس
boucher	*gazzār*	جزار
charpentier	*naggār*	نجار
caissier	*kašīr*	كاشير
chef	*šef*	شيف
personnel de nettoyage	*3āmil (3ummāl) naḍāfa*	عامل (عمال) نضافة
cuisinier	*ṭabbāx*	طباخ
représentant du service clients	*mumassil xidmit il3umala*	ممثل خدمة العملا
dentiste	*duktūr (dakatrit) asnān*	دكتور (دكاترة) اسنان
docteur	*duktūr (dakatra)*	دكتور (دكاترة)
éditeur	*muḫarrir*	محرر
électricien	*kahrabāʔi*	كهربائي
ingénieur	*muhandis*	مهندس
fermier	*fallāḫ*	فلاح
pompier	*(rigālit) maṭāfi*	راجل (رجالة) مطافي
pêcheur	*ṣayyād*	صياد
steward, hôtesse de l'air	*muḍīf*	مضيف
éboueur	*zabbāl*	زبال
jardinier	*ganayni*	جنايني
coiffeur	*kuwafīr*	كوافير
imam	*imām (aʔimma)*	امام (ائمة)
juge	*ʔāḍi (ʔuḍāh)*	قاضي (قضاة)

ouvrier	*3āmil (3ummāl)*	عامل (عمال)
avocat, juriste	*muḫāmi*	محامي
femme de ménage	*šaɣɣāla*	شغالة
mécanicien	*mikanīki*	ميكانيكي
musicien	*musiqār*	موسيقار
infirmier	*mumarriḍ*	ممرض
artiste peintre	*rassām*	رسام
peintre (en bâtiment)	*dahhān*	دهان
pharmacien	*ṣaydali (ṣayad(i)la)*	صيدلي (صيادلة)
pilote	*ṭayyār*	طيار
plombier	*sabbāk*	سباك
officier de police	*ẓābiṭ (ẓubbāṭ) šurṭa*	ظابط (ظباط) شرطة
homme politique	*siyāsi*	سياسي
prêtre	*ʔissīs (ʔasāwisa)* *rāhib (ruhbān)*	قسيس (قساوسة) راهب (رهبان)
professeur	*brufesūr* *ustāz (asatza)*	بروفيسور استاذ (اساتذة)
agent immobilier	*simsār (samasra)*	سمسار (سماسرة)
dépanneur	*muṣliḫ*	مصلح
marin	*baḫḫār*	بحار
vendeur	*mandūb mabi3āt*	مندوب مبيعات
secrétaire	*sikirtēr*	سكرتير
serviteur	*šaɣɣāl*	شغال
vendeur	*bayyā3*	بياع
commerçant	*baʔʔāl*	بقال
soldat	*3askari (3asākir)* *gundi (gunūd)*	عسكري (عساكر) جندي (جنود)
chauffeur de taxi	*sawwāʔ taksi*	سواق تاكسي

maître d'école	*mudarris*	مدرس
technicien	*fanni*	فني
agent de voyage	*wakīl (wukala) safar*	وكيل (وكلا) سفر
vétérinaire	*duktūr biṭari*	دكتور بيطري
serveur	*garsōn*	جرسون
serveuse	*garsōna*	جرسونة
écrivain	*kātib (kuttāb)*	كاتب (كتاب)

10 L'École et l'Éducation

éducation	*ta3līm*	تعليم
instruit, lettré	*muta3allim*	متعلم
apprendre	*it3allim* [5s1]	اتعلم
analphabète	*ummi*	امي
analphabétisme	*ummiyya*	امية
Quel est le taux d'analphabétisme en Égypte ?	*ʔē mu3addal ilʔummiyya fi maṣr?*	ايه معدل الامية في مصر؟

école	*madrasa (madāris)*	مدرسة (مدارس)
élève	*ṭālib (ṭalaba, ṭullāb)*	طالب (طلبة، طلاب)
préscolaire	*ḥaḍāna*	حضانة

En Égypte, les enfants commencent généralement la maternelle à l'âge de quatre ans. L'école maternelle est divisée en deux années, appelées KG1 et KG2, prononcées comme en anglais.

école maternelle, jardin d'enfants	*kē žī* *kē žī wan* *kē žī tū*	كي جي (KG) كي جي ون (KG1) كي جي تو (KG2)
école élementaire/primaire	*(madrasa) ibtidāʔi*	(مدرسة) ابتدائي

Quand j'étais à l'école élémentaire, ...	*lamma kuntᵊ f- ibtidāʔi*	لما كنت في ابتدائي،...
première année	*sana ūla* *ūla ibtidāʔi*	**سنة اولى** **اوله ابتدائي**
Son fils est en première année.	*ibnaha f- ūla ibtidāʔi.*	ابنها ف اولى ابتدائي.
collège	*madrasa i3dādi*	**مدرسة اعدادي**
lycée, école secondaire	*madrasa sanawi*	**مدرسة ثانوي**
université	*gam3a*	**جامعة**
académie	*akadimiyya* *ma3had (ma3āhid)*	**اكاديمية** **معهد (معاهد)**
école de langues	*akadimiyyit alsun* *akadimiyyit luɣāt*	**اكاديمية السن** **اكاديمية لغات**
Je suis étudiant en arabe dans une école de langues au Caire.	*ana badris 3arabi fi akadimiyyit ilʔalsun f- ilqāhira.*	انا بدرس عربي في اكاديمية الالسن في القاهرة

En Égypte, l'école élémentaire est constituée de six années ; le collège et le lycée de trois années chacun.

en cinquième année	*fi xamsa -btidāʔi*	**في خامسة ابتدائي**
en sixième année	*fi satta -btidāʔi*	**في ساتة ابتدائي**
dans sa seconde année au collège	*fi tanya i3dādi*	**قي تانية اعدادي**
en troisième année au lycée	*fi talta sanawi* *fi āxir sana f- sanawi*	**في تالتة ثانوي** **في اخر سنة في ثانوي**

classe, période de cours	*ḫiṣṣa (ḫiṣaṣ)*	**حصة (حصص)**
J'ai six cours par jour.	*3andi sittᵊ ḫiṣaṣ fi -lyōm.*	عندي ست حصص في اليوم.

Le cours commence à 8 heures et se termine à 9 heures.	*ilɦiṣṣa btibdaʔ issā3a tamanya wi tixlaṣ tis3a.*	الحصة بتبدأ الساعة تمانية و تخلص تسعة.
conférence	*muɦaḍra*	**محاضرة**
assister à une conférence	*ɦaḍar* [1s1] *muɦaḍra*	**حضر محاضرة**
cours	*dars (durūs)*	**درس (دروس)**
étudier	*daras* [1s2]	**درس**
études	*dirāsa*	**دراسة**
programme d'études	*manhag (manāhig)*	**منهج (مناهج)**
question	*suʔāl (asʔila)*	**سؤال (اسئلة)**
poser une question en classe	*saʔal* [1s1] *suʔāl fi -lfaṣl*	**سأل سؤال في الفصل**
réponse	*igāba*	**اجابة**
répondre	*gāwib* [3s] *3ala*	**جاوب على**
lever la main	*rafa3* [1s1] *īdu*	**رفع ايده**
vrai, correct	*ṣaɦɦ*	**صح**
faux, incorrect ; erreur	*ɣalaṭ*	**غلط**
Il a mal répondu à trois questions.	*gāwab ɣalaṭ 3ala talat asʔila.*	جاوب غلط على تلات اسئلة.

salle de classe	*faṣl (fuṣūl)*	**فصل (فصول)**
amphithéâtre	*mudarrag*	**مدرج**
bureau	*desk*	**ديسك**
cahier de texte	*kitāb (kutub) madrasi*	**كتاب (كتب) مدرسي**
cahier	*kaškūl (kašakīl)* *kurrāsa*	**كشكول (كشاكيل)** **كراسة**
prendre des notes	*dawwin* [2s1] *mulaɦaẓāt*	**دون ملاحظات**
copier	*naʔal* [1s2]	**نقل**

Copie ces phrases dans ton cahier.	*in?il ilgumal di l-kurrastak.*	انقل الجمل دي لكراستك.
sac à dos	*šanṭa (šunaṭ) madrasiyya*	شنطة (شنط) مدرسية
tableau noir	*sabbūra*	سبورة
craie	*ṭabašīr* [coll.]	طباشير
tableau blanc	*sabbūra bēḍa* *wāyt burd*	سبورة بيضا وايت بورد
carte	*xarīṭa (xarāyiṭ)*	خريطة (خرايط)

bibliothèque	*maktaba*	مكتبة
gymnase	*žim*	جيم
aire de jeux, cour de l'école	*ḫōš (aḫwāš)* *mal3ab (malā3ib)*	حوش (احواش) ملعب (ملاعب)
cafétéria	*kafitirya*	كافيتريا
laboratoire	*ma3mal (ma3āmil)*	معمل (معامل)
auditorium, théâtre	*masraḫ (masāriḫ)*	مسرح (مسارح)
bus scolaire	*bāṣ madrasa*	باص مدرسة

vacances d'été	*agāzit ṣēf*	اجازة صيف
vacances d'hiver	*agāzit šita*	اجازة شتا
pause, récréation	*fusḫa (fusaḫ)* *brēk*	فسحة (فسح) بريك
Nous avons une pause de quinze minutes entre les classes.	*3andina fusḫa rub3ᵊ sā3a bēn ilḫiṣaṣ.*	عندنا فسحة ربع ساعة بين الحصص.
pause déjeuner	*fusḫit ɣada*	فسحة غدا

examen, interrogation, contrôle, épreuve	*imtiḫān*	امتحان
passer un examen	*imtaḫan* [8s1]	امتحن

examen de mi-saison	*imtiḫān nuṣṣ issana*	امتحان نص السنة
examen final	*imtiḫān āxir issana*	امتحان آخر السنة
concours d'entrée	*imtiḫān qubūl*	امتحان قبول
examen oral	*imtiḫān šafawi*	امتحان شفوي
examen écrit	*imtiḫān kitābi*	امتحان كتابي
réussir un examen	*nigiḫ* [1s4] *f- imtiḫān*	نجح في امتحان
échouer à un examen	*saʔaṭ* [1s1] *f- imtiḫān*	سقط في امتحان
résultats d'examen	*natīgit imtiḫān*	نتيجة امتحان

note	*daraga* *magmū3*	درجة مجموع
avoir une bonne note	*gāb* [1h2] *magmū3 kuwayyis*	جاب مجموع كويس
une note acceptable/moyenne	*daragit nagāḫ*	درجة نجاح
une mauvaise note	*daragit suʔūṭ*	درجة سقوط
bulletin/carnet de notes	*sigil iddaragāt*	سجل الدرجات

étudier, réviser	*zākir* [3s]	ذاكر
Il a besoin de réviser pour l'examen.	*lāzim yizākir li-lʔimtiḫān.*	لازم يذاكر للامتحان.
devoirs	*wāgib*	واجب
faire ses devoirs	*ḫall* [1g3] *ilwāgib* *3amal* [1s2] *ilwāgib*	حل الواجب عمل الواجب
vérifier, réviser, revoir, repasser	*rāgi3* [3s] *ilwāgib*	راجع الواجب
dissertation, essai, composition	*mawḍū3 ta3bīr*	موضوع تعبير
Les étudiants doivent rédiger une dissertation sur un événement historique.	*iṭṭalaba -lmafrūḍ yiktibu mawḍū3 ta3bīr 3an ḫadas tarīxi.*	الطلبة المفروض يكتبوا موضوع تعبير عن حدث تاريخي.

maître d'école	*mudarris*	**مدرس**

مدرس *mudarris* est une forme de référence, mais pas une forme d'adresse. Pour répondre à un enseignant, استاذ *ustāz* doit être utilisé.

Bonjour, Professeur !	*ṣabāḫ ilxēr, ya ustāz!*	صباح الخير، يا استاذ!
conférencier	*muḫāḍir*	**محاضر**
professeur	*brufesūr* *ustāz (asatza)*	**بروفيسور** **استاذ (اساتذة)**
directeur	*mudīr*	**مدير**
enseigner	*darris* [2s1]	**درس**
enseigner un cours	*darris* [2s1] *kurs*	**درس كورس**
Elle enseigne à l'université.	*hiyya btidarris f- ilgam3a.*	هي بتدرس في الجامعة.
Ahmad m'apprend l'arabe.	*aḫmad biydarrisli 3arabi.*	احمد بيدرسلي عربي.
enseigner une leçon	*šaraḫ* [1s1] *dars*	**شرح درس**
corriger un test	*ṣaḫḫaḫ* [2s2] *imtiḫān*	**صحح امتحان**

s'inscrire	*ištarak* [8s1]	**اشترك**
inscription	*ištirāk*	**اشتراك**
Je souhaite m'inscrire à un cours d'arabe le mois prochain.	*nāwi aštirik fi faṣl il3arabi -ššahr ilgayy.*	ناوي اشترك في فصل العربي الشهر الجاي.
année scolaire	*sana drasiyya* *sanit madrasa*	**سنة دراسية** **سنة مدرسة**
semestre	*tirm*	**ترم**
cours	*maṣarīf dirāsa*	**مصاريف دراسة**
bourse d'études	*minḫa (minaḫ)*	**منحة (منح)**
prêt étudiant	*qarḍᵊ ṭullābi (qurūḍ ṭullabiyya)*	**قرض طلابي (قروض طلابية)**

université	*gam3a*	**جامعة**
entrer à / commencer l'université	*xašš* [1g2] *ilgam3a* *daxal* [1s3] *ilgam3a*	**خش الجامعة** **دخل الجامعة**
étudier à l'université	*daras* [1s2] *fi -lgam3a*	**درس في الجامعة**
département, faculté	*qism (aqsām)* *kulliyya*	**قسم (اقسام)** **كلية**
Je suis entré à la faculté de médecine, mais par la suite j'ai opté pour le droit.	*daxaltᵊ kulliyyit iţţibb, bassᵊ sibtaha wi daxaltᵊ ħuʔūʔ.*	دخلت كلية الطب، بس سبتها و دخلت حقوق.
spécialisation, matière principale	*taxaşşuş*	**تخصص**
matière secondaire	*taxaşşuşş far3i*	**تخصص فرعي**
se spécialiser en	*itxaşşaş* [5s2] *fi*	**اتخصص في**
Que fais-tu comme spécialisation ?	*inta taxaşşuşak ʔē?*	انت تخصصك ايه؟
Je me spécialise en littérature anglaise.	*ana taxaşşuşi adab ingilīzi.*	انا تخصصي ادب انجليزي.
campus de l'université	*ħaram gam3i (aħrām gam3iyya)*	**حرم جامعي (احرام جامعية)**
dortoirs	*madīna gam3iyya*	**مدينة جامعية**
Est-ce que tu vis sur le campus ?	*inta sākin fi -lmadīna -lgam3iyya?*	انت ساكن في المدينة الجامعية؟
être diplômé de	*itxarrag* [5s2] *min*	**اتخرج من**
Quand as-tu été diplômé de l'université ?	*itxarragt imta min ilgam3a?*	اتخرجت امتى من الجامعة؟
J'ai été diplômé de l'université en 2005.	*itxarragtᵊ min ilgam3a sanit alfēn wi xamsa.*	اتخرجت من الجامعة سنة الفين و خمسة.
étudiant de 1ère année	*ţālib gidīd (ţalaba gudād)* *ţālib (ţalabit) sana ūla*	**طالب جديد (طلبة جداد)** **طالب (طلبة) سنة اولى**

étudiant de 2ème année	*ţālib sana tanya*	**طالب سنة تانية**
étudiant de 3ème année	*ţālib sana talta*	**طالب سنة تالتة**
étudiant de 4ème année	*ţālib sana rab3a*	**طالب سنة رابعة**
Tous les étudiants de première année doivent assister à une cérémonie d'orientation.	*kull iţţullāb -lgudād ilmafrūḑ yiɧḑaru -lmuɧaḑra -tta 3rifiyya.*	كل الطلاب الجداد المفروض يحضروا المحاضرة التعريفية.

diplôme universitaire	*daraga* *diblōm, diblōma*	**درجة** **دبلوم، دبلومة**
certificat	*šahād a*	**شهادة**
Il a obtenu un certificat à la fin du cours.	*axad šahāda innu xallaş ilkurs.*	اخد شهادة انه خلص الكورس.
obtenir un licence de lettres	*axad* [i3] *daragit ilbakaluriyūs*	**اخد درجة البكالوريوس**
étudiant (de premier cycle)	*ţālib gam3i (ţalaba) gam3iyyin)*	**طالب جا معي (طلبة جامعيين)**
études de premier cycle	*iddirasāt ilgam3iyya*	**الدراسات الجامعية**
faire une maîtrise	*ɧaḑḑar* [2s2] *mažistēr*	**حضر ماجستير**
faire un doctorat	*ɧaḑḑar* [2s2] *dukturāh*	**حضر دكتوراة**
thèse, dissertation	*risālit mažistēr* *risālit dukturāh*	**رسالة ماجستير** **رسالة دكتورة**

sujet, matière	*madda (mawadd)*	**مادة (مواد)**
Quel était votre matière préférée à l'école ?	*ʔē aktar madda kuntᵊ bitɧibbaha fi -lmadrasa?*	ايه اكتر مادة كنت بتحبها في المدرسة؟

J'ai vraiment aimé étudier l'histoire, mais je détestais les cours de sciences.	*ħabbēt ittarīx bassᵊ ma-ħabbitš il3ulūm.* *kuntᵊ baħibb ittarīx bassᵊ bakrah il3ulūm.*	حبيت التاريخ بس محبتش العلوم. كنت بحب التاريخ بس بكره العلوم.
être bon en	*baʔa* [1d1] *šāţir fi*	**بقى شاطر في**
Il est vraiment bon en maths.	*huwwa šāţir giddan fi -rriyaɖiyāt.*	هو شاطر جدا في الرياضيات.
biologie	*ilʔaħyāʔ*	**الاحياء**
chimie	*ilkimya*	**الكيميا**
dentisterie	*ţibb ilʔasnān*	**طب الاسنان**
économie	*3ilm ilʔiqtişād*	**علم الاقتصاد**
géographie	*ilguɣrafya*	**الجغرافيا**
géologie	*ižžiyuluжya*	**الجيولوجيا**
géométrie	*ilhandasa*	**الهندسة**
histoire	*ittarīx*	**التاريخ**
loi	*ilħuʔūʔ*	**الحقوق**
linguistique	*3ilm illuɣawiyāt*	**علم اللغويات**
littérature	*ilʔadab*	**الادب**
mathématiques	*irriyaɖiyāt* *irriyāɖa*	**الرياضيات** **الرياضة**
médecine	*iţţibb*	**الطب**
philosophie	*ilfalsafa*	**الفلسفة**
éducation physique (E.P.)	*ittarbiya -rriyaɖiyya*	**التربية الرياضية**
physique	*ilfizya*	**الفيزيا**
science politique	*il3ulūm issiyasiyya*	**العلوم السياسية**
psychologie	*3ilm innafs*	**علم النفس**
science	*il3ulūm*	**العلوم**
sciences sociales	*iddirasāt ilʔigtima3iyya*	**الدراسات الاجتماعية**

Les égyptiens qui ont fréquenté des écoles privées ont tendance à se référer à de nombreuses matières académiques par leurs noms anglais : ماث *māth* (math), انجلش *īngliš* (English).

11 La Santé et la Médecine

santé	*şiђђa*	صحة
sain, en bonne santé	*bi-şiђђa kwayyisa* *salīm (sulām)* *bi-3afya*	بصحة كويسة سليم (سلام) بعافية
maladie	*maraḑ (amrāḑ)*	مرض (امراض)
malade	*3ayyān* *marīḑ (marḑa)* *ta3bān*	عيان مريض (مرضى) تعبان
être en mauvaise santé	*şiђђitu ta3bāna*	صحته تعبانة
handicapé	*mu3āq*	معاق
fauteuil roulant	*kursi mutaђarrik*	كرسي متحرك
docteur	*duktūr (dakatra)* *ţabīb (aţibba)*	دكتور (دكاترة) طبيب (اطبة)
Je ne me sens pas bien. Je pense que je dois aller voir un médecin.	*ana ta3bān. a3taqid lāzim arūђ li-duktūr.*	انا تعبان. اعتقد لازم اروح لدكتور.
spécialiste	*axişşāʔi*	اخصائي
cardiologue	*axişşāʔi li-lʔalb*	اخصائي للقلب
ophtalmologiste	*duktūr 3iyūn*	دكتور عيون

prendre un rendez-vous avec	*axad* [i3] *mi3ād min*	اخد ميعاد من
hôpital	*mustašfa (mustašfayāt)*	مستشفى (مستشفيات)
bureau du médecin, clinique	*3iyāda*	عيادة
infirmier	*mumarriḑ*	ممرض
patient	*marīḑ (marḑa)*	مريض (مرضى)
faire un check-up	*3amal* [1s2] *ittšek ab*	عمل التشيك اب
diagnostiquer	*šaxxaş* [2s2]	شخص
diagnostic	*tašxīş*	تشخيص
examiner	*faḩaş* [1s1] *kašaf* [1s2] *3ala*	فحص كشف على
examen	*faḩs (fuḩūş)*	فحص (فحوص)
Le médecin l'a examiné et a diagnostiqué une congestion nasale.	*idduktūr kašaf 3alē wi šaxxaşu innu 3andu zukām.*	الدكتور كشف عليه و شخصه انه عنده زكام.

problème	*muškila (mašākil, muškilāt)*	مشكلة (مشاكل، مشكلات)
Qu'est-ce qui ne va pas?	*ʔē ilmušika?*	ايه المشكلة؟
Je suis malade.	*ana 3ayyān.*	انا عيان.
douleur	*waga3 (awgā3)*	وجع (اوجاع)
J'ai mal au___	*-i/-ya byiwga3ni* [m.] *-i/-ya btiwga3ni* [f.]	ـــي بيوجعني. ـــي بتوجعني.
Mon épaule me fait mal depuis longtemps.	*kitfi byiwga3ni min zamān.*	كتفي بيوجعني من زمان.
C'est douloureux ici.	*ilḩitta di btiwga3ni.*	الحتة دي بتوجعني.

avoir un mal de dos	*3andu waga3 fi ḍahru*	عنده وجع في ضهره
avoir un mal de tête	*3andu ṣudā3*	عنده صداع
J'ai une très mauvaise migraine.	*3andi ṣudā3 gāmid ʔawi.*	عندي صداع جامد اوي.
migraine, mal de tête	*ṣudā3 niṣfi*	صداع نصفي
vertige	*dōxa*	دوخة
pris de vertiges	*dāyix*	دايخ
s'évanouir	*ɣumi 3alē*	غُمي عليه

غُمي *ɣumi* dans l'expression ci-dessus est invariable.

avoir un rhume	*wāxid bard*	واخد برد
avoir le nez bouché, avoir une congestion nasale	*3andu zukām*	عنده زكام
avoir la grippe	*3andu infilwinza*	عنده انفلونزا
avoir de la fièvre	*3andu ɦumma*	عنده حمى
avoir mal au ventre	*3andu waga3 fi baṭnu*	عنده وجع في بطنه
avoir mal à la gorge	*zūru multahib*	زوره ملتهب
tousser	*kaɦɦ* [1g2]	كح
avoir une toux	*3andu kuɦɦa*	عنده كحة
vomir	*ragga3* [2s2]	رجع
avoir mal au cœur, avoir envie de vomir	*3āyiz yiragga3*	عايز يرجع
avoir une éruption cutanée	*3andu ṭafɦᵊ gildi*	عنده طفح جلدي
avoir la diarrhée	*3andu ishāl*	عنده اسهال
être constipé	*3andu imsāk*	عنده امساك

avoir une indigestion	*3andu 3usrᵊ haḑm*	عنده عسر هضم

diabète	*issukkar*	السكر
être diabétique	*3andu -ssukkar*	عنده السكر
avoir de l'asthme	*3andu rabw*	عنده ربو
souffrir d'hypotension artérielle	*3andu ḑaɣţ*	عنده ضغط
sida, VIH	*ēdz*	ايدز

Bien que médicalement il y ait une nette différence entre le VIH et le sida, dans le langage courant, cette distinction est souvent ignorée.

cancer	*saraţān*	سرطان

se blesser	*it3awwar* [5s2]	اتعور
avoir une ecchymose	*3andu kadma*	عنده كدمة
blessure, coupure	*garɦ (gurūɦ)*	جرح (جروح)
mettre des points de suture	*itxayyaţ* [5s2]	اتخيط
point de suture	*ɣurza (ɣuraz)*	غرزة (غرز)
brûler	*ɦarʔ (ɦurūʔ)*	حرق (حروق)
se brûler	*3andu ɦarʔ*	عنده حرق
bandage, tricostéril	*bilāstir*	بلاستر
avoir une entorse à la cheville	*riglu magzū3a*	رجله مجزوعة
se fracturer un os	*kasar* [1s1] *3aḑma*	كسر عضمة
un os fracturé	*3aḑma maksūra*	عضمة مكسورة

plâtre ; attelle	*gabīra (gabāyir)*	**جبيرة (جباير)**
Il s'est fracturé le bras et doit porter un plâtre maintenant.	*kasar dirā3u w lāzim yirakkib gabīra dilwaʔti.*	كسر دراعه و لازم يركب جبيرة دلوقتي.
radiographie	*ṣūra b-ʔaši33it iks*	**صورة باشعة اكس**
passer une radio	*3amal [1s2] aši33it iks*	**عمل اشعة اكس**

médicament	*dawa (adwiya)*	**دوا (ادوية)**
ordonnance	*rušitta*	**روشتة**
prescrire	*waṣaf [1s2]*	**وصف**
aspirine	*aspirīn*	**اسبيرين**
comprimé, cachet	*ɧabbāya*	**حباية**
antibiotiques	*muḑādāt ɧayawiyya*	**مضادات حيوية**
injection, piqure	*ɧuʔna (ɧuʔan)*	**حقنة (حقن)**
recevoir une injection	*axad [i3] ɧuʔna*	**اخد حقنة**
prélever du sang	*saɧab [1s1] 3iyānit damm*	**سحب عيانة دم**
exécuter un test sanguin	*3amal [1s2] faɧṣᵊ damm*	**عمل فحص دم**
guérir, soigner	*šafa [1d2]*	**شفى**
récupération, guérison	*šifa*	**شفا**
traiter	*3ālig [3s]*	**عالج**
traitement	*3ilāg*	**علاج**
infection	*3adwa*	**عدوى**
contagieux	*mu3di*	**معدي**
Es-tu contagieux ?	*inta maraḑak mu3di?*	انت مرضك معدي؟

chirurgien	*garrāɧ*	جراح
chirurgie	*girāɧa*	جراحة
effectuer une intervention chirurgicale sur, opérer sur	*3amal* [1s2] *girāɧa li-* *3amal* [1s2] *3amaliyya li-*	عمل جراحة لـ عمل عملية لـ
subir une opération / intervention chirurgicale	*3amal* [1s2] *girāɧa* *3amal* [1s2] *3amaliyya*	عمل جراحة عمل عملية
avorter	*3amal* [1s2] *ighād*	عمل اجهاض
chirurgien esthétique	*garrāɧ tagmīl*	جراح تجميل
chirurgie esthétique	*girāɧit tagmīl*	جراحة تجميل

grossesse	*ɧaml*	حمل
tomber enceinte de	*ɧamal* [1s2] *min*	حمل من
enceinte	*ɧāmil* [f.] *(ɧawāmil)*	حامل (حوامل)
donner naissance	*wilid* [1s5]	ولد
Quand arrives-tu à échéance (de ta grossesse) ? C'est pour quand le bébé ?	*hatiwlidi imta?*	هتولدي امتى؟
Je dois accoucher au début décembre.	*hawlid f- awwil disimbir.*	هولد في اول ديسمبر.
Elle en est à quel mois (de sa grossesse) ?	*hiyya fi -ššahr ilkām?*	هي في الشهر الكام؟
Elle est enceinte de six mois.	*hiyya fi -ššahr issādis.*	هو في الشهر السادس

utiliser la contraception	*istaxdim ɧubūb man3 ilɧaml*	استخدم حبوب منع الحمل
préservatif	*kasbir* *wāʔi zakari* *kundum*	كاسبر واقي ذكري كوندوم

dentiste	*duktūr sinān*	دكتور سنان
avoir une carie	*3andu tasawwus*	عنده تسوس
avoir un mal de dents	*sinānu btiwga3u*	سنانه بتوجعه
avoir une dent ébréchée	*3andu sinna maksūra*	عنده سنة مكسورة
se faire poser un plombage	*ɧaša* [1d2] *sinna*	حشى سنة
se faire arracher une dent	*xala3* [1s1] *sinna*	خلع سنة
faire un détartrage	*3amal* [1s2] *tanḑīf*	عمل تنضيف
Je vais chez le dentiste pour faire un check-up et un détartrage.	*ana rāyiɧ li-duktūr issinān 3ašān a3mal kišfa 3ala sināni wi a3mal tanḑīf.*	انا رايح لدكتور السنان عشان اعمل كشفة على سناني و اعمل تنضيف.
se faire blanchir les dents	*bayyaḑ* [2s2] *sinānu*	بيض سنانه

12 La Technologie

la technologie	*tiknulužya*	تكنولوجيا
ordinateur	*kumbyūtir*	كمبيوتر
allumer l'ordinateur	*šaɣɣal* [2s2] *ilkumbyūtir*	شغل الكمبيوتر

éteindre l'ordinateur	*ṭafa* [1d2] *-lkumbyūtir*	طفى الكمبيوتر
ordinateur portable	*lāp tōp*	لاب توب
moniteur	*mōnitur*	مونيتور
écran	*šāša*	شاشة
clavier	*kīburd*	كيبورد
souris	*maws*	ماوس
cliquer sur	*ḍaɣaṭ* [1s1] *3ala*	ضغط على

fichier	*milaff* *fāyil*	ملف فايل
dossier	*fuldir*	فولدر
Je ne me souviens pas dans quel dossier est rangé le fichier.	*miš fākir ilmilaff f- anhi fuldir.*	مش فاكر الملف في انهي فولدر.
ouvrir un fichier	*fataḥ* [1s1] *milaff*	فتح ملف
sauvegarder	*sayyiv* [2s1] (from the English 'save') *ḥafaẓ* [1s1]	سيف حفظ
programme informatique	*birnamig (barāmig) kumbyūtir*	برنامج (برامج) كومبيوتر
fermer un programme	*ʔafal* [1s2] *birnamig*	قفل برنامج
supprimer	*masaḥ* [1s1]	مسح

Internet	*internet*	انترنت
sur Internet, en ligne	*3ala -nnet*	على النت
accéder à Internet, aller en ligne	*fataḥ* [1s1] *innet*	فتح النت
wifi	*wāyirlis* *wāy fāy*	وايرلس واي فاي
La wifi est-elle disponible ici ?	*fī wāyirlis hina?*	فيه وايرلس هنا؟

site Internet	*mawqi3 (mawāqi3)* *web sāyt*	موقع (مواقع) ويبسايت
page web	*şafħit web*	صفحة ويب
télécharger, downloader	*ħammil* [2s1]	حمل
télécharger, uploader	*rafa3* [1s1]	رفع
email	*īmēl*	ايميل
envoyer un email	*ba3at* [1s1] *risāla 3ala -lʔīmēl* *ba3at* [1s1] *īmēl*	بعت رسالة على الايميل بعت ايميل
nom d'utilisateur	*ism* *yūzar nēm*	اسم يوزر نيم
mot de passe	*kilmit sirr* *paswurd*	كلمة سر باسورد
Entre ton nom d'utilisateur et ton mot de passe.	*iktib ismak wi kilmit issirr.* *daxxal ilyūzar nēm w ilpaswurd.*	اكتب اسمك و كلمة السر. دخل اليوزر نيم و الباسورد.

Facebook	*fēs buk*	فيسبوك
cliquer sur "J'aime"	*đaɣaţ* [1s1] *lāyk*	ضغط لايك

Le bouton "J'aime" sur le Facebook arabe est indiqué (en arabe standard moderne) أعجبني *ʔa3jabanī.*

Twitter	*twitir*	تويتر

imprimante	*ţab3it printir*	طابعة برنتر
imprimer	*ţaba3* [1s1]	طبع
(le) scanner	*(i)skānur*	سكانر
scanner	*masaħ* [1s1] *bi-lʔiskānur*	مسح بالسكانر
fax	*faks*	فاكس
faxer	*ba3at* [1s1] *bi-lfaks*	بعت بالفاكس

(téléphone) portable	*mōbayl*	موبايل
app(lication)	*taṭbīq*	تطبيق
envoyer un texto/sms	*ba3at* [1s1] *risāla*	بعت رسالة
sonnerie	*ranna* *naɣa ma*	رنة نغمة
vibration	*ihtizāz* *vāybrēšin*	اهتزاز فايبريشن
mode silencieux	*ṣāmit* *sāylint*	صامت سايلنت

téléphone	*tilifōn*	تليفون
numéro de téléphone	*nimrit tilifōn*	نمرة تلفون
Quel est ton numéro ?	*nimrit tilifōnak kām?*	نمرة تلفونك كام ؟
appeler au téléphone	*ittaṣal* [8s1] *bi-* *ḍarab* [1s1] *tilifōn li-*	اتصل بـ ضرب تلفون لـ
appel téléphonique	*mukalma (tilifuniyya)*	مكالمة (تلفونية)
ligne	*sikka*	سكة
sonner	*rann* [1g3]	رن
Le téléphone sonne !	*ittilifōn biyrinn!*	التلفون بيرن!
recevoir un appel téléphonique	*gālu* [i1] *tilifōn*	جاله تلفون
répondre au téléphone	*raddᵊ* [1g2] *3ala -ttilifōn*	رد على التليفون
Allô?	*alō?*	آلو؟
au téléphone	*fi -ttilifōn*	في التلفون
parler au téléphone	*itkallim* [5s1] *3ala -ttilifōn*	اتكلم على التليفون
raccrocher (le téléphone)	*ʔafal* [1s2] *issikka*	قفل السكة
raccrocher au nez de quelqu'un	*ʔafal* [1s2] *issikka f- wiššu*	قفل السكة في وشه

appeler un mauvais numéro	*ḍarab* [1s1] *nimra ɣalaṭ*	ضرب نمرة غلط
récepteur	*sammāʒit tilifōn*	سماعة تلفون

13 Circuler

transport	*muwaṣla*	مواصلة
moyens de transport	*wasāʔil ilmuwaṣlāt* [pl.]	وسائل المواصلات
prendre (un bus, un taxi, etc.)	*axad* [i3]	اخد
monter dans, prendre (un bus, un taxi, etc.)	*rikib* [1s4]	ركب
descendre, débarquer	*nizil* [1s5] *min*	نزل من

transport, expédition	*naʔl*	نقل
fret	*šaḥn*	شحن
camion	*lōri*	لوري
pick-up	*ʒarabiyya nuṣṣᵊ naʔl*	عربية نص نقل
navire	*safīna (sufun)*	سفينة (سفن)
bateau	*markib* [f.] *(marākib)*	مركب (مراكب)

autobus	*utubīs*	اتوبيس
D'habitude, je me rends à mon travail en bus.	*ana ɣāliban barūḥ iššuɣlᵊ bi-lʔutubīs.*	انا غالبا بروح الشغل بالاتوبيس.
rater le bus	*fāt* [1h1] *ilʔutubīs*	فات الاتوبيس

arrêt de bus	*mawʔif (mawāʔif) utubīs*	**موقف (مواقف) اتوبيس**
chauffeur de bus	*sawwāʔ utubīs*	**سواق اتوبيس**

métro	*ilmitru*	**المترو**
Je prends le métro tous les jours.	*ana barkab ilmitru kullᵊ yōm.*	انا بركب المترو كل يوم.
station de métro	*maḫaṭṭit mitru*	**محطة مترو**
wagon réservé aux femmes	*3arabiyyit sittāt*	**عربية ستات**

taxi	*taksi*	**تاكسي**
Nous sommes allé au centre ville en taxi.	*rikibna taksi l-wisṭ ilbalad.*	ركبنا تاكسي لوسط البلد.
chauffeur de taxi	*sawwāʔ taksi*	**سواق تاكسي**
héler un taxi	*šāwir* [3s] *li-taksi*	**شاور لتاكسي**
taximètre, compteur	*3addād taksi* *bundēra (banadīr)*	**عداد تاكسي** **بنديرة (بنادير)**
négocier le prix	*fāṣil* [3s] *fi -lʔugra*	**فاصل في الاجرة**

gauche	*šimāl*	**شمال**
Tournez à gauche !	*xuššᵊ šmāl!* *liffᵊ šmāl!*	خش شمال. لف شمال.
droit	*yimīn*	**يمين**
Tournez à droite !	*xuššᵊ ymīn!* *liffᵊ ymīn!*	خش يمين. لف يمين.

tout droit	*ṭawwāli* *3ala ṭūl*	طوالي على طول
Allez tout droit !	*imši ṭawwāli!*	امشي طوالي.
vélo	*3agala (3agal)*	عجلة (عجل)
faire du vélo	*rikib* [1s4] *3agala*	ركب عجلة
cycliste	*rākib 3agala*	راكب عجلة
piste cyclable	*ṭarīʔ 3agal*	طريق عجل
pédale	*baddāl*	بدال
chaîne	*ganzīr (ganazīr)*	جنزير (جنازير)
siège de vélo	*kursi 3agala*	كرسي عجلة
moto	*mutusikl*	موتوسيكل
casque	*xōza (xiwaz)*	خوذة (خوذ)
rickshaw, pousse-pousse	*tuktuk (takātik)*	توكتوك (تكاتك)
voiture	*3arabiyya*	عربية
conduire	*sāʔ* [1h1]	ساق
chauffeur	*sawwāʔ*	سواق
passager	*rākib* *musāfir*	راكب مسافر
permis de conduire	*ruxṣit (ruxaṣ) siwwāʔa*	رخصة (رخص) السواقة
circulation	*murūr*	مرور

embouteillage	*zaɦma*	زحمة
rester coincé dans les embouteillages	*itzanaʔ* [7s1] *fi -zzaɦma*	اتزنق في الزحمة
Le trafic est épouvantable en ce moment!	*iššawāri3 zaɦma ʔawi dilwaʔti!*	الشوارع زحمة اوي دلوقتي!
heure de pointe	*sā3it izzurwa*	ساعة الذروة
Ce n'est pas le moment de te rendre au centre ville. C'est l'heure de pointe.	*balāš tinzal wisţ ilbalad dilwaʔti. di sā3it izzurwa.*	بلاش ننزل وسط البلد دلوقتي. دي ساعة الذروة.
dépasser, doubler	*3adda* [2d] *min*	عدى من
arrêter	*wiʔif* [i5]	وقف
céder à	*wassa3* [2s2] *li-*	وسع لـ
avoir la priorité	*lī -lʔawlawiyya*	ليه الاولوية
piétons	*mušāh* [pl.]	مشاة
trottoir, chaussée	*raşīf (arşifa)*	رصيف (ارصفة)
passage piéton/clouté	*xuţūţ mušāh* [pl.]	خطوط مشاة
traverser la rue	*3adda* [2d] *-ššāri3*	عدى الشارع
feu de circulation	*išārit murūr*	اشارة مرور
feu vert	*išāra xaḍra*	اشارة خضرا
feu rouge	*išāra ɦamra*	اشارة حمرا
feu orange	*išāra şafra*	اشارة صفرا
griller un feu rouge	*kassar* [2s2] *ilʔišāra*	كسر الاشارة
se garer	*rakan* [1s2]	ركن

parking de stationnement	*mawʔaf (mawāʔif)*	موقف (مواقف)
parking	*garāž*	جراج
se garer dans la rue	*rakan* [1s2] *fi -ššāri3*	ركن في الشارع
voie	*ɧāra*	حارة
changer de voie	*ɣayyar* [2s2] *ilɧāra*	غير الحارة
une route à quatre voies	*šāri3 arba3 ɧarāt*	شارع اربع حارات
intersection	*taqātu3*	تقاطع
rond-point	*midān (mayadīn)*	ميدان (ميادين)
route, autoroute	*ţarīʔ sarī3 (ţuruʔ sarī3a)*	طريق سريع (طرق سريعة)
pont, pont routier, viaduc	*kubri (kabāri)*	كبري (كباري)
limitation de vitesse	*ɧudūd issur3a* [pl.]	حدود السرعة
plaque d'immatriculation	*lōɧit arqām 3arabiyya*	لوحة ارقام عربية
assurance auto	*taʔmīn 3arabiyya*	تأمين عربية

ramasser, prendre	*rakkib* [2s1]	ركب
déposer	*nazzil* [2s1]	نزل
Tu peux me déposer juste au coin.	*mumkin tinazzilni 3and innaşya di.*	ممكن تنزلني عند الناصية دي.
déposer, prendre en voiture	*waşşal* [2s2]	وصل
Peux-tu me ramener à la maison?	*mumkin tiwaşşalni l-ɧadd ilbēt?*	ممكن توصلني لحد البيت؟

capot	*kabbūt*	كبوت
pare-brise	*izāz 3arabiyya*	قزاز عربية
coffre	*šanṭit 3arabiyya*	شنطة عربية
siège avant	*ilkursi -lli ʔuddām*	الكرسي اللي قدام
siège arrière	*ilkursi -lli wara*	الكرسي اللي ورا
porte de voiture	*bāb 3arabiyya*	باب عربية
poignée de porte de voiture	*ukrit bāb 3arabiyya (ukar)*	اوكرة باب عربية (اوكر)
fenêtre	*šubbāk (šababīk)*	شباك (شبابيك)
remonter la vitre	*ʔafal* [1s2] *iššubbāk*	قفل الشباك
descendre la vitre	*fataɧ* [1s1] *iššubbāk*	فتح الشباك
La porte est entrouverte.	*ilbāb miš maʔfūl kuwayyis.*	الباب مش مقفول كويس.
volant	*diriksiyōn*	دركسيون
conduire, manoeuvrer	*sāʔ* [1h1]	ساق
clignotant	*išārit dawarān*	اشارة دوران
Il n'utilise jamais son clignotant.	*huwwa miš biyista3mil išartu.*	هو مش بيستعمل اشارته.
rétroviseur arrière	*mirāya xalfiyya*	مراية خلفية
rétroviseur extérieur de côté	*mirāya ganibiyya*	مراية جانبية
boîte à gants	*durgᵊ 3arabiyya*	درج عربية
tableau de bord	*lōɧit 3addadāt* *tablōh*	لوحة عدادات تابلوه
freinage d'urgence, frein à main	*farāmil īd* [pl.]	فرامل ايد

pneu	*3agala (3agal)* *kawitš*	عجلة (عجل) كاوتش
vérifier la pression des pneus	*ʔās* [1h2] *ḍaɣṭ il3agal*	قاس ضغط العجل
avoir un pneu à plat	*il3agala fassit* [1g3]	العجلة فست
pneu de rechange	*3agala -ḫtiyāṭi*	عجلة احتياطي
changer un pneu à plat	*ɣayyar* [2s2] *3agala*	غير عجلة
automatique	*ōtumatik*	اوتوماتيك
manuel	*manyuwal* *yadawi*	مانيوال يدوي
Je ne sais pas conduire une voiture en manuel.	*maba3rafš asūʔ il3arabiyyāt ilmanyuwal.*	مبعرفش اسوق العربيات المانيوال.
pédale	*dawwāsa*	دواسة
embrayage	*klitš*	كلتش
frein	*farāmil* [pl.]	فرامل
freiner	*farmil* [11s1]	فرمل
accélérateur	*banzīn*	بنزين
accélérer	*sarra3* [2s2] *dās* [1h1] *banzīn*	سرع داس بنزين
ralentir	*baṭṭaʔ* [2s2]	بطأ
levier de changement de vitesse	*fitīs*	فتيس
vitesse	*tirs (tirūs)*	ترس (تروس)
vitesse enclenchée	*mi3aššaʔ*	معشق
première vitesse	*issur3a -lʔūla*	السرعة الاولى

marche arrière	*maršidīr* *tirs irrugū3*	**مارشدير** **ترس الرجوع**
reculer	*rigi3* [1s4] *li-wara*	**رجع لورا**
changer de vitesse	*ɣayyar* [2s2] *issur3a*	**غير السرعة**
J'ai mis la voiture en marche arrière et j'ai commencé à reculer.	*ana gibtᵊ maršidīr wi rigi3tᵊ bi-l3arabiyya.*	انا جبت مرشدير و رجعت بالعربية.
compteur de vitesse	*3addād issur3a*	**عداد السرعة**
respecter la limite de vitesse	*iltazam* [8s1] *bi-ssur3a*	**التزم بالسرعة**
faire de la vitesse, dépasser la limite de vitesse	*itxaṭṭa* [5d] *-ssur3a*	**اتخطى السرعة**
La police m'a arrêté pour excès de vitesse.	*iššurṭa waʔʔafitni 3ala gambᵊ bi-sabab issur3a.*	الشرطة وقفتني على جنب بسبب السرعة.
essence	*banzīn*	**بنزين**
Nous sommes à court d'essence.	*ilbanzīn xiliṣ.*	البنزين خلص.
Le réservoir est plein.	*ittankᵊ malyān.*	التنك مليان.
jauge d'essence	*3addād ilbanzīn*	**عداد البنزين**
station d'essence	*banzīna*	**بنزينة**
pompe à essence	*miḍaxxit banzīn*	**مضخة بنزين**
prendre de l'essence	*mawwin* [2s1] *il3arabiyya*	**مون العربية**
changer l'huile	*ɣayyar* [2s2] *izzēt*	**غير الزيت**
mettre sa ceinture de sécurité, porter sa ceinture de sécurité	*rabaṭ* [1s3] *ḥizām ilʔamān*	**ربط حزام الامان**
démarrer une voiture	*dawwar* [2s2] *il3arabiyya*	**دور العربية**

La voiture ne démarre pas.	*il3arabiyya miš bitdūr.*	العربية مش بتدور.
éteindre le moteur	*ţaffa* [2d] *-lmuђarrik*	**طفى المحرك**
pare-chocs	*ikşidām*	**اكصدام**
aile (de la voiture)	*rafraf (rafārif)*	**رفرف (رفارف)**
toit (de la voiture)	*sa?f (su?ūf)*	**سقف (سقوف)**
être pris dans un accrochage	*3amal* [1s2] *ђadsa basīţa*	**عمل حادثة بسيطة**
bosse, trace d'impact	*xabţa*	**خبطة**
Il y a une trace d'impact sur le côté de la voiture !	*fī xabţa fi -l3arabiyya min ilgamb.*	فيه خبطة في العربية من الجنب!
phare	*mişbāђ amāmi (maşabīђ amamiyya)*	**مصباح امامي (مصابيح امامية)**
Allume tes phares quand il commence à faire sombre.	*nawwar ilmaşabīђ lamma -ddunya tḍallim.*	نور المصابيح لما الدنيا تضلم.
avoir un accident, être victime d'un accident	*3amal* [1s2] *ђadsa*	**عمل حادثة**
s'écraser	*xabaţ* [1s1]	**خبط**
Il s'est écrasé (sa voiture s'est écrasée) contre un arbre.	*xabaţ 3arabītu fi šagara.*	خبط عربيته في شجرة.
être détruite/fichue (voiture accidentée)	*itdašdiš* [11p1] *itdammar* [5s2]	**اتدشدش** **اتدمر**
La voiture a été complètement détruite dans l'accident.	*il3arabiyya -tdašdišit fi -lђadsa.*	العربية اتدشدشت في الحادثة.

14 En Ville

(grande) **ville**	*madīna (mudun)*	مدينة (مدن)
(petite) **ville**	*balad* [f.] *(bilād)*	بلد (بلاد)
village	*qarya (qura)*	قرية (قرى)
centre ville	*wisṭ ilbalad*	وسط البلد
place	*midān (mayadīn)*	ميدان (ميادين)
parc, jardin public	*ginēna (ganāyin)*	جنينة (جناين)
fontaine	*nafūra*	نفورة

rue	*šāri3 (šawāri3)*	شارع (شوارع)
allée, ruelle	*ḫāra* *zuʔāʔ (aziʔʔa)*	حارة زقاق (ازقة)
coin	*naṣya (nawāṣi)*	ناصية (نواسي)

boulangerie	*maxbaz (maxābiz)*	مخبز (مخابز)
banque	*bank (binūk)*	بنك (بنوك)
boucherie	*gazzār*	جزار
hôtel de ville	*baladiyya*	بلدية
caserne de pompiers	*nuʔṭit (nuʔaṭ) maṭāfi*	نقطة مطافي (نقط مطافي)
épicerie	*biʔāla*	بقالة
musée	*matḫaf (matāḫif)*	متحف (متاحف)

commissariat de police	*ʔismᵊ šurṭa*	قسم شرطة
bureau de poste	*maktab (makātib) barīd*	مكتب (مكاتب) بريد
supermarché	*super market*	سوبر ماركت
restaurant	*maṭ3am (matā3im)*	مطعم (مطاعم)
café	*ʔahwa* *kafēh*	قهوة كافيه

قهوة *ʔahwa* est un café traditionnel, particulièrement populaire auprès de la classe ouvrière, tandis que كافيه *kafēh* est un café de style occidental comme Starbucks, Cilantro et Costa Coffee, qui toutes sont des chaînes très populaires auprès des classes supérieures égyptiennes.

aller au café	*rāḫ* [1h1] *kafēh*	راح كافيه

15 Les Bâtiments et les Constructions

construire	*bana* [1d2]	بنى
construction	*binā?* *tašyīd*	بناء تشييد
ouvrier du bâtiment	*3āmil binā?* *fawa3li*	عامل بناء فواعلي
bâtiment, structure	*mabna*	مبنى
gratte-ciel	*nāṭiḫit saḫāb*	ناطحة سحاب
immeuble d'appartements	*mabna sakani* *mabna šuʔaʔ*	مبنى سكني مبنى شقق
immeuble de bureaux	*mabna tugāri*	مبنى تجاري

tour d'habitation	*mabna šāhiq irtifā3* *mabna 3āli*	مبنى شاهق ارتفاع مبنى عالي
tour	*burg (abrāg)*	برج (ابراج)
démolir	*hadd* [1g3]	هد
ascenseur	*asansēr*	اسانسير
escalier	*salālim* [pl.]	سلالم
escalier mécanique	*sillim kahrabāʔi*	سلم كهربائي
monter (à l'étage)	*ţili3* [1s4] *issillim*	طلع السلم
descendre (l'escalier)	*nizil* [1s5] *issillim*	نزل السلم
sous-sol	*badrōm*	بدروم
rez-de-chaussée	*dōr arḑi*	دور ارضي
dernier étage	*dōr axīr*	دور اخير
étage	*dōr (adwār)* *ţābiʔ (ţawābiʔ)*	دور (ادوار) طابق (طوابق)

béton	*asmant*	اسمنت
brique	*ţūb* [coll.]	طوب
bois	*xašab (axšāb)*	خشب (اخشاب)
verre	*izāz* [coll.]	قزاز
métal	*ma3dan*	معدن
acier	*şulb*	صلب
fer	*ɧadīd*	حديد

16 La Banque

banque	*bank (bunūk)*	بنك (بنوك)
La Banque Centrale d'Égypte (CBE)	*ilbank ilmarkazi ilmaşri*	البنك المركزي المصري
emprunter de l'argent auprès de la banque	*istalaf* [8s1] *filūs min ilbank*	استلف فلوس من البنك
prêter de l'argent à __	*sallif* [2s1] *__ filūs*	سلف __ فلوس
prêt	*qarḍ (qurūḍ)*	قرض (قروض)
financer	*mawwil* [2s1]	مول
hypothèque	*rahn (ruhūn)* *tamwīl 3iqāri*	رهن (رهون) تمويل عقاري
paiement, versement par mensualités	*ʔisṭ (aʔsāṭ)*	قسط (اقساط)
effectuer un paiement sur un prêt	*dafa3* [1s1] *ʔisṭ ilʔarḍ*	دفع قسط القرض
payer en plusieurs versements	*dafa3* [1s1] *3ala aʔsāṭ*	دفع على اقساط
régler, payer (une dette)	*saddid* [2s1]	سدد
dette	*dēn (diyūn)*	دين (ديون)
intérêt	*fayda (fawāyid)*	فايدة (فوايد)
Ce compte rapporte 5% d'intérêt.	*ilḫisāb da biygīb fayda xamsa fi- lmiyya.*	الحساب ده بيجيب فايدة خمسة في المية.
rapporter des intérêts	*axad* [i3] *fawāyid*	اخد فوايد
compte	*ḫisāb*	حساب
compte d'épargne	*ḫisāb tawfīr*	حساب توفير

économies	*muddaxarāt* [pl.]	**مدخرات**
économiser, mettre de côté	*ḫawwiš* [2s1]	**حوش**
Il a plus de 100.000 livres d'épargne.	*huwwa miḫawwiš aktar min mīt alfᵊ ginēh.*	هو محوش اكتر من مية الف جنيه.
J'essaie d'économiser un peu d'argent chaque mois.	*baḫāwil aḫawwiš šuwayyit filūs kullᵊ šahr.*	بحاول احوش شوية فلوس كل شهر.
faire un dépôt	*wada3* [1s1]	**ودع**
faire un retrait	*saḫab* [1s1]	**سحب**
distributeur automatique bancaire	*ē tī em* *makanit iṣṣarrāf ilʔāli*	**ATM** **مكنة الصراف الآلي**
remplir un chèque	*katab* [1s2] *šīk*	**كتب شيك**
signer	*maḍa* [1d2] *waqqa3* [2s2]	**مضى** **وقع**
signature	*imḍa* *tawqī3*	**امضا** **توقيع**

17 Le Bureau de Poste

bureau de poste	*maktab (makātib) barīd*	**مكتب (مكاتب) بريد**
courrier	*barīd*	**بريد**
poste aérienne	*barīd gawwi*	**بريد جوي**
lettre	*gawāb (agwiba)*	**جواب (اجوبة)**
enveloppe	*ẓarf (aẓruf)*	**ظرف (اظرف)**

carte postale	*kart^{ə} (kurūt) pustāl*	كرت (كروت) بوستال
adresse	*3inwān (3anawīn)*	عنوان (عناوين)
timbre	*ţābi3 (ţawābi3)*	طابع (طوابع)
coller un timbre	*laşaʔ [1s1] ţābi3*	لصق طابع
affranchir (avec un cachet)	*xatam [1s2]*	ختم
envoyer par la poste	*ba3at [1s1]*	بعت
paquet, colis	*ţard (ţurūd)*	طرد (طرود)
boîte aux lettres	*şandūʔ barīd*	صندوق بريد
comptoir, guichet	*šubbāk (šababīk)* *kawntar* *kašīr*	شباك (شبابيك) كاونتر كاشير
facteur	*busţagi*	بوسطجي
livrer le courrier	*waşşal [2s2] ilbarīd*	وصل البريد

18 Les Livres et la Papeterie

bibliothèque, librairie, papeterie	*maktaba (makātib)*	مكتبة (مكاتب)
livre	*kitāb (kutub)*	كتاب (كتب)
page	*şafɧa*	صفحة
numéro de page	*raqam şafɧa*	رقم صفحة
marque-page	*muʔaššir şafaɧāt*	مؤشر صفحات
livre de référence	*margi3 (marāgi3)*	مرجع (مراجع)

roman	*riwāya*	رواية
histoire	*qiṣṣa (qiṣaṣ)*	قصة (قصص)
conte de fée	*qiṣṣa xayaliyya*	قصة خيالية
prose	*nasr*	نثر
écrivain, auteur	*kātib (kuttāb)* *muʔallif*	كاتب (كتاب) مؤلف
poésie	*ši3r*	شعر
poème	*qaṣīda (qaṣāyid)*	قصيدة (قصايد)
poète	*šā3ir (šu3ara)*	شاعر (شعرا)

journal	*gurnān (garanīn)*	جرنان (جرانين)
gros titre	*3inwān (3anawīn)*	عنوان (عناوين)
article	*maqāl*	مقال
colonne	*3amūd ṣaḫafi (3awamīd ṣaḫafiyya)*	عمود صحفي (عواميد صحفية)
publier	*našar* [1s3]	نشر
imprimer	*ṭaba3* [1s1]	طبع

papeterie (fournitures de bureau)	*adawāt maktabiyya* [pl.]	ادوات مكتبية
papeterie (magasin)	*maḫall adawāt maktabiyya*	محل ادوات مكتبية
stylo	*ʔalam (iʔlām)*	قلم (اقلام)
stylo à bille	*ʔalam gaff*	قلم جاف

crayon	*ʔalam ruṣāṣ*	قلم رصاص
gomme	*astīka (asatīk)*	استيكة (اساتيك)
effacer	*masaḫ* [1s1]	مسح
(paire de) ciseaux	*maʔaṣṣ*	مقص
encre	*ḫibr (aḫbār)*	حبر (احبار)

machine à écrire	*āla katba*	آلة كاتبة
papier	*waraʔ* [coll.] *(awrāʔ)*	ورق (اوراق)
feuille de papier	*waraʔa*	ورقة
règle	*masṭara (masāṭir)*	مسطرة (مساطر)
ruban adhésif	*lazʔa*	لزقة
épingle, punaise ; trombone ; agrafe	*dabbūs (dababīs)*	دبوس (دبابيس)
agrafeuse	*dabbāsa*	دباسة
agrafer	*dabbis* [2s1]	دبس
tailler un crayon	*bara* [1d2] *ʔalam*	برى قلم
photocopier	*ṣawwar* [2s2]	صور
photocopie	*nusxa (nusax)*	نسخة (نسخ)
photocopieuse	*makanit taṣwīr*	مكنة تصوير

19 Les Achats

courses	*tasawwuq*	تسوق

aller faire du shopping, aller faire des courses	*rāḫ* [1h1] *yištiri ḫagāt*	**راح يشتري حاجات**
Nous sommes allés faire du shopping au centre-ville hier.	*nizilna ništiri ḫagāt min wisṭ ilbalad imbāriḫ.*	نزلنا نشتري حاجات من وسط البلد امبارح.
acheter	*ištara* [8d]	**اشترى**
vendre	*bā3* [1h2]	**باع**
payer pour __	*dafa3* [1s1] *taman __*	**دفع تمن __**
J'ai déjà payé pour les légumes.	*ana dafa3tᵊ taman ilxuḍār xalāṣ.*	انا دفعت تمن الخضار خلاص.
Combien l'as-tu payé?	*dafa3tᵊ kām fi da?*	دفعت كام في ده؟
payer en espèces	*dafa3* [1s1] *kāš*	**دفع كاش**
payer par carte de crédit	*dafa3* [1s1] *bi-lkredit kard*	**دفع بالكريدت كارد**
monnaie (rendue)	*ilbāʔi*	**الباقي**
Vous me rendez trop de monnaie.	*inta idditni -lbāʔi zāyid.*	انت اديتني الباقي زايد.
ticket de caisse	*fatūra (fawatīr)*	**فاتورة (فواتير)**

prix	*si3r (as3ār)* *taman (atmān)*	**سعر (اسعار)** **تمن (اتمان)**
coûter	*itkallif* [5s1]	**اتكلف**
bon marché	*rixīṣ (ruxāṣ)*	**رخيص (رخاص)**
cher	*ɣāli*	**غالي**
libre	*maggāni* *balāš* [invar.]	**مجاني** **بلاش**
gratuitement	*bi-balāš*	**ببلاش**

frais, honoraire	*rusūm* [pl.]	رسوم
facture	*fatūra (fawatīr)* *ḫisāb*	فاتورة (فواتير) حساب
Combien dois-je?	*ilḫisāb kām?*	الحساب كام؟

publicité, annonce	*i3lān*	اعلان
rabais, soldes	*xaşm (xuşumāt)*	خصم (خصمات)
40% de réduction	*xaşm arba3īn fi -lmiyya*	خصم اربعين في المية
coupon	*kubōn*	كوبون
bonne affaire	*şafqa* *furşa (furaş)*	صفقة فرصة (فرص)
Hou la la ! C'est une véritable aubaine !	*wāw! di furşa hayla!* *wāw! di şafqa gamda!*	واو! دي فرصة هايلة! واو! دي صفقة جامدة!
marchander, négocier	*fāşil fi* *sāwim*	فاصل في ساوم
Je ne suis pas très bon pour marchander.	*ana miš šāṭir fi -lfişāl.*	انا مش شاطر في الفصال.
prix fixé	*si3rᵊ sābit*	سعر ثابت

centre commercial	*markaz (marākiz) ittasawwuq*	مركز (مراكز) التسوق
galerie commerciale	*mōl*	مول
marché, centre commercial	*sū? (aswā?)*	سوق (اسواق)

Allons-nous faire du shopping ce week-end?	*yalla nrūђ issuʔ āxir ilʔisbū3?*	يلا نروح السوق آخر الاسبوع؟
magasin, boutique	*maђall*	**محل**
Il y a beaucoup de belles boutiques dans cette rue.	*fī maђallāt kitīr ђilwa fi -ššāri3 da.*	فيه محلات كتير حلوة في الشارع ده.
supermarché	*super market*	**سوبر ماركت**
caissier	*kašīr*	**كاشير**
commerçant	*şāђib maђall*	**صاحب محل**
vendeur	*muwazzaf fi maђall*	**موظف في محل**
client	*zubūn (zabāyin)*	**زبون (زباين)**
servir un client	*sā3id* [6s] *zubūn*	**ساعد زبون**
sac de courses, sac à commission	*šanţit (šunaţ) tasawwuq*	**شنطة (شنط) تسوق**
sac plastique	*kīs (akyās) blastīk*	**كيس (اكياس) بلاستيك**
Voulez-vous un sac? Aimeriez-vous que je vous mette un sac?	*3āyiz kīs?* *3āyiz aђuţţilak da fi kīs?*	عايز كيس؟ عايز احطلك ده في كيس؟
envelopper	*ɣallif* [2s1]	**غلف**

rapporter (un article acheté)	*ragga3* [2s2]	**رجع**
échanger	*ɣayyar* [2s2] *baddil* [2s1]	**غير** **بدل**
Puis-je l'échanger contre une autre couleur?	*mumkin aɣayyaru b-lōn tāni?*	ممكن اغيره بلون تاني؟
obtenir un remboursement	*istaradd*ᵊ [10g1] *f(i)lūsu*	**استرد فلوسه**

20 Au Restaurant

restaurant	*maţ3am (matā3im)*	مطعم (مطاعم)
fast-food	*maţ3am wagabāt sarī3a*	مطعم وجبات سريعة
serveur	*garsōn (garsunāt)*	جرسون (جرسونات)
serveuse	*garsōna*	جرسونة
addition	*fatūra (fawatīr)* *ɧisāb*	فاتورة (فواتير) حساب
payer l'addition	*dafa3* [1s1] *ilfatūra*	دفع الفاتورة
Garçon ! Puis-je avoir la note s'il vous plaît ?	*garsōn! mumkin ilfatūra law samaɧt?*	جرسون! ممكن الفاتورة لو سمحت؟
cuisinier, chef	*ţabbāx* *šef*	طباخ شيف
pourboire	*baʔšīš* *tips*	بقشيش تبس
Je ne sais jamais combien laisser de pourboire.	*3umri ma-3irift asīb tips ʔaddᵊ ʔē.*	عمري ما عرفت اسيب تبس اد ايه.
service	*xidma (xadamāt)*	خدمة (خدمات)
une table pour deux	*ţarabēza li-tnēn*	طرابيزة لاتنين

21 Loisirs et Repos

se détendre	*istarxa* [10d2]	استرخى
relaxation, repos	*istirxāʔ*	استرخاء
aller faire un tour	*itmašša* [5d]	اتمشى
Allons faire une promenade dans le parc.	*yalla nrūḫ nitmašša fi -lginēna.*	يلا نروح نتمشى في الجنينة.
faire voler un cerf-volant	*ṭayyar* [2s2] *ṭayyāra waraʔ*	طير طيارة ورق
felouque (bâteau à voile)	*falūka (falāyik)*	فلوكة (فلايك)

jour de congé	*yōm agāza*	يوم اجازة
Aujourd'hui c'est mon jour de congé.	*innaharda yōm agazti.*	النهارده يوم اجازتي.
se reposer, se détendre	*rayyaḫ* [2s2]	ريح
amusant, agréable	*mumti3*	ممتع

ami	*ṣāḫib (aṣḫāb, ṣuḫāb)*	صاحب (اصحاب، صحاب)
rencontrer des amis	*ʔābil* [3s] *aṣḫābu*	قابل اصحابه
sortir (avec des amis)	*itfassaḫ* [5s2] *ma3a ṣḫābu* *xarag* [1s3] *ma3a ṣḫābu*	اتفسح مع صحابه خرج مع صحابه
Nous sommes sortis dans un centre commercial hier soir.	*itfassaḫna fi -lmōl imbāriḫ bi-llēl.*	اتفسحنا في المول امبارح بالليل.

lire	*ʔara* [1d1]	قرا
journal	*gurnān (garanīn)*	جرنان (جرانين)

J'aime m'asseoir dans un café et lire le journal avant d'aller travailler.	*baḫibb aʔ3ud fi -lʔahwa wi ʔaʔra -lgurnān ʔablᵊ ma -rūḫ iššuɣl.*	بحب اقعد في القهوة و اقرا الجرنان قبل ما اروح الشغل.
magazine	*magalla*	**مجلة**
livre	*kitāb (kutub)*	**كتاب (كتب)**
roman	*riwāya*	**رواية**
bande dessinée, roman graphique	*qiṣaṣ miṣawwara* [pl.]	**قصص مصورة**
télévision	*tilivizyōn*	**تليفزيون**
Es-tu déjà passé à la télévision ?	*ṭili3tᵊ fi -ttilivizyōn ʔablᵊ kida?*	طلعت في التليفزيون قبل كده؟
regarder la télé	*itfarrag* [5s2] *3ala -ttilivizyōn*	**اتفرج على التليفزيون**
émission/programme de télé	*birnāmig (barāmig)*	**برنامج (برامج)**
Quel est ton programme de télé préféré ?	*ʔē aktar birnāmig bitḫibbu fi -ttilivizyōn?*	ايه اكتر برنامج بتحبه في التليفزيون؟
Qu'est-ce que tu aimes regarder à la télé ?	*bitḫibbᵊ titfarrag 3ala ʔē fi -ttilivizyōn?*	بتحب تتفرج على ايه في التليفزيون؟
J'aime regarder des drames égyptiens.	*baḫibb atfarrag 3ala -ddirāma -lmaṣriyya.*	بحب اتفرج على الدراما المصرية.
comédie dramatique	*dirāma* [f.]	**دراما**
programme de comédie	*birnāmig kōmidi*	**برنامج كوميدي**
programme de sport	*birnāmig riyāḍi*	**برنامج رياضي**
événement sportif	*ḫadas riyāḍi (aḫdās riyaḍiyya)*	**حدث رياضي (احداث رياضية)**
match de football	*matšᵊ kōra*	**ماتش كورة**
film	*film (aflām)*	**فيلم (افلام)**

documentaire	*film wasāyiqi*	فيلم وثايقي
un programme pour enfants	*birnāmig aţfāl*	برنامج اطفال
dessin animé	*kartūn*	كرتون
jeu télévisé	*birnāmig musabʔāt*	برنامج مسابقات
télé réalité	*birnāmig tilivizyōn ilwāqi3*	برنامج تليفزيون الواقع
série	*musalsal*	مسلسل
sitcom	*musalal kōmidi*	مسلسل كوميدي
épisode	*ɦalaʔa*	حلقة
saison	*mūsim (mawāsim)* *sīzun*	موسم (مواسم) سيزون
Je n'ai pas encore vu la deuxième saison de cette série.	*ana lissa ma-šuftiš ilmūsim ittāni min ilmusalsal da.*	انا لسه مشفتش الموسم التاني من المسلسل ده
les informations	*ilʔaxbār* [pl.]	الاخبار
bulletin météo	*taʔrīr ţaʔs*	تقرير طقس
émission de télévision	*tōk šō* *birnāmig ɦiwāri*	توك شو برنامج حواري
canal	*qanāh (qanawāt)*	قناة (قنوات)
Qu'est-ce qu'il y a à la télévision (en ce moment) ?	*ʔē illi šaɣɣāl 3ala -ttilivizyōn (dilwaʔti)?*	ايه اللي شغال على التليفزيون (دلوقتي)؟
Il y a un programme intéressant sur la troisième chaîne.	*fī birnāmig ɦilw*[a] *3ala -lqanāh ittalta.*	فيه برنامج حلو على القناة التالتة.
allumer la télé	*šaɣɣal* [2s2] *ittilivizyōn*	شغل التلفزيون
éteindre la télé	*ţafa* [1d2] *-ttilivizyōn*	طفى التلفزيون
volume	*şōt*	صوت
augmenter le volume	*3alla* [2d] *-şşōt*	على الصوت
baisser le volume	*waţţa* [2d] *-şşōt*	وطى الصوت

Je n'entends pas ce qu'ils disent. Peux-tu mettre un peu plus fort ?	*ana miš sāmi3 biyʔūlu ʔē. mumkin ti3alli -ttilivizyōn šuwayya?*	انا مش سامع بيقولوا ايه. ممكن تعلي التليفزيون شوية؟
Je suis en train d'étudier. Peux-tu mettre la télé un peu moins fort ?	*baɦāwil azākir. mumkin tiwaṭṭi -ttilivizyōn šuwayya?*	بحاول اذاكر. ممكن توطي التليفزيون شوية؟
antenne	*iryal*	اريل
antenne satellite/parabolique	*ṭabaʔ (aṭbāʔ)*	طبق (اطباق)
radio	*radyu*	راديو
écouter la radio	*simi3* [1s4] *irradyu*	سمع الراديو
station de radio	*maɦaṭṭit radyu*	محطة راديو
chaîne hifi	*steryu*	ستيريو
haut-parleurs	*samma3āt*	سماعات
CD	*sī dī*	سي دي
lecteur CD	*mišaɣɣal aqrāṣ sī dī* *sī dī plēyir*	مشغل اقراص سي دي سي دي بلاير
cassette	*kāset*	كاسيت
disque (vinyle)	*isṭuwāna*	اسطوانة
chanson, piste	*uɣniyya (aɣāni)*	اغنية (اغاني)
jouer (un CD, chanson, etc.)	*šaɣɣal* [2s2]	شغل
avancer, passer à la piste suivante	*ʔaddim* [2s1]	قدم
rembobiner, revenir à (la piste précédente)	*rigi3 li-* [1s4]	رجع لـ
faire une pause	*waʔʔaf* [2s2] *3amal* [1s2] *pōz*	وقف عمل بوز

arrêter, appuyez sur 'stop'	*wa??af* [2s2] *3amalᵊ* [1s2] *stōp*	وقف عمل ستوب
MP3	*MP3* (pronounced as in English)	MP3
télécharger un MP3	*ħammil* [2s1] *milaff MP3*	حمل ملف MP3
lecteur MP3	*mišaɣɣil MP3* *MP3 plēyir*	مشغل MP3 MP3 بلاير
écouteurs, casque	*samma3āt*	سماعات

visiter	*zār* [1h1]	زار
visite	*ziyāra*	زيارة
aller rendre une visite	*rāħ* [1h1] *fi ziyāra*	راح في زيارة
avoir des invités à la maison	*3andu ḍuyūf*	عنده ضيوف
divertir des invités	*salla* [2d] *ḍuyūf*	سلى ضيوف

coudre	*xayyaṭ* [2s2]	خيط
machine à coudre	*makanit xiyāṭa*	مكنة خياطة
aiguille à coudre	*ibrit (ibar) ilxiyāṭa*	ابرة (ابر) الخياطة
fil	*xēṭ (xuyūṭ)*	خيط (خيوط)
pelote de laine	*kōra ṣūf*	كورة صوف
dé	*kastibān*	كستبان
tricoter	*3amal* [1s2] *trikō*	عمل تريكو
aiguille à tricoter	*ibrit ittrikō*	ابرة التريكو
faire du crochet	*3amal* [1s2] *krušēh*	عمل كروشيه
broder	*ṭarraz* [2s2]	طرز
faire un patchwork, raccommoder	*ra??a3* [2s2]	رقع

art	*fann (funūn)*	فن (فنون)

artiste	*fannān*	فنان
dessiner, esquisser, peindre	*rasam* [1s2]	رسم
une peinture	*lōħa*	لوحة
un dessin	*rasma*	رسمة

photographie	*taşwīr*	تصوير
photographier	*şūra (şuwar)*	صورة (صور)
prendre une photo de	*şawwar* [2s2]	صور
Excusez moi. Pourriez-vous nous prendre en photo ?	*law samaħt, mumkin tişawwarna?*	لو سمحت، ممكن تصورنا؟
prendre un selfie, faire un selfie	*axad* [i3] *selfi*	اخد سلفي
un photographe	*muşawwir*	مصور
appareil photo	*kamira*	كاميرا

chasser	*işţād* [8h]	اصطاد
chasse	*şēd*	صيد
chasseur	*şayyād*	صياد
chien de chasse	*kalb*[ə] *şēd*	كلب صيد
fusil de chasse	*bunduʔiyyit şēd*	بندقية صيد
aller à la pêche	*işţād* [8h] *samak*	اصطاد سمك
pêche	*şēd samak*	صيد سمك
canne à pêche	*ʔaşabit şēd*	قصبة صيد
attirail de pêche	*adawāt şēd samak* [pl.]	ادوات صيد سمك
crochet	*xuţţāf (xaţaţīf)*	خطاف (خطاطيف)
appât	*ţu3m* [coll.]	طعم

cinéma	*sinima* *sīma*	**سينما** **سيما**
Allons au cinéma ce week-end.	*yalla nrūḫ issinima āxir il?isbū3.*	يلا نروح السينما آخر الاسبوع.
billet de cinéma	*tazkarit (tazākir) sinima*	**تذكرة (تذاكر) سينما**
Combien coûte un billet?	*bi-kām ittazkara?*	بكام التذكرة؟
film	*film (aflām)*	**فيلم (افلام)**
auditorium, salle de cinéma, salle de projection	*masraḫ (masāriḫ) sinima*	**مسرح (مسارح) سينما**
jouer, passer (un film)	*šaɣɣal* [2s2] *3araḍ* [1s2]	**شغل** **عرض**
Qu'est-ce qu'ils passent ?	*?ē illi šaɣɣāl?*	ايه اللي شغال؟
Un nouveau film sort vendredi. Tu as envie d'y aller ?	*fī film^{ə} gdīd ha-yinzil yōm ilgum3a. tiḫibb^{ə} nrūḫ?*	فيه فيلم جديد هينزل يوم الجمعة. تحب نروح؟
Ils passent un classique ce soir.	*fī film^{ə} klasīki innaharda bi-llēl.*	فيه فيلم كلاسيكي النهارده بالليل.
siège	*kursi (karāsi)*	**كرسي (كراسي)**
Quelles sont nos numéros de siège ?	*ilkarāsi bta3itna raqamha kām?*	الكراسي بتعتنا رقمها كام؟
écran	*šāša*	**شاشة**
s'asseoir près de l'écran	*?a3ad* [1s3] *?urayyib min iššāša*	**قعد قريب من الشاشة**
Je n'aime pas être assis trop près de l'écran.	*ma-baḫibbiš a?3ud ?urayyib ?awi min iššāša.*	مبحبش اقعد قريب اوي من الشاشة.
s'asseoir au milieu	*?a3ad* [1s3] *fi -nnuṣṣ*	**قعد في النص**
pop-corn	*fišār*	**فشار**
film d'action	*film akšin*	**فيلم اكشن**

comédie romantique	*film^{ə} rumansi kōmidi*	فيلم رومانسي كوميدي
drame	*film^{ə} drāma*	فيلم دراما
film d'horreur	*film^{ə} ru3b*	فيلم رعب
thriller	*film isāra*	فيلم اثارة
film historique	*film^{ə} tarīxi*	فيلم تاريخي
science-fiction	*film^{ə} xayāl 3ilmi*	فيلم خيال علمي
fantastique	*film^{ə} fantazya*	فيلم فنتازيا
Quel genre de films aimes-tu ?	*ʔē nō3 ilʔaflām illi bitḫibbaha?*	ايه نوع الافلام اللي بتحبها؟
J'adore les films d'action, mais je ne supporte pas les films romantiques.	*ana baḫibb aflām ilʔakšin, bass^{ə} miš baṭīʔ ilʔaflām irrumansiyya.*	انا بحب افلام الاكشن، بس مش بطيق الافلام الرومانسية.
star (de cinéma)	*nigm (nugūm)*	نجم (نجوم)

théâtre	*masraḫ (masāriḫ)*	مسرح (مسارح)
sur scène	*3ala -lmasraḫ*	على المسرح
bas-côté	*mamarr*	ممر
acteur	*mumassil*	ممثل
jouer, interpréter	*massil* [2s1]	مثل
jouer le rôle de __	*li3ib* [1s4] *dōr __* *massil* [2s1] *dōr __*	لعب دور __ مثل دور __
entracte	*istirāḫa*	استراحة
spectateur	*mutafarrig* *mušāhid*	متفرج مشاهد
public, foule	*gumhūr (gamahīr)*	جمهور (جماهير)
applaudir	*saʔʔaf* [2s2]	سقف
applaudissements	*tasʔīf*	تسقيف
cirque	*sirk*	سيرك

acrobate	*akrubāt*	اكروبات
clown	*bilyatšu (bilyatšuhāt)*	بلياتشو (بلياتشوهات)

cigarette	*sigāra (sagāyir)*	سجارة (سجاير)
fumer	*daxxan* [2s2] *sigāra* *širib* [1s4] *sigāra*	دخن سجارة شرب سجارة
(fait de) **fumer**	*tadxīn*	تدخين
Interdiction de fumer	*mamnū3 ittadxīn*	ممنوع التدخين
fumeur	*mudaxxin*	مدخن
non-fumeur	*miš mudaxxin*	مش مدخن
Est-ce que tu fumes ?	*inta btišrab sagāyir?*	انت بتشرب سجاير؟
Tu veux une cigarette ?	*tāxud sigāra?* *tiḥibbᵊ tišrab sigāra?*	تاخد سجارة؟ تحب تشرب سجارة؟
Non, merci. Je ne fume pas.	*lā šukran. ana ma-badaxxanš.*	لا شكرا. انا مبدخنش.
arrêter de fumer	*baṭṭal* [2s2] *tadxīn* *baṭṭal* [2s2] *sagāyir*	بطل تدخين بطل سجاير
cigare	*sigār*	سيجار
pipe	*ɣalyūn* *bāyb*	غليون بايب
tabac	*tibɣ*	تبغ
allumettes	*kabrīt* [coll.]	كبريت
briquet	*wallā3a*	ولاعة
allumer une cigarette	*walla3* [2s2] *sigāra*	ولع سجارة
cendrier	*ṭaffāyit sagāyir*	طفاية سجاير
mégot de cigarette	*3uʔbᵊ sgāra (a3ʔāb sagāyir)*	عقب سجارة (اعقاب سجاير)
paquet de cigarettes	*3ilbit (3ilab) sagāyir*	علبة (علب) سجاير

chicha, narguilé, pipe à eau	*šīša*	**شيشة**
fumer la chicha	*daxxan* [2s2] *šīša*	**دخن شيشة**
embouchure (de chicha)	*mabsam (mabāsim)*	**مبسم (مباسم)**
récipient en verre (de chicha)	*bannūra*	**بنورة**
tuyau (de chicha)	*layyᵊ šīša*	**لي شيشة**
charbon	*faђm* [coll.]	**فحم**

22 La Musique

musique	*musīqa* [f.] *mazzīka* [f.]	**موسيقى** **مزيكا**
écouter de la musique	*simi3* [1s4] *musīqa*	**سمع موسيقى**
chanson	*uɣniyya (aɣāni)*	**اغنية (اغاني)**
chanteur	*muɣanni*	**مغني**
chanter	*ɣanna* [2d]	**غنى**
en chantant	*ɣuna*	**غنا**
J'adore chanter mais je n'ai pas une très belle voix.	*baђibb ilɣuna bassᵊ ṣōti miš ђilwᵊ ʔawi.*	بحب الغنا بس صوتي مش حلو اوي.
Quel est ton chanteur préféré ?	*mīn aktar miɣanni bitђibbu?*	مين اكتر مغني بتحبه؟
bande, groupe	*firʔa (firaʔ)*	**فرقة (فرق)**
Quel genre de musique aimes-tu ?	*ʔē nō3 ilmusīqa -lli bitђibbaha?*	ايه نوع الموسيقى اللي بتحبها؟
la musique folklorique/populaire	*ilmusīqa -ššaʒbiyya* *aɣāni ša3bi* [pl.]	**الموسيقى الشعبية** **اغاني شعبي**

la musique pop (spécifiquement la musique aux sonorités plus occidentales)	*musīqa -lpōp*	موسيقى البوب
le rap	*irrep*	الراب
la musique classique	*ilmusīqa -lklasikiyya*	الموسيقى الكلاسيكية
la musique rock	*musīqa -rrōk*	موسيقى الروك
le jazz	*ilžāz*	الجاز
la musique classique arabe	*aɣāni 3arabiyya ʔadīma*	اغاني عربية قديمة

اغاني عربية قديمة *aɣani 3arabiyya ʔadīma* se réfère à des artistes de l'Âge d'Or (1940-1950) tels qu'Oum Kalsoum.

musicien	*musiqār*	موسيقار
musicien de rue, musicien itinérant	*musiqār šawāri3*	موسيقار شوارع
instrument de musique	*āla musiqiyya*	آلة موسيقية
jouer (d'un instrument)	*3azaf* [1s2] *3ala* *li3ib* [1s4] *3ala*	عزف على لعب على
Sais-tu jouer d'un instrument ?	*biti3raf ti3zif 3ala ʔayyᵊ āla?*	بتعرف تعزف على اي آلة؟
guitare	*gitār*	جيتار
Je peux jouer de la guitare.	*ba3raf a3zif 3ala -lgitār.*	بعرف اعزف على الجيتار.
piano	*biyānu*	بيانو
violon	*kamān* *kamanga*	كمان كمانجة
trompette	*būʔ (abwāʔ)*	بوق (ابواق)
tambour	*ṭabla (ṭubal)*	طبلة (طبل)
flûte	*flūt*	فلوت
oud, luth	*3ūd (a3wād)*	عود (اعواد)
ney (flûte de roseau)	*nāy*	ناي

mizmaar (flûte en bois)	*muzmār (mazamīr)*	مزمار (مزامير)
mizmaar folklorique (avec un pavillon évasé comme celui du hautbois)	*muzmār baladi*	مزمار بلدي
cordes de guitare	*witrᵊ (awtār) gitār*	وتر (اوتار) جيتار
touches de piano	*zarāyir biyānu* [pl.]	زراير بيانو
accorder (une guitare, un piano)	*ẓabaṭ* [1s3]	ظبط
accordé	*naɣamtu maẓbūṭa*	نغمته مظبوطة
désaccordé	*naɣamtu miš maẓbūṭa* *našāz*	نغمته مش مظبوطة نشاز
orchestre	*urkestra*	اوركسترا

danser	*raʔaṣ* [1s3]	رقص
danse	*raʔṣa*	رقصة
danseur	*rāʔiṣ* *raʔʔāṣ*	راقص رقاص
danseur de ballet	*rāʔiṣ balēh*	راقص بليه
danse du ventre	*raʔṣᵊ šarʔi* *raʔṣᵊ baladi*	رقص شرقي رقص بلدي

23 Les Jeux et les Sports

jouet ; jeu	*li3ba (li3ab)*	لعبة (لعب)
poupée, marionnette	*3arūsa (3arāyis)*	عروسة (عرايس)
ours en peluche	*dabdūb (dabadīb)*	دبدوب (دباديب)

jouer à un jeu	*li3ib* [1s4] *li3ba*	لعب لعبة

jouer au billard	*li3ib* [1s4] *bilyardu*	لعب بلياردو
jouer aux cartes	*li3ib* [1s4] *bi-lwara?* *li3ib* [1s4] *bi-lkurūt*	لعب بالورق لعب بالكروت
faire tourner	*dōr (adwār)*	دور (ادوار)
A qui le tour ?	*dōr mīn da?*	دور مين ده؟
C'est ton tour.	*da dōrak.*	ده دورك.

échecs	*iššaţarang*	الشطرنج
coup	*ђaraka*	حركة
Échec !	*kišš*	كش!
Échec et mat !	*kišš*^{ə} *māt*	كش مات!
pièce (d'échecs)	*qiţ3a (qiţa3)*	قطعة (قطع)
roi	*malik*	ملك
reine	*wazīr*	وزير
fou	*fīl*	فيل
cavalier	*ђuşān*	حصان
tour	*ţabya*	طابية
pion	*3askari*	عسكري

backgammon	*ţawla*	طاولة
dé	*zahr* [coll.]	زهر

Dans les jeux tels que le backgammon, les numéros qui sortent quand on jette les dés ont des noms particuliers, des nombres empruntés au persan et au turc.

un	*yak*	يك
deux	*dō*	دو
trois	*sih*	سيه
quatre	*guhār*	جهار
cinq	*bīš*	بيش

six	*šīš*	شيش
paire de uns, yeux de serpent	*hab yak*	هب يك
paire de deux	*dubāra*	دوبارة
paire de trois	*dōsa*	دوسة
paire de quatre	*durgi*	دورجي
paire de cinq	*dabš*	دبش
paire de six	*dušš*	دوش

sport	*riyāḍa*	رياضة
Aimes-tu le sport ?	*bitḫibb irriyāḍa?*	بتحب الرياضة؟
J'aime regarder le sport, mais je n'en pratique aucun.	*baḫibb atfarrag 3ala -rriyāḍa, bass^{ə} ma-bal3abhāš.*	بحب اتفرج على الرياضة، بس مبلعبهاش.
balle	*kōra*	كورة
football	*kōrit qadam* *kōra*	كورة قدم كورة
but	*gōn (igwān)*	جون (اجوان)
marquer un but	*gāb* [1h2] *gōn*	جاب جون
match de football	*matš^{ə} kōra* *mubarāh (mubarayāt)*	ماتش كورة مباراة (مباريات)
terrain de football	*mal3ab (malā3ib) kōra*	ملعب (ملاعب) كورة

football américain	*kōrit ilqadam ilʔamrikiyya* *amērikan fūtbōl*	كورة القدم الامريكية امريكان فوتبول
base-ball	*bēsbōl*	بيسبول
basket	*baskitbōl*	باسكتبول
panier de basket	*šabakit ilbaskitbōl*	شبكة الباسكتبول
boxe	*mulakma*	ملاكمة

golf	*gōlf*	جولف
balle de golf	*kōrit gōlf*	كورة جولف
club de golf	*nādi gōlf*	نادي جولف
terrain de golf	*mal3ab (malā3ib) gōlf*	ملعب (ملاعب) جولف
hockey	*hōki*	هوكي
skier, faire du ski	*itzaɦlaʔ* [11p2] *3ala -lgalīd*	اتزحلق على الجليد
tennis	*tinis*	تنس
balle de tennis	*kōrit ittinis*	كورة التنس
court de tennis	*mal3ab (malā3ib) ittinis*	ملعب (ملاعب) التنس
filet de tennis	*šabakit ittinis*	شبكة التنس
raquette de tennis	*maɖrab (maɖārib) ittinis*	مضرب (مضارب) التنس
volley	*vōli bōl* *ilkōra -ţţayra*	فولي بول الكورة الطايرة
filet de volleyball	*šabakit ilvōli bōl*	شبكة الفولي بول

lancer (une balle)	*šāţ* [1h1]	شاط
frapper	*ɖarab* [1s1]	ضرب
jeter	*rama* [1d2]	رمى
attraper	*misik* [1s5]	مسك
gagner (une partie)	*kisib* [1s4] *fāz* [1h1] *ɣalab* [1s2]	كسب فاز غلب
perdre (une partie)	*xisir* [1s4]	خسر
battre (une équipe)	*fāz* [1h1] *3ala*	فاز على
perdre contre (une équipe)	*xisir* [1s4] *ʔuddām*	خسر قدام
Qui a gagné ?	*mīn kisib?*	مين كسب؟
joueur	*lā3ib*	لاعب
équipe	*farīʔ*	فريق

jouer contre (une équipe, un joueur)	*li3ib* [1s4] *ḍidd*	**لعب ضد**
champion	*baṭal (abṭal)*	**بطل (ابطل)**
score	*natīga (natāyig)*	**نتيجة (نتايج)**
Quel est le score ?	*innatīga kām kām?* *ilʔiskōr kām?*	النتيجة كام كام؟ السكور كام؟
Le score est de deux à quatre.	*innatīga -tnēn arba3a*	النتيجة اتنين اربعة.
Ils sont ex aequo trois à trois.	*ta3ādul talāta talāta.*	تعادل تلاتة تلاتة.
Le match s'est terminé par un match nul (ex aequo).	*ilmatšᵊ xiliṣ ta3ādul.*	الماتش خلص تعادل.

forme physique	*liyāqa* *fitnes*	**لياقة** **فيتنس**
exercice	*tadrīb*	**تدريب**
faire de l'exercice, s'entraîner	*itdarrab* [5s2] *itmarran* [5s2]	**اتدرب** **اتمرن**
entraînement	*tamrīna*	**تمرينة**
À quelle fréquence fais-tu du sport ?	*bitdarrab kullᵊ ʔaddᵊ ʔē?*	بتدرب كل اد ايه؟
J'essaie de m'entraîner au moins deux fois par semaine.	*baḫāwil atdarrab 3ala -lʔaʔall marritēn fi -lʔisbū3.*	بحاول اتدرب على الأقل مرتين في الاسبوع.
J'ai fait un très bonne séance d'entraînement à la salle de sport ce matin.	*itdarrabtᵊ kwayyis fi -lžim iṣṣubḫ.*	اتدربت كويس في الجيم الصبح.
salle de sport, club de santé	*žim*	**جيم**
aller à la salle de sport	*rāḫ* [1h1] *ilžim*	**راح الجيم**
Je vais à la salle de sport tous les matins.	*ana barūḫ ilžim kullᵊ yōm iṣṣubḫ.*	انا بروح الجيم كل يوم الصبح.

s'inscrire dans une salle de sport, devenir membre d'une salle de sport	*ištarak* [8s1] *fī žim*	**اشترك في جيم**
membre	*3uḍw (a3ḍā?)* *muštarik*	**عضو (اعضاء)** **مشترك**
adhésion	*3uḍwiyya* *ištirāk*	**عضوية** **اشتراك**
Combien coûte un abonnement mensuel dans cette salle ?	*il3uḍwiyya fi -lžim da b-kām fi -ššahr?*	العضوية في الجيم ده بكام في الشهر؟
Y at-il un contrat ?	*fī 3aʔd?*	فيه عقد؟
entraîneur personnel	*mudarrib šaxşi* *mudarrib xuşūşi*	**مدرب شخصي** **مدرب خصوصي**
Je voudrais louer les services d'un entraîneur personnel.	*3āyiz mudarrib šaxşi.*	عايز مدرب شخصي.
séance d'entraînement	*ḩişşit tidrīb*	**حصة تدريب**
Combien ça coûte par séance d'entraînement ?	*ḩişşit ittidrīb bi-kām?*	حصة التدريب بكام؟
Mon objectif est de prendre du muscle.	*3āyiz arabbi 3aḍalāt.* *3āyiz azīd 3aḍal.*	عايز اربي عضلات. عايز ازيد عضل.
prendre du poids	*zād* [1h2]	زاد
J'ai l'impression d'avoir pris un peu de poids.	*ana ḩāsis inni zidtᵊ šwayya.*	انا حاسس اني زدت شوية.
perdre du poids	*xass* [1g3]	**خس**
Je veux perdre du poids.	*3āyiz axiss.*	عايز اخس.
Je dois perdre cinq kilos.	*3āyiz axissᵊ xamsa kīlu.*	عايز اخس خمسة كيلو.
être au régime, faire un régime alimentaire	*3amal* [1s2] *rižīm* *miši* [1d5] *3ala ržīm*	**عمل رجيم** **مشي على رجيم**
Je suis au régime.	*ana 3āmil rižīm.* *ana māši 3ala ržīm.*	انا عامل رجيم. انا ماشي على رجيم.

les vestiaires	*ōḍit taɣyīr ilhudūm*	اوضة تغيير الهدوم
casier	*lōkur*	لوكر
changer de vêtements	*ɣayyar* [2s2] *hudūmu*	غير هدومه
vêtements de sport / d'entraînement	*hudūm žim* [pl.]	هدوم جيم
barre d'haltère	*bār*	بار
haltère	*dambel*	دمبل
poids libres	*awzān hurra* [pl.]	اوزان حرة
soulever des poids	*šāl* [1h2] *ḫadīd* *šāl* [1h2] *awzān*	شال حديد شال اوزان
appareil de musculation	*gihāz (aghiza) ḫadīd*	جهاز (اجهزة) حديد
ajuster le poids	*ẓabaṭ* [1s3] *ilwazn*	ظبط الوزن
Régle le poids avant de monter sur la machine.	*uẓbuṭ ilwaznᵊ ʔablᵊ ma tištaɣal 3ala -lgihāz.*	اظبط الوزن قبل ما تشتغل على الجهاز.
Excuse-moi, comment utilises-tu cette machine ?	*ba3dᵊ ʔiznak, izzāy asta3mil ilgihāz da?*	بعد اذنك، ازاي استعمل الجهاز ده؟
faire des exercices cardio	*li3ib* [1s4] *tamarīn kardiyu*	لعب تمارين كارديو
brûler des calories	*ḫaraʔ* [1s1] *issu3rāt ilḫarariyya*	حرق السعرات الحرارية
tapis de course, tapis roulant	*maššāya* *sayr (suyūr)* *tredmil*	مشاية سير (سيور) تردميل
vélo elliptique	*gihāz elep(i)tikal*	جهاز ايليبتيكال
vélo d'appartement	*3agala sabta*	عجلة ثابتة
courir	*giri* [1d5]	جري
J'ai l'habitude de passer 20 minutes sur le tapis de course.	*ana ɣāliban bagri tiltᵊ sā3a 3ala -lmaššāya.*	انا غالبا بجري تلت ساعة على المشاية.
faire du jogging	*giri* [1d5] *harwil* [11s1]	جري هرول

exercice	*tamrīn (tamarīn)*	**تمرين (تمارين)**
faire des abdos, travailler ses abdos	*li3ib* [1s4] *baṭn*	**لعب بطن**
faire des tractions	*li3ib* [1s4] *3uʔla*	**لعب عقلة**
faire des pompes	*li3ib* [1s4] *ḍaɣṭ*	**لعب ضغط**
Combien d'abdos peux-tu faire ?	*ti3raf til3ab kam tamrīnit baṭn?*	تعرف تلعب كام تمرينة بطن؟
série	*magmū3a (magamī3)*	**مجموعة (مجاميع)**
répétition	*3adda*	**عدة**
Fais trois séries de dix répétitions pour chacune.	*il3ab talat magmu3āt fi 3ašar 3addāt.*	العب تلات مجموعات في عشر عدات.
Repose-toi pendant une minute entre les séries.	*rayyaḥ diʔīʔa bēn ilmagamī3.*	ريح دقيقة بين المجاميع.
faire de l'aérobic	*li3ib* [1s4] *ayrōbiks*	**لعب ايروبكس**
faire du yoga	*li3ib* [1s4] *yūga*	**لعب يوجا**
pousser	*zaʔʔ* [1g2]	**زق**
tirer	*šadd* [1g3]	**شد**
soulever	*šāl* [1h2] *rafa3* [1s1]	**شال** **رفع**
abaisser	*nazzil* [2s1]	**نزل**
Soulève la barre au-dessus de ta tête, puis, lentement, redescends-la.	*irfa3 ilbār fōʔ rāsak wi nazzilu bi-buṭʔ.*	ارفع البار فوق راسك و نزله ببطء.
inspirer	*axad* [i3] *nafas*	**اخد نفس**
expirer	*ṭalla3* [2s2] *nafas*	**طلع نفس**
N'oublie pas de bien respirer !	*ma-tansāš titnaffis.*	متنساش تتنفس!
corde à sauter	*ḥabl*	**حبل**
sauter à la corde	*naṭṭ* [1g2] *ilḥabl*	**نط الحبل**
balance	*mizān (mawazīn)*	**ميزان (موازين)**

se peser	*wazan* [1s2] *nafsu*	وزن نفسه

24 Les Voyages et les Vacances

voyage	*safar*	سفر
voyager, partir en voyage	*sāfir* [3s]	سافر
vacances	*agāza*	اجازة
prendre des vacances	*ţili3* [1s4] *agāza*	طلع اجازة
voyage	*riђla*	رحلة
tourisme	*siyāђa*	سياحة
touristique	*sāyiђ (suyyāђ)*	سايح (سياح)
partir en excursion	*rāђ* [1h1] *fi gawla*	راح في جولة
guide touristique	*muršid*	مرشد
police touristique	*šurţit siyāђa*	شرطة سياحة

au bord de la mer	*3ala -lbaђr*	على البحر
station balnéaire	*fundu? 3ala -lbaђr*	فندق على البحر
à la plage	*3ala -ššaţţ*	على الشط
sur la côte	*3ala -ssāђil*	على الساحل
plage	*šaţţ (šuţūţ)* *bilāž*	شط (شطوط) بلاج
Je viens de rentrer de la plage.	*ana lissa rāgi3 min ilbilāž.*	انا لسه راجع من البلاج.

sable	*raml (rimāl)*	رمل (رمال)
construire un château de sable	*bana* [1d2] *ʔal3a bi-rraml*	بنى قلعة بالرمل
parasol	*šamsiyya*	شمسية
prendre le soleil	*axad* [i3] *ḫammām šams*	اخد حمام شمس
prendre des coups de soleil	*itḫaraʔ* [7s1] *min iššams*	اتحرق من الشمس
J'ai tellement pris de coups de soleil ! Ça me fait mal !	*gāli ḫarʔᵊ min iššams! bitiwga3!*	جالي حرق من الشمس! بتوجع!
mettre un écran solaire	*ḫaṭṭᵊ* [1g2] *ṣan bluk*	حط صن بلوك
bronzer	*ismarr* [9s] *iktasab* [8s1] *samra*	اسمر اكتسب سمرة
bronzé	*mismirr*	مسمر
aller dans l'eau	*nizil* [1s5] *ilmayya*	نزل المية
vague	*mōg* [coll.]	موج
nager	*3ām* [1h1]	عام
natation	*3ōm*	عوم
piscine	*ḫammām sibāḫa* *pisīn*	حمام سباحة بيسين
Tu sais nager ?	*biti3raf ti3ūm?*	بتعرف تعوم؟
Je ne nage pas trop mal.	*ba3raf a3ūm kuwayyis.*	بعرف اعوم كويس.
Je ne sais pas nager.	*maba3rafš a3ūm.*	مبعرفش اعوم.
plonger (sous-marine)	*ɣiṭis* [1s4]	غطس
faire de la plongée avec tuba	*3amal* [1s2] *isnurkil*	عمل سنوركل

aller faire du camping	*rāђ* [1h1] *yixayyim*	راح يخيم
campement, camping	*muxayyam*	مخيم
tente	*xēma (xiyam)*	خيمة (خيم)
faire de la randonnée, faire du trekking	*miši* [1d5] *ktīr*	مشي كتير

valise	*šanṭa (šunaṭ)*	شنطة (شنط)
faire sa valise	*waḍḍab* [2s2] *šanṭitu* *ђaḍḍar* [2s2] *šanṭitu*	وضب شنطته حضر شنطته
défaire sa valise	*faḍḍa* [2d] *šanṭitu*	فضى شنطته

passeport	*basbōr* *gawāz safar*	باسبور جواز سفر
obtenir un passeport	*ṭalla3* [2s2] *basbōr*	طلع باسبور
photo de passeport	*ṣūrit basbōr*	صورة باسبور
visa	*vīza*	فيزا
délivrer un visa	*ṭalla3* [2s2] *vīza*	طلع فيزا
visa touristique	*vīza siyāђa*	فيزا سياحة
permis de résidence	*(taṣrīђ) iqāma*	(تصريح) اقامة
permis de travail	*taṣrīђ 3amal*	تصريح عمل
valide	*ṣāliђ*	صالح
expirer	*intaha* [8d]	انتهى
à l'étranger	*barra*	بره

voyager à l'étranger	*sāfir* [3s] *barra*	**سافر بره**
As-tu déjà été à l'étranger ?	*safirtᵊ barra ʔablᵊ kida?*	سافرت بره قبل كده؟
frontière	*ɧudūd* [pl.]	**حدود**
douane	*gamārik* [pl.]	**جمارك**
douanier	*muwaẓẓaf gamārik*	**موظف جمارك**
déclarer	*ṣarraɧ* [2s2]	**صرح**
faire de la contrebande	*harrab* [2s2]	**هرب**
bureau de change	*maktab (makātib) ṣirāfa*	**مكتب (مكاتب) صرافة**
changer de l'argent	*ɣayyar* [2s2] *filūs*	**غير فلوس**
Je voudrais changer 100 $ en livres égyptiennes, s'il vous plaît.	*3āyiz aɣayyar mīt dulār li-ginēh maṣri law samaɧt.*	عايز اغير مية دولار لجنيه مصري لو سمحت.
taux de change	*si3rᵊ 3umla*	**سعر عملة**

billet	*tazkara (tazākir)*	**تذكرة (تذاكر)**
acheter un billet	*ištara* [8d] *tazkara* *ʔaṭa3* [1s1] *tazkara*	**اشترى تذكرة** **قطع تذكرة**

avion	*ṭayyāra*	**طيارة**
vol	*ṭayrān* *riɧla*	**طيران** **رحلة**
voler	*ṭār* [1h2]	**طار**
réserver un siège	*ɧagaz* [1s2] *kursi*	**حجز كرسي**

Je voudrais réserver un siège sur le prochain vol disponible.	*3āyiz aɦgiz kursi 3ala ʔaʔrab riɦla.*	عايز احجز كرسي على أقرب رحلة.
première classe	*iddaraga -lʔūla*	**الدرجة الاولى**
Je n'ai jamais volé en première classe auparavant.	*3umri ma-safart^ə fi -ddaraga -lʔūla ʔabl^ə kida.*	عمري ما سافرت في الدرجة الأولى قبل كده.
classe affaire	*ilbiznis* *daragit rigāl ilʔa3māl*	**البيزنس** **درجة رجال الاعمال**
classe économique/touriste	*iddaraga -ssiyaɦiyya* *iddaraga -lʔiqtiʂadiyya*	**الدرجة السياحية** **الدرجة الاقتصادية**
prix de billet	*taman tazkara*	**تمن تذكرة**
Le prix du billet était raisonnable.	*taman ittazkara kān kuwayyis.*	تمن التذكرة كان كويس.
aéroport	*maʈār*	**مطار**
s'enregistrer	*tšek in*	**تشيك ان**
siège côté couloir	*kursi gamb ilmamarr*	**كرسي جنب الممر**
siège côté fenêtre	*kursi gamb iššubbāk*	**كرسي جنب الشباك**
Je préfère un siège côté couloir.	*baɦibb aʔ3ud gamb ilmamarr.*	بحب اقعد جنب الممر
porte	*bawwāba*	**بوابة**
à bord	*ʈili3* [1s4]	**طلع**
être retardé	*itʔaxxar* [5s2] *itʔaggil* [5s1]	**اتأخر** **اتأجل**
Votre vol a été retardé de deux heures.	*riɦlatak itʔaggilit sa3tēn.*	رحلتك اتأجلت ساعتين.
être annulé	*itlaɣa* [6d] *itkansil* [11s1]	**اتلغى** **اتكنسل**

décoller	*ţili3* [1s4] *itħarrak* [5s2]	**طلع** **اتحرك**
Notre vol part dans 30 minutes à la porte 5.	*riħlitna hatiţla3 ba3dᵊ talatīn diʔīʔa min bawwāba raqam xamsa.*	رحلتنا هتطلع بعد تلاتين دقيقة من بوابة رقم خمسة.
atterrir	*habaţ* [1s3]	**هبط**
pilote	*ţayyār*	**طيار**
steward, hôtesse de l'air	*muďīf*	**مضيف**
escale, transit	*tranzīt*	**ترانزيت**
J'ai fait une escale de 3 heures à Dubaï.	*nizilt*ᵊ *tranzit talāt sa3āt fi dubāy.*	نزلت ترانزيت تلات سعات في دبي.

train	*ʔaţr (ʔuţúra)*	**قطر (قطرة)**
prendre le train	*rikib* [1s4] *ʔaţr*	**ركب قطر**
première classe	*iddaraga -lʔūla*	**الدرجة الاولى**
seconde classe	*iddaraga -ttanya*	**الدرجة التانية**
troisième classe	*iddaraga -ttalta*	**الدرجة التالتة**
gare	*maħaţţit ʔaţr*	**محطة قطر**
aller simple	*tazkara -ttigāh wāħid*	**تذكرة اتجاه واحد**
billet aller-retour	*tazkara rāyiħ gayy*	**تذكرة رايح جاي**
salle d'attente	*ōďit intiẓār*	**اوضة انتظار**
quai	*raşīf (rişífa)*	**رصيف (رصفة)**
voie, les rails	*ʔuďbān* [pl.]	**قضبان**

chemin de fer	*sikka ɧadīd*	سكة حديد
arriver	*wiṣil* [1s4]	وصل
arrivée	*wuṣūl*	وصول
partir	*miši* [1d5] *ʔām* [1h1]	مشي قام
départ	*qiyām*	قيام
compartiment	*maʔṣūra*	مقصورة
wagon	*3arabiyyit ʔaṭr*	عربية قطر
express	*ʔaṭrᵊ sarī3*	قطر سريع
train omnibus	*ʔaṭrᵊ 3ādi*	قطر عادي
changer de train	*ɣayyar* [2s2] *ilʔaṭr*	غير القطر

autobus	*utubīs*	اتوبيس
prendre le bus	*axad* [i3] *utubīs*	اخد اتوبيس
J'ai pris un bus du Caire jusqu'à Alexandrie.	*axadt utubīs min ilqāhíra li-skindiriyya.*	اخدت اتوبيس من القاهرة لاسكندرية.
climatisé	*mukayyaf*	مكيف
confortable	*murīɧ*	مريح
inconfortable, fatiguant	*mut3ib*	متعب
arrêt de bus	*mawʔif (mawāʔif) utubīs*	موقف (مواقف) اتوبيس

auto-stop	*utustōp*	اوتوستوب
L'auto-stop est dangereux.	*ilʔutustōp xaṭar.*	الاوتوستوب خطر.

faire du stop	*wa??af* [2s2] *utustōp*	**وقف اوتوستوب**
auto stoppeur	*illi biywa??af il?utustōp*	**اللي بيوقف الاوتوستوب**

hôtel	*fundu? (fanādi?)*	**فندق (فنادق)**
réservation	*ɦagz*	**حجز**
J'ai une réservation.	*3andi ɦagz.* *fī ɦagzᵊ b-ismi.*	عندي حجز. فيه حجز باسمي.
réserver, faire une réservation	*ɦagaz* [1s2]	**حجز**
chambre	*ōɖa (iwaɖ)* *ɣurfa (ɣuraf)*	**اوضة (اوض)** **غرفة (غرف)**
Je veux réserver une chambre.	*3āyiz aɦgiz ōɖa.*	عايز احجز اوضة.
une chambre simple	*ɣurfa fardiyya*	**غرفة فردية**
une chambre double	*ɣurfa li-šaxşēn*	**غرفة لشخصين**
une chambre avec des lits jumeaux	*ɣurfa b-sirirēn*	**غرفة بسريرين**
Combien ça coûte par nuit ?	*illēla b-kām?*	الليلة بكام؟
Je voudrais rester trois nuits.	*3āyiz a?3ud talat layāli.*	عايز اقعد تلات ليالي.
s'enregistrer	*3amal* [1s2] *tšek in*	**عمل تشيك ان**
quitter l'hôtel	*3amal* [1s2] *tšek awt*	**عمل تشيك اوت**
A quelle heure doit-on quitter l'hôtel ?	*ittšek awt issā3a kām?*	التشيك اوت الساعة كام
hall	*lūbi*	**لوبي**
porteur	*bawwāb*	**بواب**

25 Le Gouvernement et la Politique

gouvernement	*ɧukūma*	حكومة
gouverner, diriger	*ɧakam* [1s3]	حكم
cabinet	*maglis wuzarāʔ*	مجلس وزراء
ministère, département	*wizāra*	وزارة
ministre, secrétaire	*wazīr (wuzarāʔ)*	وزير (وزراء)
le premier ministre	*raʔīs wuzarāʔ*	رئيس وزراء
parlement	*barlamān* *maglis ša3b*	برلمان مجلس شعب
membre du parlement	*3uḍwᵊ fi -lbarlamān*	عضو في البرلمان
président	*raʔīs (ruʔasāʔ)*	رئيس (رؤساء)
vice-président	*nāʔib raʔīs*	نائب رئيس
république	*gumhuriyya*	جمهورية
La République Arabe d'Égypte (nom officiel de l'Égypte)	*gumhuriyyit maṣr il3arabiyya*	جمهورية مصر العربية

royaume	*mamlaka (mamālik)*	مملكة (ممالك)
la monarchie, la royauté	*malakiyya*	ملكية
roi	*malik (mulūk)*	ملك (ملوك)
reine	*malika*	ملكة
prince	*amīr (umarāʔ)*	امير (امراء)
princesse	*amīra*	اميرة

empereur	*imbiraṭōr (abaṭíra)*	امبراطور (اباطرة)
impératrice	*imbiraṭōra*	امبراطورة
empire	*imbiraṭuriyya*	امبراطورية

peuple, nation	*ša3b (šu3ūb)*	شعب (شعوب)
citoyen	*muwāṭin*	مواطن
voter	*ṣawwat* [2s2]	صوت
électeur	*nāxib*	ناخب
majorité	*aɣlabiyya*	اغلبية
minorité	*aqalliyya*	اقلية
parti (politique)	*ɦizb (aɦzāb)*	حزب (احزاب)
désigner, nommer	*raššaɦ* [2s2]	رشح
nomination	*taršīɦ*	ترشيح
élections	*intixabāt* [pl.]	انتخابات
élire	*intaxab* [7s2]	انتخب
Il a été élu président.	*intaxabū raʔīs.*	انتخبوه رئيس.
mandat présidentiel	*fatra riʔasiyya*	فترة رئاسية
Aux États-Unis, un président peut servir un maximum de deux mandats.	*fi -lwilayāt ilmuttaɦida, irraʔīs ma-yiʔdarš aktar min fatritēn riʔasiyyatīn.*	في الولايات المتحدة، الرئيس ميقعدش أكتر من فترتين رئاسيتين.

démocratie	*dimuqraṭiyya*	ديمقراطية
démocratique	*dimuqrāṭi*	ديمقراطي

constitution	*dustūr (dasatīr)*	دستور (دساتير)
réforme	*işlāɧ*	اصلاح
dictateur	*diktadōr*	دكتادور
dictature	*diktaduriyya*	دكتادورية

capitale	*3āşima (3awāşim)*	عاصمة (عواصم)
Le Caire est la capitale de l'Égypte.	*ilqāhira hiyya 3āşimit maşr.*	القاهرة هي عاصمة مصر.
province	*muɧafaẓa* *muqāţa3a*	محافظة مقاطعة
état	*wilāya*	ولاية

(la) politique	*siyāsa*	سياسة
politique ; politicien	*siyāsi*	سياسي
sommet	*qimma (qimam)*	قمة (قمم)

manifestation, protestation	*muẓahara*	مظاهرة
marche (lors d'une manifestation)	*masīra*	مسيرة
manifester, protester contre	*itẓāhir* [3s]	اتظاهر
manifestant	*mutaẓāhir*	متظاهر
révolution	*sawra*	ثورة

société	*mugtama3*	مجتمع

social	*igtimā3i*	اجتماعي
libre	*ḫurr (aḫrār)*	حر (احرار)
liberté	*ḫurriyya*	حرية

26 Le Crime et la Justice

crime	*garīma (garāyim)*	جريمة (جرايم)
criminel	*mugrim*	مجرم
commettre un crime	*irtakab* [8s1] *garīma*	ارتكب جريمة
enfreindre la loi	*xaraq* [1s1] *ilqanūn*	خرق القانون
vol	*sirʔa (sirʔāt)*	سرقة (سرقات)
voler, dérober	*saraʔ* [1s1]	سرق
voleur	*ḫarāmi*	حرامي
pénétrer dans une maison	*iqtaḫam* [8s1] *bēt*	اقتحم بيت
viol	*iɣtiṣāb*	اغتصاب
violer	*iɣtaṣab* [8s1]	اغتصب
meurtre	*ʔatl*	قتل
tuer, assassiner	*ʔatal* [1s2]	قتل
meurtrier	*ʔātil (ʔatala)*	قاتل (قتلة)
agression	*i3tidāʔ*	اعتداء
agresser, attaquer	*i3tada* [8d] *3ala* *hāgim* [3s]	اعتدى على هاجم

vandalisme	*taxrīb*	تخريب
vandaliser	*xarrab* [2s2]	خرب
détrousser, dérober	*našal* [1s2]	نشل
pickpocket, voleur à la tire	*naššāl*	نشال

arrêter	*ʔabaḍ* [1s1] *3ala* *i3taqal* [8s]	قبض على اعتقل
être arrêté	*itʔabaḍ* [8s1] *3alē*	اتقبض عليه
interroger	*istagwib* [10s1]	استجوب

tribunal	*maɦkama (maɦākim)*	محكمة (محاكم)
justice	*3adāla*	عدالة
juge	*ʔāḍi (ʔuḍāh)*	قاضي (قضاة)
avocat	*muɦāmi*	محامي
procureur	*mudda3i 3āmm*	مدعي عام
loi	*qanūn (qawanīn)*	قانون (قوانين)
juridique	*qanūni*	قانوني
illégal	*ɣēr qanūni*	غير قانوني
Je pense que c'est illégal.	*a3taqid innᵊ da miš qanūni.*	اعتقد ان ده مش قانوني.

jugement, sentence, verdict	*ɦukm (aɦkām)*	حكم (احكام)
condamner	*dān* [1h2]	دان

châtiment	*3uqūba*	**عقوبة**
condamner à __	*ɦakam* [1s3] *3ala __ bi-*	**حكم على __ بـ**
Le juge l'a condamné à cinq ans de prison.	*ilʔāḍi hakam 3alē bi-xamas sinīn sign.*	القاضي حكم عليه بخمس سنين سجن.
prison	*sign (sugūn)*	**سجن (سجون)**
être condamné	*itɦakam* [7s1] *3alē*	**اتحكم عليه**
Il a été condamné à la prison à vie.	*itɦakam 3alē bi-ssign ilmuʔabbad.*	اتحكم عليه بالسجن المؤبد.
en prison, emprisonné	*masgūn*	**مسجون**
prisonnier	*sagīn (suganāʔ)*	**سجين (سجناء)**
s'échapper de prison	*hirib* [1s4] min issign	**هرب من السجن**
peine de mort, peine capitale	*i3dām*	**اعدام**
Je ne crois pas à la peine de mort.	*ana miš muqtani3 bi-3uqūbit ilʔi3dām.*	انا مش مقتنع بعقوبة الاعدام.
accuser de __	*ittaham* [8s1] *__ bi-*	**اتهم __ بـ**
Il a été accusé du meurtre de sa femme.	*ittahamū innu ʔatal mirātu.*	اتهموه انه قتل مراته.
accusé de	*muttahim bi-*	**متهم بـ**
accusation	*tuhma (tuham)*	**تهمة (تهم)**
défense	*difā3*	**دفاع**
être pendu	*itšanaʔ* [7s1]	**اتشنق**

27 L'Argent

(de l')**argent**	*filūs* [pl.]	فلوس
devise	*3umla*	عملة
dollar	*dulār*	دولار
euro	*yūru*	يورو
livre sterling	*ginēh isterlīni*	جنيه استرليني
livre égyptienne	*ginēh maşri*	جنيه مصري
piastre (100 piastres = 1 livre)	*ʔirš (ʔurūš)*	قرش (قروش)
25 piastres	*xamsa w 3išrīn ʔirš* *rub3ᵊ gnēh*	خمسة و عشرين قرش ربع جنيه
50 piastres	*xamsīn ʔirš* *nuşşᵊ gnēh*	خمسين قرش نص جنيه
pièce de monnaie	*3umla ma3daniyya*	عملة معدنية
facture	*waraʔa (awrāʔ)* *bankinōt*	ورقة (اوراق) بنكنوت
un billet de 100 livres	*waraʔa b-mīt ginēh*	ورقة بمية جنيه
de la monnaie (pièces de monnaie)	*fakka*	فكة
faire de la monnaie	*fakk* [1g2]	فك
Pourriez-vous faire un compte séparé, s'il vous plaît ?	*ma3āk fakka law samaђt?*	معاك فكة لو سمحت؟
impôt	*ḑarība (ḑarāyib)*	ضريبة (ضرايب)

taxer	*farad* [1s2] *ḑarība 3ala*	فرض ضريبة على
payer des impôts	*dafa3* [1s1] *iḑḑarāyib*	دفع الضرايب
se rendre coupable d'évasion fiscale	*hirib* [1s4] *min iḑḑarāyib*	هرب من الضرايب
TVA, taxe de vente	*ḑarībit ilmabi3āt*	ضريبة المبيعات

revenu	*daxl*	دخل
dépenses	*maşarīf* [pl.]	مصاريف
fonds	*amwāl* [pl.]	اموال
financier, fiscal, monétaire	*māli*	مالي
riche	*ɣani (aɣniya)*	غني (اغنيا)
richesse	*sarwa*	ثروة
pauvre	*faʔīr (fuʔara)*	فقير (فقرا)
pauvreté	*faʔr*	فقر
classe supérieure	*iţţabaʔa -lɣaniyya*	الطبقة الغنية
classe moyenne	*iţţabaʔa -lmutawassiţa* *iţţabaʔa -lwusţa*	الطبقة المتوسطة الطبقة الوسطى
classe ouvrière	*iţţabaʔa -l3amla*	الطبقة العاملة

28 Les Affaires et le Commerce

affaire, entreprise	*a3māl* [pl.] *biznis* *šuɣl*	اعمال بيزنس شغل

commerce ; entreprise (commerciale)	*tigāra*	تجارة
commercial	*tugāri*	تجاري
marchand	*tāgir (tuggār)*	تاجر (تجار)
magasin, boutique	*matgar (matāgir)*	متجر (متاجر)

homme d'affaires ; chef d'entreprise	*rāgil (rigālit) a3māl*	راجل (رجالة) اعمال
femme d'affaires	*sayyidit a3māl*	سيدة اعمال
démarrer sa propre entreprise	*badaʔ* [1s1] *iššuɣlᵊ btā3u* *badaʔ* [1s1] *šuɣlu -lxāṣṣ*	بدأ الشغل بتاعه بدأ شغله الخاص

compagnie	*širka*	شركة
partir en voyage d'affaires	*sāfir* [3s] *fi riḥlit šuɣl*	سافر في رحلة شغل
comité	*lagna (ligān)*	لجنة (لجان)
commission, conseil	*maglis (magālis)*	مجلس (مجالس)
président	*raʔīs (ruʔasāʔ)*	رئيس (رؤساء)
administration	*idāra*	ادارة
rencontrer	*ʔābil* [3s] *igtama3* [8s1]	قابل اجتمع
réunion	*igtimā3* *mīting*	اجتماع ميتينج
rendez-vous	*mi3ād (mawa3īd)*	ميعاد (مواعيد)
annuler	*laɣa* [1d2]	لغى

reporter	*aggil* [2s1]	اجل
conférence	*mu?tamar*	مؤتمر
séminaire	*siminar* *nadwa (nadawāt)*	سمينار ندوة (ندوات)
proposition	*iqtirāɧ* *3arḑ (3urūḑ)*	اقتراح عرض (عروض)
bureau	*maktab (makātib)*	مكتب (مكاتب)
siège, quartier général	*maqarrᵊ ra?īsi (maqār ra?isiyya)* *markaz ra?īsi (marākiz ra?isīya)*	مقر رئيسي (مقار رئيسية) مركز رئيسي (مراكز رئيسية)

usine	*maşna3 (maşāni3)*	مصنع (مصانع)
fabriquer	*şana3* [1s1]	صنع
industrie	*şinā3a*	صناعة

29 L'Agriculture

agriculture	*zirā3a*	زراعة
ferme	*mazra3a (mazāri3)*	مزرعة (مزارع)
fermier	*fallāɧ*	فلاح

grange, enclos, écurie, poulailler	*ɧaẓīra (ɧaẓāyir)*	حظيرة (حظاير)

bétail	*baʔar* [coll.]	**بقر**
vache	*baʔara*	**بقرة**
traire	*ɧalab* [1s2]	**حلب**
âne	*ɧumār (ɧimīr)*	**حمار (حمير)**
chèvre	*mi3za (mi3īz)*	**معزة (معيز)**
Le fermier est sorti nourrir ses chèvres.	*ilfallāɧ barra byaʔakkil ilma3īz bitū3u.*	الفلاح بره بيأكل المعيز بتوعه.
mule	*baɣl (biɣāl)*	**بغل (بغال)**
cochon	*xanzīr (xanazīr)*	**خنزير (خنازير)**
mouton	*xarūf (xirfān)* *ɣanam* [coll.]	**خروف (خرفان)** **غنم**
berger	*rā3i (ru3āt) ɣanam*	**راعي (رعاة) غنم**

poulet, poule	*farxa (firāx)*	**فرخة (فراخ)**
coq	*dīk (diyūk)*	**ديك (ديوك)**
poussin	*katkūt (katakīt)*	**كتكوت (كتاكيل)**
pondre un œuf	*bāɖ* [1h2] *bēɖa*	**باض بيضة**
canard	*baʈʈ* [coll.]	**بط**
oie	*wizz* [coll.]	**وز**
dinde	*dīk (diyūk) rūmi*	**ديك (ديوك) رومي**

chameau	*gamal (gimāl)*	**جمل (جمال)**
cheval	*ɧuşān (ɧişína)*	**حصان (حصنة)**

écurie	*iṣṭabl*	اسطبل
paître	*ra3a* [1d2]	رعى
foin	*tibn*	تبن
champ	*ɦaʔl (ɦiʔūl)* *ɣēṭ (ɣiṭān)*	حقل (حقول) غيط (غطان)

labourer	*ɦarat* [1s2]	حرت
tracteur	*garrār*	جرار
verger	*bustān (basatīn)*	بستان (بساتين)
planter	*zara3* [1s1]	زرع
irriguer	*rawa* [1d2]	روى
récolte	*ɦaṣād*	حصاد
moissonner	*gama3* [1s1] *ilmaɦṣūl*	جمع المحصول
blé	*ʔamɦ*	قمح
maïs	*dura*	درة
grain, céréales	*ɦubūb* [pl.]	حبوب

30 L'Armée

guerre	*ɦarb* [f.] *(ɦurūb)*	حرب (حروب)
paix	*salām*	سلام
déclarer la guerre	*a3lan* [4s] *ilɦarbᵊ 3ala*	اعلن الحرب على
être en guerre avec	*kān* [1h1] *fi ɦarbᵊ ḍidd*	كان في حرب ضد

militaire	*3askari*	عسكري
armée	*gēš*	جيش
aviation	*quwwāt gawwiyya* [pl.]	قوات جوية
marine	*quwwāt baɧariyya* [pl.]	قوات بحرية
soldat	*gundi (gunūdi)*	جندي (جنودي)
marin	*baɧɧār*	بحار
recruter, enrôler	*gannid* [2s1]	جند
bataille	*ma3raka (ma3ārik)*	معركة (معارك)
attaque	*hugūm*	هجوم
attaquer	*hāgim* [3s]	هاجم
défendre	*dāfi3* [3s]	دافع
défense	*difā3*	دفاع
bombe	*qunbila (qanābil)*	قنبلة (قنابل)
grenade	*qunbila yadawiyya*	قنبلة يدوية
exploser	*infagar* [7s2]	انفجر
explosion	*infigār*	انفجار
mine	*laɣm (alɣām)*	لغم (الغام)
missile	*şarūx (şawarīx)*	صاروخ (صواريخ)
char d'assaut, tank	*dabbāba*	دبابة
occuper	*iɧtall* [8g]	احتل
occupation	*iɧtilāl*	احتلال
libérer	*ɧarrar* [2s2]	حرر
libération	*taɧrīr*	تحرير

31 Les Facultés Mentales

esprit ; intelligence	*3aʔl (3uʔūl)*	عقل (عقول)
conscience	*wigdān*	وجدان
penser à	*fakkar* [2s2] *fi*	فكر في
À quoi penses-tu ?	*bitfakkar fi ʔē?*	بتفكر في ايه؟
se rappeler, se souvenir	*iftakar* [8s1]	افتكر
Te souviens-tu de moi ?	*fakirni?*	فاكرني؟
rappeler à __ de	*fakkar* [2s2] *__ bi-*	فكر __ بـ
Rappelle-moi de mettre mon réveil.	*fakkarni aẓbuṭ ilminabbih.*	فكرني اظبط المنبه.
projeter, planifier	*xaṭṭaṭ* [2s2] *li-*	خطط لـ
projet	*xiṭṭa (xiṭaṭ)*	خطة (خطط)
oublier	*nisi* [1d4]	نسي
distrait	*nassāy*	نساي
mémoire	*zikra (zikrayāt)*	ذكرى (ذكريات)
croire	*ṣaddaʔ* [2s2]	صدق
Je ne le crois pas !	*ana miš miṣaddaʔ da!*	انا مش مصدق ده!
comprendre	*fihim* [1s4]	فهم
décider	*qarrar* [2s2]	قرر
décision	*qarār*	قرار
savoir	*3irif* [1s4]	عرف

connaissance	*ma3rifa (ma3ārif)*	معرفة (معارف)
imaginer	*itxayyil* [5s1]	اتخيل
imagination	*xayāl*	خيال
deviner	*xammin* [2s1] *ɦazzar* [2s2]	خمن حزر
Comment as-tu deviné ?	*inta xammint izzāy?*	انت خمنت ازاي؟
supposition, conjecture	*taxmīn* *taɦzīr*	تخمين تحزير
prévoir, s'attendre à	*itwaqqa3* [5s2]	اتوقع
fou, aliéné	*magnūn (maganīn)*	مجنون (مجانين)
intelligent, astucieux	*zaki (azkiya)*	ذكي (اذكيا)
intelligence	*zakāʔ*	ذكاء
stupide	*ɣabi (aɣbiya)* *3aʔlu t(i)ʔīl*	غبي (اغبيا) عقله تقيل
stupidité, idiotie	*ɣabāwa*	غباوة

32 Les Sentiments

sentiment, émotion	*iɦsās* *3āṭífa (3awāṭif)*	احساس عاطفة (عواطف)
ressentir	*ɦass* [1g3] *bi-*	حس بـ
se sentir bien	*ɦassᵊ bi-ɦsās kuwayyis*	حس باحساس كويس
se sentir mal	*ɦassᵊ bi-ɦsās wiɦiš*	حس باحساس وحش

Comment te sens-tu ?	*ɧāsis bi-ʔē?*	حاسس بايه؟
rire	*diɧik* [1s4]	**ضحك**
(le) **rire**	*diɧka*	**ضحكة**
pleurer	*3ayyaṭ* [2s2]	**عيط**
sourire	*ibtasam* [8s1]	**ابتسم**
froncer	*kaššar* [2s2]	**كشر**
content	*farɧān*	**فرحان**
Je suis très heureux d'apprendre cette nouvelle.	*ana farɧān bi-gadd 3ašān simi3t ilʔaxbār di.*	انا فرحان بجد عشان سمعت الأخبار دي.
triste	*ɧazīn (ɧazāna)*	**حزين (حزانى)**
contrarié	*za3lān*	**زعلان**
ennuyer	*narviz, narfis* [11s1] *dāyiʔ* [3s]	**نرفز** **ضايق**
fâché avec __ à propos de, contrarié par, en avoir marre de	*mitḍāyiʔ min __*	**متضايق من __**
Je me le reproche.	*ana mitdāyiʔ min nafsi 3ašān kida.*	انا متضايق من نفسي عشان كده.
agaçant	*muz3ig*	**مزعج**
surprendre	*fāgiʔ* [3s]	**فاجئ**
Cela me surprend vraiment.	*ilmawḍū3 da fagiʔni giddan.*	الموضوع ده فاجئني جدا.
surprenant	*mufāgiʔ*	**مفاجئ**
être surpris	*itfāgiʔ* [6s]	**اتفاجئ**
surpris	*mutafāgiʔ*	**متفاجئ**

emballé par	*mutaɦammis li-*	متح مس لـ
excitant	*mušawwiq*	مشوق
fatigué	*ta3bān*	تعبان
fatigant	*mit3ib*	متعب
craindre, avoir peur de	*xāf* [1h4] *min*	خاف من
peur	*xōf*	خوف
fier de	*faxūr bi-*	فخور بـ
embarrassé par	*muɦrag min* *maksūf min*	محرج من مكسوف من
reconnaissant	*šākir*	شاكر

33 La Personnalité

personnalité	*šaxşiyya*	شخصية
modeste	*mutawāḑi3*	متواضع
timide	*xagūl*	خجول
amical	*wadūd*	ودود
sociable	*igtimā3i*	اجتماعي
cruel, dur	*ʔāsi*	قاسي
aimable	*ţayyib*	طيب
généreux	*karīm*	كريم
avide	*ţammā3*	طماع

travailleur, appliqué	*mugtahid* *biyištaɣal gāmid*	مجتهد بيشتغل جامد
paresseux	*kaslān* *kasūl (kasāla)*	كسلان كسول (كسالى)
sérieux	*gadd*	جد
drôle, jovial, aimable	*dammu xafīf* *xafīf iddamm*	دمه خفيف خفيف الدم
beau, agréable, doux	*lazīz (luzāz)*	لذيذ (لذاذ)
jovial, joyeux, animé	*mariḫ*	مرح
étrange	*ɣarīb*	غريب
jaloux, envieux	*ɣayyūr*	غيور

34 Les Goûts et les Aversions

aimer	*ḫabb* [1g3]	حب
J'aime voyager et apprendre des langues étrangères.	*baḫibb asāfir w- at3allim luɣāt agnabiyya.*	بحب اسافر و اتعلم لغات اجنبية.
apprécier	*istamta3* [10s1]	استمتع
détester	*kirih* [1s4]	كره
Je déteste me lever tôt.	*bakrah aṣḫa badri.*	بكره اصحى بدري.
intéressé par	*muhtimmᵊ bi-*	مهتم بـ
Je ne suis pas intéressé par la politique.	*ana miš muhtimmᵊ bi-ssiyāsa.*	انا مش مهتم بالسياسة.

loisir ; passe-temps	*hiwāya*	هواية
Quels sont tes loisirs ? Quel est ton passe-temps ?	*hiwaytak ʔē?*	هوايتك ايه؟
faire l'éloge de, louer	*madaḫ* [1s1]	مدح
louange	*madḫ*	مدح
critiquer	*intaqad* [8s1]	انتقد
critique	*naqd*	نقد
se plaindre de	*ištaka* [8d]	اشتكى
plainte	*šakwa (šakāwi)*	شكوى (شكاوي)
admirer, aimer	*u3gib bi-* [4sp] *mu3gab bi-*	أُعجب بـ معجب بـ
J'adore cette couleur.	*ana mu3gab bi-llōn da.*	انا معجب باللون ده.
préférer __ à	*faḍḍal* [2s2] *__ 3an*	فضل __ عن
Je préfère le train au bus.	*bafaḍḍal ilʔaṭrᵊ 3an -lʔutubīs.*	بفضل القطر عن الاتوبيس.

35 Les Opinions et l'Entente

bien s'entendre avec	*kān* [1h1] *3ala wfāq ma3a* *ḫabbᵊ* [1g3] *yit3āmil ma3a*	كان على وفاق مع حب يتعامل مع

Ils ne s'entendent pas très bien.	*humma miš 3ala wfāq ʔawi ma3a ba3ḍ.* *humma miš biyḫibbu yit3amlu ma3a ba3ḍ.*	هما مش على وفاق اوي مع بعض. هما مش بيحبوا يتعاملوا مع بعض.
discuter	*itnāʔiš* [6s] *fi* *gādil* [3s]*3ala*	**اتناقش في** **جادل على**
Ils se disputent tout le temps à propos de la politique.	*humma 3ala ṭūl biyitgadlu 3a -ssiyāsa.*	هما على طول بيتجادلوا ع السياسة.
avoir une discussion	*3andu n(i)qāš*	**عنده نقاش**
accord, entente	*muwafʔa*	**موافقة**
être d'accord avec	*ittafaʔ* [8s1] *ma3a*	**اتفق مع**
en désaccord avec	*ixtalaf* [8s1] *ma3a*	**اختلف مع**
certain, sûr	*mutaʔakkid*	**متأكد**
d'accord	*tamām* *ukē*	**تمام** **اوكي**

opinion	*raʔy (arāʔ)*	**رأي (آراء)**
Que penses-tu de __?	*ʔē raʔyak fi __?*	ايه رأيك في __؟
Je pense...	*a3taqid* *aẓunn* *ana raʔyi*	**اعتقد** **اظن** **انا رأيي**
à mon avis	*fi naẓari*	**في نظري**

36 Les Désirs et les Intentions

désir	*rayba (rayabāt)*	رغبة (رغبات)
désirer	*rayab* [1s1]	رغب
intention	*niyya (nawāya)*	نية (نوايا)
vouloir	*3āz* [1h1] *nifsu fi*	عاز نفسه في
Je veux...	*ana 3āyiz* *ana 3āwiz*	انا عايز انا عاوز
Je ne veux pas manger quoi que ce soit.	*miš 3āyiz ākul ɧāga.*	مش عايز اكل حاجة.
Je veux une voiture. Si seulement j'avais une voiture.	*ana nifsi f 3arabiyya.*	انا نفسي في عربية.
souhaiter, espérer	*itmanna* [5d]	اتمنى
J'espère que...	*atmanna* *in šāʔ aLLāh* *ya rabb*	اتمنى ان شاء الله يا رب
J'espère te revoir.	*atmanna -šūfak tāni.*	اتمنى اشوفك تاني.
J'espère que rien ne lui est arrivé.	*ya rabbᵊ ma-yigralūš ɧāga.*	يا رب ميجرالوش حاجة.
souhaiter	*ya rēt* *ya rētu*	يا ريت يا ريته
Je voudrais être en Égypte.	*ya ritni kuntᵊ f maṣr.*	يا ريتنى كنت في مصر.
avoir hâte de	*nifsu*	نفسه

J'ai hâte de te rencontrer.	*nifsi aʔablak.*	نفسي اقابلك.

37 La Religion

religion	*dīn (adyān)*	دين (اديان)
religieux	*dīni*	ديني
foi, croyance	*īmān*	ايمان
laïque	*3ilmāni*	علماني
croire à	*ʔāmin* [3s] *bi-*	آمن بـ
Crois-tu en Dieu ?	*inta muʔmin bi-llāh?*	انت مؤمن بالله؟
pieux, croyant	*mutadayyin*	متدين
C'est un homme très pieux.	*huwwa rāgil mutadayyin giddan.*	هو راجل متدين جدا.
cérémonie	*ṭaʔs (ṭuʔūs)*	طقس (طقوس)
prier	*da3a* [1d2]	دعا
Elle a prié Dieu pour que son fils aille bien.	*hiyya da3it rabbina inn ibnaha yibʔa kwayyis.*	هي دعت ربنا ان ابنها يبقى كويس.
prière	*du3āʔ*	دعاء
âme	*rōḫ (arwāḫ)*	روح (ارواح)
Ciel, Paradis	*ilganna*	الجنة
dieu	*ilāh (āliha)*	اله (آلهة)
déesse	*ilāha*	الاهة
Dieu, Allah	*aLLāh*	الله

prophète	*nabi (anbiya)*	نبي (انبيا)
messager	*rasūl (rusul)*	رسول (رسل)
ange	*malāk (malayka)*	ملاك (ملايكة)
djinn, génie	*ginni (ginn)*	جني (جن)
Enfer	*ilgaɦīm*	الجحيم
diable, démon	*šiţān (šayaţīn)*	شيطان (شياطين)
le Diable, Satan	*iššiţān*	الشيطان
péché	*zamb (zunūb)*	ذنب (ذنوب)
pécher	*ʔaznab* [4s]	اذنب
(le) **mal**	*šarr (šurūr)*	شر (شرور)
méchant, mauvais	*širrīr (ašrār)*	شرير (اشرار)

superstition	*xurāfa*	خرافة
superstitieux (personne)	*muʔmin bi-lxurāfa*	مؤمن بالخرافة
bonne chance	*ɦaẓẓᵊ ɦilw*	حظ حلو
malchance	*ɦazzᵊ wiɦiš*	حظ وحش
païen	*wasani*	وثني
paganisme	*ilwasaniyya*	الوثنية

Islam	*islām*	اسلام
musulman	*muslim*	مسلم
islamique	*islāmi*	اسلامي
Le Prophète Muhammad	*innabī muɦammad*	النبي محمد

Christianisme	*ilmasiħiyya*	المسيحية
chrétien	*masīħi*	مسيحي
Christ	*ilmasīħ*	المسيح
Jésus	*3īsa* *yasū3*	عيسى يسوع

Jésus est appelé عيسى *3īsa* par les musulmans et يسوع *yasū* par les chrétiens.

Judaïsme	*ilyahudiyya*	اليهودية
juif	*yahūdi*	يهودي
Bouddhisme	*ilbuziyya*	البوذية
bouddhiste	*būzi*	بوذي
Bouddha	*būza*	بوذا
Hindouisme	*ilhindusiyya*	الهندوسية
hindou	*hindūsi*	هندوسي
athéisme	*ilħād*	الحاد
athée	*mulħid*	ملحد

mosquée	*gāmi3 (gawāmi3)*	جامع (جوامع)
mosquée	*masgid (masāgid)*	مسجد (مساجد)
prière du vendredi	*ṣalāt ilgum3a*	صلاة الجمعة
imam	*imām (aʔimma)*	امام (ائمة)
sermon du vendredi	*xuṭbit ilgum3a*	خطبة الجمعة
prêcher	*wa3aẓ* [1s2]	وعظ
appel à la prière	*adān*	اذان

appeler à la prière	*addin* [2s1]	ادن
ablution (ablutions rituelles avant la prière)	*wuḍūw*	وضوء
faire les ablutions rituelles	*itwaḍḍa* [5d]	اتوضى
faire la prière	*ṣalla* [2d]	صلى
prière	*ṣalā (ṣalawāt)*	صلاة (صل وات)
prière de l'aube	*ṣalāt ilfagr* *ṣalāt iṣṣubḥ*	صلاة الفجر صلاة الصبح
dou'a (prière volontaire du matin)	*ṣalāt iḍḍuḥa*	صلاة الضحى
prière de midi	*ṣalāt iḍḍuhr*	صلاة الضهر
prière de l'après-midi	*ṣalāt il3aṣr*	صلاة العصر
prière du coucher de soleil	*ṣalāt ilmaɣrib*	صلاة المغرب
prière du soir	*ṣalāt il3išāʔ*	صلاة العشاء
prières de l'Aïd	*ṣalāt il3īd*	صلاة العيد
le Coran	*ilqurʔān*	القرآن
réciter le Coran	*tala* [1d3] *-lqurʔān*	تلا القرآن
sourate (chapitre du Coran)	*sūra (siwar)*	سورة (سور)
verset	*āya*	آية
Hadith	*ḥadīs (aḥdās)*	حديث (احداث)
Sunnah	*issunna*	السنة
église	*kinīsa (kanāyis)*	كنيسة (كنايس)
office de l'église	*xidmit (xadamāt) kinīsa*	خدمة (خدمات) كنيسة

pasteur	*kāhin (kahana)*	كاهن (كهنة)
prêtre (catholique, orthodoxe)	*ʔissīs (ʔasāwisa)* *rāhib (ruhbān)*	قسيس (قساوسة) راهب (رهبان)
religieuse	*rahíba*	راهبة
pape	*bāba*	بابا
prêcher pour	*baššar* [2s2] *bi-*	بشر بـ
sermon	*maw3iẓa (mawā3iẓ)*	موعظة (مواعظ)
chaire	*minbar (manābir)*	منبر (منابر)
autel	*mazbah (mazābih)*	مذبح (مزابح)
chorale	*gōqa*	جوقة
la Bible	*ilkitāb ilmuqaddis*	الكتاب المقدس
le Nouveau Testament	*ilʔingīl*	الانجيل
évangélique	*ingīli*	انجيلي
baptiser	*3ammid* [2s1]	عمد
baptême	*ta3mīd*	تعميد

38 La Langue

langue	*luɣa*	لغة
langue étrangère	*luɣa agnabiyya*	لغة اجنبية
accent (étranger)	*lakna*	لكنة
langue maternelle	*luɣa umm*	لغة ام
chinois	*ṣīni*	صيني

hollandais	*hulandi*	هولندي
anglais	*ingilīzi* *īngliš*	انجليزي انجليش
farsi	*farsi*	فارسي
français	*faransāwi*	فرنساوي
allemand	*almāni*	الماني
grec	*yunāni*	يوناني
hébreu	*3ibri*	عبري
indien, hindi	*hindi*	هندي
italien	*iṭāli*	ايطالي
japonais	*yabāni*	ياباني
coréen	*kūri*	كوري
portugais	*burtuɣāli*	برتغالي
russe	*rūsi*	روسي
espagnol	*asbāni*	اسباني
turc	*turki*	تركي

arabe	*3arabi*	عربي
l'arabe classique	*3arabi -lqurʔān*	عربي القرآن
l'arabe standard (moderne)	*ilfuṣḫa*	الفصحى
dialecte	*lahga*	لهجة
langage familier	*3ammiyya*	عامية

l'arabe égyptien	*il3ammiyya (-lmaşriyya)* *il3arabi -lmaşri* *maşri* *illahga -lmaşriyya*	العامية (المصرية) العربي المصري مصري اللهجة المصرية
l'arabe marocain	*il3arabi -lmaɣrabi*	العربي المغربي
l'arabe levantin	*il3arabi -ššāmi*	العربي الشامي
l'arabe des pays du golfe	*il3arabi -lxalīgi*	العربي الخليجي

apprendre	*it3allim* [5s1]	اتعلم
pratique, exercice	*tadrīb* *tamrīn (tamarīn)*	تدريب تمرين (تمارين)
pratiquer	*itdarrab* [5s2] *3ala* *itmarran* [5s2] *3ala*	اتدرب على اتمرن على
niveau	*mustawa (mustawayāt)*	مستوى (مستويات)
débutant	*mubtadi*	مبتدي
intermédiaire	*mutawassiţ*	متوسط
avancé	*3āli*	عالي

écriture	*kitāba*	كتابة
écrire	*katab* [1s2]	كتب
lecture	*ʔirāya*	قراية
lire	*ʔara* [1d1]	قرا
alphabet	*ilḩurūf ilʔabgadiyya*	الحروف الابجدية

lettre	*ɦarf (ɦurūf)*	**حرف (حروف)**
caractères chinois	*ilɦurūf işşiniyya*	**الحروف الصينية**
épeler	*istahagga* [10.d2]	**استهجى**
orthographe	*higāʔ*	**حجاء**
Comment tu l'écris ?	*ilkilma di titkitib izzāy?*	الكلمة دي تتكتب ازاي؟
écriture (manuscrite)	*xaţţ*	**خط**
J'ai une mauvaise écriture.	*ana xaţţi wiɦiš.*	انا خطي وحش.
lisible	*biyitʔiri*	**بيتقري**
illisible	*ma-byitʔirīš*	**مبيتقريش**
Son écriture est complètement illisible.	*xaţţu ma-byitʔirīš xāliş.*	خطه مبيتقريش خالص.
calligraphie	*fann irrasmᵊ bi-lxaţţ*	**فن الرسم بالخط**

parole, discours	*muɦadsa* *kalām*	**محادثة** **كلام**
Je dois m'exercer à parler davantage.	*ana miɦtāg atdarrab 3ala -lmuɦadsa aktar min kida.*	انا محتاج اتدرب على المحادثة اكتر من كده.
Tu ne peux pas comprendre ce qu'il dit.	*kalāmu ma-byitfihimš.*	كلامه مبيتفهمش.
parler	*itkallim* [5s1]	**اتكلم**
Peux-tu parler en arabe ?	*biti3raf titkallim 3arabi?*	بتعرف تتكلم عربي؟
Je connais quelques mots.	*ana 3ārif šuwayyit kalamāt.*	انا عارف شوية كلمات.
J'ai quelques rudiments d'arabe.	*a3raf ɦagāt basīţa fi -l3arabi.*	اعرف حاجات بسيطة في العربي.

Je peux parler un peu l'arabe.	*ba3raf atkallim šuwayya 3arabi.*	بعرف اتكلم شوية عربي.
Je me débrouille en arabe.	*ana māši fi -l3arabi.*	انا ماشي في العربي.
Je parle l'arabe assez bien.	*batkallim 3arabi kuwayyis.*	بتكلم عربي كويس.
un arabe hésitant, un mauvais arabe	*3arabi mikassar*	**عربي مكسر**
couramment	*liblib* *zayy illiblib* *bi-ṭalāqa*	**لبلب** **زي اللبلب** **بطلاقة**
Je parle couramment l'arabe.	*ana liblib fi -l3arabi.*	انا لبلب في العربي.
prononciation	*nutʔ*	**نطق**
Comment prononces-tu ce mot ?	*ilkilma di nutʔaha izzāy?*	الكلمة دي نطقها ازي؟
prononcer	*naṭaʔ* [1s1]	**نطق**
Ta prononciation arabe est très bonne.	*bitinṭaʔ 3arabi kuwayyis ʔawi.*	بتنطق عربي كويس اوي.

écoute, compréhension de l'oral	*samā3*	**سماع**
Je dois améliorer mon écoute en arabe.	*lāzim aštaɣal 3ala tamarīn issamā3 bi-l3arabi.*	لازم اشتغل على تمارين السماع بالعربي.
écouter	*simi3* [1s4]	**سمع**

vocabulaire	*mufradāt* [pl.]	**مفردات**
mot	*kilma (kalamāt)*	**كلمة (كلمات)**
dictionnaire	*qamūs (qawamīs)*	**قاموس (قواميس)**

rechercher un mot dans le dictionnaire	*dawwar* [2s2] *3ala kilma min ilqamūs*	دور على كلمة من القاموس
flashcard (aide à la mémorisation)	*biţāʔit istizkār*	بطاقة استذكار
répéter	*karrar* [2s2]	كرر
répétition	*tikrār*	تكرار

grammaire	*naɦw*	نحو
grammatical	*naɦawi*	نحوي
règle grammaticale	*qa3da (qawā3id) naɦawiyya*	قاعدة (قواعد) نحوية
décliner, conjuguer	*şarraf* [2s2]	صرف
inflexion, conjugaison	*taşrīf*	تصريف
suffixe	*ɦarfᵊ f- āxir ilkilma*	حرف في آخر الكلمة
préfixe	*ɦarfᵊ f- awwil ilkilma*	حرف في اول الكلمة
cas	*ɦāla*	حالة
temps	*zaman (azmān)*	زمن (ازمان)
genre	*gins (agnās)*	جنس (اجناس)
singulier	*mufrad*	مفرد
duel	*musanna*	مثنى
pluriel	*gam3*	جمع
masculin	*muzakkar*	مذكر
féminin	*muʔannas*	مؤنث
neutre	*muɦāyid*	محايد

le présent de l'indicatif	*zaman ilmuḑāri3*	زمن المضارع
le passé	*zaman ilmāḑi*	زمن الماضي
le futur	*zaman ilmustaʔbal*	زمن المستقبل
article	*adāt ta3rīf* [pl.]	اداة تعريف
préposition	*ђarfᵊ garr*	حرف جر
nom	*ism (asmāʔ)*	اسم (اسماء)
verbe	*fi3l (af3āl)*	فعل (افعال)
adjectif	*şifa*	صفة
adverbe	*ʐarf (ʐurūf)*	ظرف (ظروف)
sujet	*fā3il*	فاعل
objet	*maf3ūl bihi*	مفعول به
défini	*muђaddad*	محدد
indéfini	*ɣēr muђaddad*	غير محدد
ordre des mots	*tartīb ilkalamāt*	ترتيب الكلمات
phrase	*gumla (gumal)*	جملة (جمل)
paragraphe	*faqra (faqarāt)*	فقرة (فقرات)
voyelle	*ђarfᵊ mutaђarrik*	حرف متحرك
consonne	*ђarfᵊ sākin*	حرف ساكن
syllabe	*maqţa3*	مقطع

ponctuation	*tarqīm*	ترقيم
signe de ponctuation	*3alāmit tarqīm*	علامة ترقيم
point final	*nuʔţa (nuʔaţ)*	نقطة (نقط)

virgule	*faşla*	فاصلة
point d'exclamation	*3alāmit ta3aggub*	علامة تعجب
point d'interrogation	*3alāmit istifhām*	علامة استفهام
guillemets	*faşlitēn* [dual]	فصلتين

Les guillemets ne sont pas toujours utilisés en arabe. Les citations sont souvent introduites par deux points.

deux points	*nu?ţitēn* [dual]	نقطتين
parenthèse	*qōs (aqwās)*	قوس (اقواس)
(deux) parenthèses	*qusēn* [dual]	قوسين

39 Les Pays et les Nationalités

pays, nation	*balad* [f.] *(bilād)*	بلد (بلاد)
Quels pays as-tu visités ?	*?ē ilbilād illi zurtaha?*	ايه البلاد اللي زرتها؟
international	*dawli*	دولي
mondial	*3ālami*	عالمي
culture	*saqāfa*	ثقافة
étranger	*agnabi (agānib)*	اجنبي (اجانب)

nationalité, citoyenneté	*ginsiyya*	جنسية
D'où viens-tu?	*inta mnēn?*	انت منين؟
Je viens d'Égypte.	*ana min maşr.*	انا من مصر.
Je suis égyptien.	*ana maşri.*	انا مصري.

arabe	*3arabi (3arab)*	عربي (عرب)

Bien que les égyptiens se considèrent eux-mêmes comme faisant partie du monde arabe, quand ils parlent d'un *'arabe'* ils font généralement référence à un ressortissant de la péninsule arabique.

le monde arabe	*il3ālam il3arabi*	العالم العربي

Les pays sont féminins en arabe. Les seules exceptions sont les cinq pays arabes, notés comme masculins ci-dessous.

l'Égypte **égyptien**	*maşr* *maşri*	مصر مصري
le Soudan **soudanais**	*issudān* [m.] *sudāni*	السودان سوداني
la Libye **libyen**	*libya* *lībi*	ليبيا ليبي
la Tunisie **tunisien**	*tūnis* *tunsi*	تونس تونسي
l'Algérie **algérien**	*ilgazāyir* *gazayri*	الجزاير جزايري
le Maroc **marocain**	*ilmaɣrib* [m.] *maɣribi*	المغرب مغربي
la Palestine **palestinien**	*filisţīn* *filisţīni*	فلسطين فلسطيني
la Jordanie **jordanien**	*ilʔurdun* [m.] *urduni*	الاردن اردني
le Liban **libanais**	*libnān* [m.] *libnāni*	لبنان لبناني

la Syrie **syrien**	*surya* *sūri*	سوريا سوري
l'Irak **irakien**	*il3irāʔ* [m.] *3irāʔi*	العراق عراقي
le Koweit **koweïtien**	*ilkuwēt* *kuwēti*	الكويت كويتي
le Qatar **Qatari**	*qaṭar* *qaṭari*	قطر قطري
Bahreïn **Bahreïn**	*ilbaḫrēn* *baḫrēni*	البحرين بحريني
Les Émirats **émirati**	*ilʔimarāt* *imarāti*	الامارات اماراتي
Arabie Saoudite **saoudien**	*issu3udiyya* *su3ūdi*	السعودية سعودي
Oman **omanais**	*3umān* *3umāni*	عمان عماني
le Yémen **yéménite**	*ilyaman* *yamani*	اليمن يمني
la Somalie **somali**	*iṣṣumāl* *ṣumāli*	الصومال صومالي

Pour les nationalités, les adjectifs et les langues sont régulièrement formés à partir des noms de pays en ajoutant le suffixe ـي *-i*, comme on le voit dans la section ci-dessus. Cela nécessite d'abord d'enlever tous les articles définis et les terminaisons en ـا *-a* ou ـيا *-ya*. Ces formes ne sont listées pour les pays de la section suivante que s'il y a une variation notable ou un pluriel irrégulier.

l'Éthiopie	*asyōbiya*	اتيوبيا
le Nigéria	*nayžirya*	نيجيريا
l'Afrique du Sud	*ganūb afriqya*	جنوب افريقيا

la Norvège	*innurwīg*	انرويج
la Suède **suédois**	*issiwēd* *siwīdi*	السويد سويدي
la Finlande	*finlanda*	فنلندا
le Danemark	*iddanimark*	الدانمارك
l'Allemagne **allemand**	*almanya* *almāni (almān)*	المانيا الماني (المان)
Les Pays-Bas, la Hollande	*hōlanda*	هولاندا
Belgique	*balžīka*	بلجيكا
l'Irlande	*ayrlanda*	ايرلندا
la Grande-Bretagne	*briṭanya*	بريطانيا
l'Angleterre **anglais**	*ingiltira* *ingilīzi (ingilīz)*	انجلترا انجليزي (انجليز)
l'Écosse	*iskutlanda*	اسكتلندا
le Pays de Galles	*welz*	ويلز
la France **français**	*faransa* *faransāwi*	فرنسا فرنساوي
l'Espagne	*asbanya*	اسبانيا
le Portugal	*burtuɣāl*	برتغال

la Suisse	*suwisra*	سويسرا
l'Italie	*iṭalya*	ايطاليا
l'Autriche **autrichien**	*innimsa* *nimsāwi*	النمسا نمساوي
La République Tchèque **tchèque**	*tšikya* *tšīki*	تشيكيا تشيكي
la Slovaquie	*siluvakya*	سلوفاكيا
la Pologne	*bulanda*	بولندا
la Hongrie	*ilmagar*	المجر
la Roumanie	*rumanya*	رومانيا
la Bulgarie	*bulɣarya*	بلغاريا
La Turquie **turc**	*turkiya* *turki (atrāk)*	تركيا تركي (اتراك)
l'Ukraine	*ukranya*	اوكرانيا
la Russie	*rusya*	روسيا

l'Iran	*irān*	ايران
l'Afghanistan **afghan**	*afɣanistān* *afɣāni*	افغانستان افغاني
le Pakistan	*bakistān*	باكستان
l'Inde	*ilhind*	الهند
la Chine	*iṣṣīn*	الصين
la Corée du Sud	*kurya -lganubiyya*	كوريا الجنوبية

le Japon	*ilyabān*	اليابان
Taïwan	*taywān*	تايوان
la Thaïlande	*taylanda*	تايلاندا
le Vietnam	*vitnām*	فيتنام
la Malaisie	*malēzya*	ماليزيا
l'Indonésie	*indunīsiya*	اندونيسيا
Les Philippines	*ilfilibīn*	الفلبين

l'Australie	*usturalya*	استراليا
la Nouvelle Zélande	*nyuzilanda*	نيوزيلندا

le Canada	*kanada*	كندا
Les États-Unis **américain**	*ilwilayāt ilmuttaђida* *amrikāni (amrikān)*	الولايات المتحدة امريكاني (امريكان)
le Mexique	*ilmiksīk*	المكسيك
la Colombie	*kulumbiya*	كولومبيا
le Vénézuela	*vinziwēla*	فنزويلا
le Brésil	*ilbarazīl*	البرازيل
l'Argentine	*ilʔaržantīn*	الارجنتين
le Chili	*tšīli*	شيلي

40 L'Égypte

En arabe, toutes les villes sont du genre féminin.

La Mer Méditerrannée	*ilbaɦr ilmutawassiţ*	البحر المتوسط
La côte nord	*issāɦil iššamāli*	الساحل الشمالي
Marsa Matrouh	*marsa maţrūɦ*	مرسى مطروح
Le Delta (région)	*iddilta*	الدلتا
Alexandrie	*iskindiriyya*	اسكندرية
Le route du désert entre le Caire et Alexandrie (autoroute)	*ţarīʔ maşr - iskindiriyya -şşaɦrāwi*	طريق مصر - اسكندرية الصحراوي
Agami	*il3agami*	العجمي
Damanhur	*damanhūr*	دمنهور
Tanta	*ţanţa*	طنطا
Port-Saïd	*bur sa3īd*	بور سعيد
Al-Mahalla Al-Kubra	*ilmaɦalla -lkubra*	المحلة الكبرى
Mansoura	*ilmanşūra*	المنصورة
Zagazig	*izzaʔazīʔ*	الزقازيق
Benha	*banha*	بنها
Damiette	*dumyāţ*	دمياط
Suez	*issuwēs*	السويس
Ismaïlia	*ilʔisma3iliyya*	الاسماعيلية

le Golfe de Suez	*xalīg issuwēs*	خليج السويس
le Canal de Suez	*qanāt issuwēs* *ilqanāl*	قناة السويس القنال

Sinaï (la région et la péninsule)	*sīna*	سينا
Charm el-Cheikh	*šarm iššēx*	شرم الشاخ
le Golfe d'Aqaba	*xalīg il3aqaba*	خليج العقبة

Le Caire	*ilqāhira* *maṣr*	القاهرة مصر
Gizeh	*ilgīza*	الجيزة
Saqqara	*saʔʔāra*	سقارة

Haute-Égypte	*iṣṣi3īd* *ṣi3īd maṣr*	الصعيد صعيد مصر
Fayoum	*ilfayyūm*	الفيوم
Beni Suef	*baniswēf*	بني سويف
Minya	*ilminya*	المنيا
Assiout	*asyūṭ*	اسيوط
Sohag	*suhāg*	سوهاج
Qena	*ʔina*	قنا
Louxor	*ilʔuʔṣur*	الاقصر
la Vallée des Rois	*wadi -lmulūk*	وادي الملوك

Assouan	*aswān*	اسوان
le barrage d'Assouan	*issadd il3āli*	السد العالي
Abou Simbel	*abū simbil*	ابو سمبل

le désert oriental (la région désertique à l'est du Nil)	*iṣṣaɦara -ššarʔiyya*	الصحرا الشرقية
la Mer Rouge	*ilbaɦr ilʔaɦmar*	البحر الاحمر
Hurghada	*ilɣardaʔa*	الغردقة

le désert occidental (la région désertique à l'ouest du Nil)	*iṣṣaɦara -lɣarbiyya*	الصحرا الغربية
Siwa (l'oasis et le village)	*sīwa*	سيوة
le désert blanc	*iṣṣaɦara -lbēḍa*	الصحرا البيضا
Farafra (l'oasis et le village)	*ilfarafra*	الفرافرة
l'oasis d'al-Bahariya	*ilwaɦāt ilbaɦriyya*	الواحات البحرية

41 Le Caire et ses Environs

le Grand Caire	*ilqāhira -lkubra*	القاهرة الكبرى

Le Grand Caire est constitué du Caire lui-même, ainsi que des villes de Gizeh, Shubra El-Kheima, Helwan, la Ville du 6 Octobre et Obour City.

Le Caire (sur la rive est du Nil)	*ilqāhira* *maṣr*	القاهرة مصر

Les égyptiens, en particulier ceux des zones rurales, ne se réfèrent habituellement au Caire que par مصر *maṣr* 'l'Égypte'. Bien sûr, le contexte permet de clarifier si c'est au pays d'Égypte ou à la ville du Caire qu'il est fait référence.

Je vais au Caire pour vendre mes tomates.	*ana nāzil maṣr abī3 maḫṣūl ilʔūṭa.*	انا نازل مصر ابيع محصول القوطة.
Shubra El-Kheima	*šubra -lxēma*	شبرا الخيمة
Helwan	*ḫilwān*	حلوان
la Ville du 6 Octobre	*assādis min uktōbar* *sitta -ktōbar*	السادس من اكتوبر ستة اكتوبر
Obour City	*madint il3ubūr*	مدينة العبور
la place Tahrir	*midān ittaḫrīr*	ميدان التحرير
le Musée Égyptien	*ilmatḫaf ilmaṣri*	المتحف المصري
Mogamma (bâtiment du gouvernement, y compris le bureau de l'immigration)	*ilmugamma3*	المجمع
rue Qasr al-Ainy	*šāri3 ilʔaṣr il3ēni*	شارع القصر العيني
l'Université Américaine du Caire (AUC)	*ilgam3a -lʔamrikiyya fi -lqāhira*	الجامعة الامريكية في القاهرة
Garden City (quartier)	*gardin siti*	جاردن سيتي
la corniche du Nil	*kurnīš innīl* *ilkurnīš*	كورنيش النيل الكرنيس
la route périphérique	*iṭṭarīʔ iddayri*	الطريق الدايري

Place Talaat Harb	*midān ṭal3at ḫarb*	ميدان طلعت حرب
Café Groppi	*gruppi kafēh*	جروبي كافيه
Café Riche	*kafēh rīš*	كافيه ريش

le Nil	*innīl*	النيل
l'île de Gezira	*ilgizīra*	الجزيرة
la Tour du Caire	*burg ilqāhira*	برج القاهرة
l'Opéra du Caire	*dār ilʔubra -lmaṣriyya* *dār ilʔubra -lgidīda*	دار الاوبرا المصرية دار الاوبرا الجديدة
Zamalek (quartier)	*izzamālik*	الزمالك
le Sporting Club de Gezira	*nādi -lgizīra -rriyāḍi*	نادي الجزيرة الرياضي
le Sawy Culture Wheel	*saʔyit iṣṣāwi*	ساقية الصاوي
le pont Qasr Al-Nil	*kubri ʔaṣr innīl*	كوبري قصر النيل
le Pont du 6 Octobre	*kubri sitta -ktōbar*	كوبري ٦ اكتوبر

le Caire islamique	*ilqāhira -lfaṭimiyya*	القاهرة الفاطمية
le parc Al-Azhar	*ḫadīqit ilʔazhar*	حديقة الازهر
la Citadelle	*ilʔal3a*	القلعة
la Cité des Morts (cimetière et bidonvilles)	*ilʔarāfa*	القرافة
Khan el-Khalili (souk du Caire islamique)	*xān ilxalīli*	خان الخليلي
la mosquée de Muhammed Ali	*gāmi3 muḫammad 3ali*	جامع محمد علي
la Mosquée d'al-Azhar	*ilgāmi3 ilʔazhar*	الجامع الازهر

l'Université d'al-Azhar	*gam3it ilʔazhar*	جامعة الازهر

le vieux Caire	*maṣr ilʔadīma*	مصر القديمة
le Caire copte	*ilqāhira -lʔibṭiyya*	القاهرة القبطية
l'Église Suspendue (El Moallaqa, église copte orthodoxe de la Vierge Marie)	*ilkanīsa -lmi3allaʔa*	الكنيسة المعلقة
le Musée Copte	*ilmatḥaf ilʔibṭi*	المتحف القبطي

Héliopolis (quartier)	*maṣr ilgidīda*	مصر الجديدة
Nasr City (quartier)	*madīnit naṣr*	مدينة نصر
Maadi (quartier)	*ilma3ādi*	المعادي

Gizeh (sur la rive ouest du Nil)	*ilgīza*	الجيزة
l'Université du Caire	*gam3it ilqāhira*	جامعة القاهرة
Doqqi (quartier)	*idduʔʔi*	الدوقي
Agouza (quartier)	*il3agūza*	العجوزة
Mohandessin (quartier)	*ilmuhandisīn*	المهندسين
rue Gameat el-Duwal el-Arabiya	*šāri3 gam3it idduwal il3arabiyya*	شارع جامعية الدول العربية
la place du Sphinx	*midān sfinkis*	ميدان سفنكس
rue Ahmed Orabi	*šāri3 aḥmad 3urābi*	شارع احمد عرابي
rue des Pyramides	*šāri3 ilʔahrām*	شارع الاهرام

les pyramides de Gizeh	*ilʔahramāt*	الاهرامات
le Sphinx	*abū -lhōl*	ابو الهول

42 La Terre et l'Espace

terre ; terrain, sol ; la terre	*arḍ* [f.] *(arāḍi)*	ارض (اراضي)
île	*gizīra (guzur)*	جزيرة (جزر)
péninsule	*šibhᵊ gzīra*	شبه جزيرة
montagne	*gabal (gibāl)*	جبل (جبال)
tunnel	*nafaʔ (anfāʔ)*	نفق (انفاق)
chaîne de montagnes	*silsilit gibāl*	سلسلة جبال
montagneux, vallonné	*gabali*	جبلي
colline	*tall (tilāl)*	تل (تلال)
plat	*musaṭṭaħ*	مسطح
plateau	*haḍaba (hiḍāb)*	هضبة (هضاب)
vallée	*wādi (widyān)*	وادي (وديان)
ravin, gorge	*wādi 3amīq*	وادي عميق
falaise	*garaf (gurūf)*	جرف (جروف)

continent	*qarra*	قارة
Amérique du Nord	*amrīka -ššamaliyya* [f.]	امريكا الشمالية
Amérique du sud	*amrīka -lganubiyya* [f.]	امريكا الجنوبية

Europe	*urubba* [f.]	اوروبا
Afrique	*afriqya* [f.]	افريقيا
Asie	*asya* [f.]	آسيا
Australie	*usturalya* [f.]	استراليا

eau	*mayya*	مية
geler	*itgammid* [5s1]	اتجمد
fondre	*sāḫ* [1h2]	ساح
mer	*baḫr (biḫār, buḫūr)*	بحر (بحار، بحور)
baie, golfe	*xalīg (xilgān)*	خليج (خلجان)
canal	*qanāh (qanawāt)* *tir3a (tira3)*	قناة (قنوات) ترعة (ترع)
fleuve	*nahr (anhār)*	نهر (انهار)
courant	*gadwal (gadāwil)*	جدول (جداول)
lac	*buḫēra*	بحيرة
cascade, cataracte	*šallāl*	شلال
marécage	*mustanqa3*	مستنقع

océan	*muḫīṭ*	محيط
l'océan Pacifique	*ilmuḫīṭ ilhādi*	المحيط الهادي
l'océan Atlantique	*ilmuḫīṭ ilʔaṭlanṭi*	المحيط الاطلنطي
l'océan Indien	*ilmuḫīṭ ilhindi*	المحيط الهندي

équateur	*xaṭṭ ilʔistiwāʔ*	خط الاستواء
les tropiques	*ilmanāṭiq ilmadariyya*	المناطق المدارية
l'Arcticque	*ilquṭb iššamāli*	القطب الشمالي
désert	*ṣaḫara (ṣaḫāri)*	صحرا (صحاري)
forêt, jungle	*ɣāba*	غابة
plaines, prairies	*suhūl* [pl.]	سهول
dunes de sable	*kusbān ramliyya* [pl.]	كثبان رملية
oasis	*wāḫa*	واحة

volcan	*burkān (barakīn)*	بركان (براكين)
lave	*ḫimam*	حمم
entrer en éruption	*infagar* [7s2] *sār* [1h1]	انفجر ثار
éruption	*infigār*	انفجار
en sommeil, éteint	*xāmid*	خامد
Ce volcan n'est pas entré en éruption depuis des millions d'années.	*ilburkān da xāmid min malayīn issinīn.*	البركان ده خامد من ملايين السنين.
séisme	*zilzāl (zalāzil)*	زلزال (زلازل)
un tremblement de terre a frappé	*zilzāl ḍarab*	زلزال ضرب
As-tu ressenti le tremblement de terre de ce matin ?	*ḫassēt bi- zzilzāl innaharda -ṣṣubḫ?*	حسيت بالزلزال النهارده الصبح؟

air	*hawa*	هوا

ciel	*sama (samawāt)*	سما (سموات)
lune	*ʔamar (iʔmār)*	قمر (اقمار)
planète	*kawkab (kawākib)*	كوكب (كواكب)
soleil	*šams* [f.] *(šumūs)*	شمس (شموس)
étoile	*nigma*	نجمة
univers, cosmos	*kōn (akwān)*	كون (اكوان)
espace, vide spatial	*ilfaḍāʔ*	الفضاء
comète	*muzannab*	مذنب
météorite, étoile filante	*šihāb (šuhub)*	شهاب (شهب)
lumière du soleil	*nūr iššams*	نور ال شمس
lever du soleil	*šurūʔ (iššams)*	شروق (الشمس)
Le soleil se lève à l'est.	*iššamsᵊ btušruʔ min iššarʔ.*	الشمس بتشرق من الشرق.
coucher du soleil	*ɣurūb (iššams)*	غروب (الشمس)
Le soleil se couche à l'ouest.	*iššamsᵊ btuɣrub min ilɣarb.*	الشمس بتغرب من الغرب.
nuit tombante, crépuscule	*ɣasaʔ*	غسق

boussole	*buṣla*	بوصلة
carte	*xarīṭa (xarāyiṭ)*	خريطة (خرايط)
le nord	*šamāl*	شمال
le sud	*ganūb*	جنوب
l'ouest	*ɣarb*	غرب
l'est	*šarʔ*	شرق

le nord-ouest	*šamāl ɣarb*	**شمال غرب**
le sud-ouest	*ganūb ɣarb*	**جنوب غرب**
le nord-est	*šamāl šarʔ*	**شمال شرق**
le sud-est	*ganūb šarʔ*	**جنوب شرق**
Alexandrie est au nord de l'Égypte.	*iskindiriyya f- šamāl maṣr.*	اسكندرية في شمال مصر.
Le Soudan est au sud de l'Égypte.	*issudān ganūb maṣr.*	السودان جنوب مصر.
du nord	*šamāli*	**شمالي**
du sud	*ganūbi*	**جنوبي**
occidental	*ɣarbi*	**غربي**
oriental	*šarʔi*	**شرقي**
le pôle Nord	*ilquṭb iššamāli*	**القطب الشمالي**
le pôle Sud	*ilquṭb ilganūbi*	**القطب الجنوبي**

43 La Météo

temps, météo	*gaww* *ṭaʔs*	**جو** **طقس**
Quel temps fait-il aujourd'hui ?	*ilgawwᵊ 3āmil ʔē innaharda?*	الجو عامل ايه النهارده؟
Le temps est __.	*ilgaww(e) __.*	الجو __.
agréable, beau	*ḥilw* *gamīl*	**حلو** **جميل**

mauvais, sale	*wiɦiš* *biši3*	**وحش** **بشع**
Quelle belle journée !	*innaharda yōm ɦilw!*	النهارده يوم حلو!

température	*daragit ɦarāra*	**درجة حرارة**
Quelle est la température ?	*daragit ilɦarāra kām?*	درجة الحرارة كام ؟

Rappelez-vous que les égyptiens utilisent les degrés Celsius, et non les degrés Fahrenheit.

(Il fait) 25 degrés.	*xamsa wi 3išrīn daraga.*	خمسة و عشرين **درجة**.
Il fait **dans les vingt degrés**	*daragit ilɦarāra f- bidayāt il3išrīn.*	درجة الحرارة **في بدايات العشرين**.
dans les vingt-cinq degrés	*fi wisṭ il3išrīn*	**في وسط العشرين**
presque trente degrés	*fi awāxir il3išrīn*	**في اواخر العشرين**
autour de 30 degrés	*ɦawāli talatīn daraga*	**حوالي** تلاتين درجة
plus de 30 degrés	*aktar min talatīn daraga*	**اكتر من** تلاتين درجة
Il fait **en-dessous de zéro.** Le thermomètre est **sous la barre du zéro.**	*daragit ilɦarāra taɦt iṣṣifr.*	درجة الحرارة **تحت الصفر**.
la température maximale / la plus élevée	*daragit ilɦarāra -lkubra*	**درجة الحرارة الكبرى**
la température minimale / la plus basse	*daragit ilɦarāra -ṣṣuɣra*	**درجة الحرارة الصغرى**

الجو *ilgaww* ou الدنيا *iddunya* servent comme sujets quand on parle de la météo, tandis qu'en français le sujet serait "il", comme dans "Il fait chaud", "Il fait beau". Ceci implique obligatoirement un adjectif ou un nom utilisé comme adjectif. Rappelez-vous que ces noms, contrairement à de véritables adjectifs, sont invariables et ne peuvent donc pas être mis au féminin.

Il fait __.	*ilgaww(e)__.* *iddunya __.*	**الجو __.** **الدنيا __.**
chaleur	*ḫarr*	**حر**
Il fait très chaud.	*ilgawwᵊ ḫarrᵊ ʔawi.* *iddunya ḫarrᵊ ʔawi.*	الجو حر اوي. الدنيا حر اوي.
chaleur	*dafa*	**دفا**
fraîcheur, froid	*bard*	**برد**
Il fait vraiment froid.	*iddunya bardᵊ ʔawi.*	الدنيا برد اوي.
Il gèle dehors.	*ilgawwᵊ talgᵊ barra.*	الجو **تلج** بره.
canicule, vague de chaleur	*mōga ḫarra* *mōgit ḫarr*	**موجة حارة** **موجة حر**
Jusqu'où monte la température dans ton pays ?	*ilgawwᵊ ḫarrᵊ ʔaddᵊ ʔē fi baladkum?*	الجو حر اد ايه في بلدكم؟
Chez moi, il ne fait habituellement pas plus de 30 degrés en été.	*ɣāliban daragit ilḫarāra ma-bit3addīš talatīn fi -ṣṣēf fi baladi.*	غالبا درجة الحرارة مبتعديش تلاتين في الصيف في بلدي.
Il fait plus chaud qu'hier.	*ilgawwᵊ ḫarr aktar min imbāriḫ.*	الجو حر اكتر من امبارح.
Je n'aime pas le temps chaud.	*ma-baḫibbiš ilḫarr.*	مبحبش الحر.
ciel	*sama (samawāt)*	**سما (سموات)**

Le ciel est dégagé.	*issama ṣafya.*	السما صافية.
Il fait **soleil/beau**.	*ilgawwᵊ mušmis.*	الجو **مشمس**.
soleil	*šams* [f.] *(šumūs)*	**شمس (شموس)**
Le soleil a émergé.	*iššamsᵊ ẓaharit.*	**الشمس ظهرت.**
Le soleil brille.	*iššamsᵊ mušriʔa.*	**الشمس مشرقة.**
obscurité	*ḍalma*	**ضلمة**
Il fait sombre.	*iddunya ḍalma.*	الدنيا ضلمة.
nuage	*saḥāba (suḥub)*	**سحابة (سحب)**
Le ciel est nuageux. Le ciel est couvert.	*ilgawwᵊ mɣayyim.*	الجو مغيم.

pluie	*maṭar* *maṭara*	**مطر** **مطرة**
Il pleut. Le temps est **pluvieux.**	*iddunya bitmaṭṭar.*	الدنيا **بتمطر.**
Il a commencé à pleuvoir.	*iddunya badaʔit timaṭṭar.*	الدنيا بدأت تمطر.
Il ne pleut plus.	*ilmaṭara wiʔfit.*	المطرة وقفت.
Il pleut à verse.	*iddunya bitruxx.*	**الدنيا بترخ.**
Il bruine.	*iddunya bitnadda3.*	الدنيا **بتندع.**
arc-en-ciel	*qōs (aqwās) qazaḥ*	**قوس (اقواس) قزح**

vent	*rīḥ (riyāḥ)*	**ريح (رياح)**
Il y a du vent.	*ilḥawa gāmid.*	الهوا جامد.
souffler	*habb* [1g3]	**هب**

khamsin (vent du sud chaud et poussiéreux au printemps)	*ilxamasīn*	**الخماسين**

neige	*talg*	**تلج**
Il neige.	*iddunya bitmaṭṭar talg.*	الدنيا بتمطر تلج.
Est-ce qu'il neige dans ton pays ?	*iddunya bitmaṭṭar talgᵊ 3andukum?*	الدنيا بتمطر تلج عندكم؟
Chez moi, il neige beaucoup en hiver.	*iddunya bitmaṭṭar talgᵊ ktīr fi -ššita fi baladi.*	الدنيا بتمطر تلج كتير في الشتا في بلدي.
(la) **grêle**	*bard*	**برد**
Il grêle.	*iddunya bitmaṭṭar bard.*	الدنيا بتمطر برد.
le brouillard	*ḍabāb*	**ضباب**
Il y a du brouillard.	*fī ḍabāb.*	فيه ضباب.

tempête	*3āṣifa (3awāṣif)*	**عاصفة (عواصف)**
Il y a une tempête. Il fait orageux.	*ilgawwᵊ 3āṣif.*	**الجو عاصف.**
Il y a **un orage.**	*fī 3āṣifa mumṭira.*	فيه **عاصفة ممطرة.**
tempête de sable / de poussière	*3āṣifa turabiyya*	**عاصفة ترابية**
ouragan, typhon, cyclone	*i3ṣār (a3aṣīr)*	**اعصار (اعاصير)**
tornade	*i3ṣār qama3i*	**اعصار قمعي**
tourbillon de poussière	*zawba3a (zawābi3)*	**زوبعة (زوابع)**
le cœur de la tempête	*markaz ilʔi3ṣār*	**مركز الاعصار**
la foudre	*barʔ*	**برق**

Il y a eu un éclair.	*kān fī barʔ.*	كان فيه برق.
La foudre a frappé l'arbre.	*ilbarʔᵊ ḍarab iššagara.*	البرق ضرب الشجرة.
tonnerre	*ra3d*	**رعد**
Le tonnerre m'a réveillé la nuit dernière.	*ṣōt irra3dᵊ ṣaḫḫāni -mbāriḫ bi-llēl.*	صوت الرعد صحاني امبارح بالليل.

prévisions météo	*tawaqqa3āt ilgaww*	**توقعات الجو**
Quelles sont les prévisions météo pour demain ?	*bukra tawaqqa3āt ilgawwᵊ ʔē?* *axbār ilgawwᵊ ʔē bukra?*	بكرة توقعات الجو ايه ؟ اخبار الجو ايه بكرة؟
Penses-tu qu'il va pleuvoir ?	*tiftikir iddunya hatmaṭṭar?*	تفتكر الدنيا هتمطر؟
On dirait qu'il va pleuvoir.	*iddunya šaklaha hatmaṭṭar.*	الدنيا شكلها هتمطر
On s'attend à une tempête.	*iḫna mutawaqqa3īn 3āṣifa.*	احنا متوقعين عاصفة.

climat	*munāx*	**مناخ**
aride, sec	*gāf*	**جاف**
Le Caire a un climat très aride.	*gaww ilqāhira gāf giddan.*	جو القاهرة جاف جدا.
humide	*raṭib*	**رطب**
tropical	*istiwāʔi*	**استوائي**
Le temps est très changeant.	*ilgawwᵊ byitɣayyar ʔawi.*	الجو **بيتغير** اوي.
sécheresse	*qaḫṭ* *gafāf*	**قحط** **جفاف**
inondation	*fayaḍān*	**فيضان**

44 Les Animaux

animal	*ɦayawān*	حيوان
animal de compagnie	*ɦayawān alīf*	حيوان اليف
As-tu des animaux de compagnie ?	*3andak ɦayawanāt alīfa?*	عندك حيوانات اليفة؟
chien	*kalb (kilāb)*	كلب (كلاب)
chat	*ʔuṭṭa (ʔuṭaṭ)*	قطة (قطط)
J'aime les chats, mais je n'aime pas tellement les chiens.	*ana baɦibb ilʔuṭaṭ bassᵊ ma-baɦibbiš ilkilāb ʔawi.*	انا بحب القطط بس مبحبش الكلاب اوي.
cage	*ʔafaṣ (iʔfāṣ)*	قفص (اقفاص)
niche	*bēt (biyūt) ɦayawanāt*	بيت (بيوت) حيوانات
laisse	*ɦablᵊ (ɦibāl) kalb*	حبل (حبال) كلب
collier pour chien	*ṭōʔ (aṭwāʔ) kalb*	طوق (اطواق) كلب
dresser	*darrab* [2s2]	درب
alimentation animale	*akl*	اكل
nourrir	*akkil* [2s1]	اكل

Les deux formes masculin et féminin existent pour la plupart des noms d'animaux. Celles-ci sont, bien sûr, utilisées en référence à des animaux d'un genre en particulier. Sinon, c'est généralement la forme masculine qui est utilisée pour faire référence à un animal. Cependant, certains animaux sont plus communément désignés par leur forme féminine. La forme la plus commune est listée ci-dessous.

ours	*dibb (dibab)*	دب (دبب)
castor	*qundus (qanādis)*	قندس (قنادس)

buffle	*gamūsa (gawamīs)*	جاموسة (جواميس)
guépard	*fahd (fuhūd)*	فهد (فهود)
cerf, gazelle	*ɣazāla (ɣizlān)*	غزالة (غزلان)
éléphant	*fīl (afyāl)*	فيل (افيال)
renard	*ta3lab (ta3ālib)*	تعلب (تعالب)
girafe	*zarāf* [coll.]	زراف
hippopotame	*sayyid ʔišta (ħayawanāt sayyid ʔišta)*	سيد قشطة (حيوانات سيد قشطة)
kangourou	*kangaru*	كنجارو
koala	*kawāla*	كوالا
léopard	*fahd*	فهد
lion	*asad (usūd)*	اسد (اسود)
souris ; rat	*fār (firān)*	فار (فران)
ours blanc	*dibbᵊ quṭbi*	دب قطبي
lapin	*arnab (arānib)*	ارنب (ارانب)
rhinocéros	*waħīd ilʔarn (ħayawanāt waħīd ilʔarn)*	وحيد القرن (حيوانات وحيد القرن)
moufette	*ẓarbān*	ظربان
écureuil	*singāb (sanagīb)*	سنجاب (سناجيب)
tigre	*nimr (numūr)*	نمر (نمور)
loup	*dīb (diyāba)*	ديب (ديابة)
phoque	*kalb (kilāb) baħr*	كلب (كلاب) بحر

lion de mer	*asad (usūd) baħr*	اسد (اسود) بحر
dauphin	*dulfin*	دولفين
baleine	*ħūt (ħitān)*	حوت (حتان)
oiseau	*ţēr (ţuyūr)*	طير (طيور)
canari	*kanarya*	كناريا
corneille, corbeau	*ɣurāb (ɣirbān)*	غراب (غربان)
colombe	*yamāma*	يمامة
aigle, condor, vautour	*nisr (nusūr)*	نسر (نسور)
faucon	*şaʔr (şuʔūr)*	صقر (صقور)
autruche	*na3āma*	نعامة
perroquet	*baɣbaɣān*	بغبغان
paon	*ţawūs (ţawawīs)*	طاووس (طواويس)
pingouin	*baţrīq (batāriq)*	بطريق (بطارق)
pigeon	*ħamāma*	حمامة
mouette	*nōras (nawāris)*	نورس (نوارس)
petit oiseau (moineau, pinson, etc.)	*3aşfūr (3aşafīr)*	عصفور (عصافير)
cigogne	*luʔlāʔ (laʔāliʔ)*	لقلاق (لقالق)
hirondelle	*sunūnu (sununuwāt)*	سنونو (سنونوات)
cygne	*bag3a*	بجعة
reptiles	*zawāħif* [pl.]	زواحف
cobra	*kubra*	كوبرا

crocodile	*timsāɧ (tamasīɧ)*	تمساح (تماسيح)
lézard	*siɧliyya (saɧāli)*	سحلية (سحالي)
serpent	*ti3bān (ta3abīn)*	تعبان (تعابين)
tortue	*sulɧifa (salāɧif)*	سلحفة (سلاحف)
grenouille	*ɖufda3a*	ضفضعة
poisson	*samak* [coll.]	سمك
requin	*(samak) ʔirš*	(سمك) قرش
méduse	*ʔandīl baɧr*	قنديل بحر
insecte	*ɧašara*	حشرة
fourmi	*naml* [coll.]	نمل
abeille	*naɧl* [coll.]	نحل
Une abeille m'a piqué.	*fī naɧla ʔaraşitni.*	فيه نحلة قرصتني.
piqûre d'abeille	*ʔarşit naɧla*	قرصة نحلة
ruche	*xaliyyit naɧl*	خلية نحل
scarabée	*xunfisa (xanāfis)*	خنفسة (خنافس)
papillon	*farāša*	فراشة
cafard	*şurşār (şaraşīr)*	صرصار (صراصير)
grillon	*şurşār (şaraşīr) ɣēʈ*	صرصار (صراصير) غيط
libellule	*dibbān tinīn* [coll.]	دبان تنين
puce	*barɣūt (baraɣīt)*	برغوت (براغيت)

mouche	*dibbān* [coll.]	دبان
sauterelle	*garād* [coll.]	جراد
pou	*ʔaml* [coll.]	قمل
L'enfant a des poux.	*il3ayyil 3andu ʔamlᵊ f rāsu.*	العيل عنده قمل في راسه.
moustique	*namūs* [coll.]	نموس
piqure de moustique	*ʔarşit namūsa*	قرصة نموسة
Un moustique m'a piqué.	*fī namūsa ʔaraşitni.*	فيه نموسة قرصتني.
papillon de nuit	*3itta*	عتة
scorpion	*3aʔrab* [coll.] *(3aʔārib)*	عقرب (عقارب)
escargot	*ђalazōn* [coll.]	حلزون
araignée	*3ankabūt (3anākib)*	عنكبوت (عناكب)
toile d'araignée	*šabakit 3ankabūt*	شبكة عنكبوت
J'ai peur des araignées.	*ana baxāf min il3anākib.*	انا بخاف من العناكب.
guêpe	*dabbūr (dababīr)*	دبور (دبابير)
ver	*dūd* [coll.]	دود

bec	*munʔār (manaʔīr)*	منقار (مناقير)
griffe, serre	*maxlab (maxālib)*	مخلب (مخالب)
plumes	*rīš* [coll.]	ريش
antenne, palpeur	*malmas (malāmis)*	ملمس (ملامس)
fourrure	*farw* [coll.]	فرو
corne, bois de cervidé	*ʔarn (ʔurūn)*	قرن (قرون)
patte	*riglᵊ (riglēn)*	رجل (رجلين)

queue	*dēl (diyūl)*	ديل (ديول)
pis, trayon	*ḍurū3* [pl.]	ضروع
aile	*gināḫ (agniḫa)*	جناح (اجنحة)

45 La Vie des Plantes

plante	*nabāt* [coll.] *nabta*	نبات نبتة
arbre	*šagar* [coll.]	شجر
buisson, arbuste	*šugayra*	شجيرة
feuille	*wara? (awrā?) šagar* [coll.]	ورق (اوراق) شجر
branche	*far3 (furū3)*	فرع (فروع)
tronc	*giz3 (guzū3)*	جذع (جذوع)
écorce	*liḫā?*	لحاء
bambou	*bambu* [coll.]	بامبو
palmier dattier	*dōm* [coll.]	دوم
chêne	*ballūṭ* [coll.]	بلوط
palmier	*naxl* [coll.]	نخل
sapin	*ṣinōbar* [coll.]	صنوبر
flamboyant	*bunsiyāna* [coll.]	بونسيانا
sycomore	*gimmēz* [coll.]	جميز
saule pleureur	*ṣafṣāf* [coll.]	صفصاف

fleur	*ward* [coll.]	ورد
pétale	*batla*	بتلة
tige	*sāq (siqān)*	ساق (سقان)
œillet	*ʔurunful* [coll.]	قرنفل
marguerite, chrysanthème	*uqħuwān* [coll.]	اقحوان
coquelicot	*xišxāš* [coll.]	خشخاش
rose	*zahr* [coll.]	زهر (زهور)
tournesol	*3abbād iššams*	عباد الشمس
tulipe	*tūlib* [coll.]	توليب
violette	*banafsig* [coll.]	بنفسج
cactus	*şabbār* [coll.]	صبار
mousse	*ţaħlab (ţaħālib)*	طحلب (طحالب)
vigne	*nabāt mutasalliʔ*	نبات متسلق
graine	*bizra (buzūr)*	بذرة (بذور)
planter (une graine), **faire pousser** (une plante)	*zara3* [1s1]	زرع
pousser	*kibir* [1s4]	كبر
Cette plante pousse vraiment vite !	*innabta di btikbar bi-sur3a!*	النبتة دي بتكبر بسرعة!
arroser (une plante)	*saʔa* [1d2]	سقى

fertiliser	*ħaṭṭ*ᵊ [1g2] *simād*	حط سماد
retirer les mauvaises herbes d'un jardin	*naḍḍaf* [2s2] *ilginēna*	نضف الجنينة
pot de fleurs	*ʔaṣriyyit zar3*	قصرية زرع

46 Les Couleurs

couleur	*lōn (alwān)*	لون (الوان)
noir	*iswid* [m.], *sōda* [f.] *(sūd)*	اسود, سودا (سود)
blanc	*abyaḍ* [m.], *bēḍa* [f.] *(bēḍ)*	ابيض، بيضا (بيض)
bleu	*azraʔ* [m.], *zarʔa* [f.] *(zurʔ)*	ازرق، زرقا (زرق)
rouge	*aħmar* [m.], *ħamra* [f.] *(ħumr)*	احمر، حمرا (حمر)
jaune	*aṣfar* [m.], *ṣafra* [f.] *(ṣufr)*	اصفر، صفرا (صفر)
vert	*axḍar* [m.], *xaḍra* [f.] *(xuḍr)*	اخضر، خضرا (خضر)

Les noms de couleurs se terminant en ي- *-i* et ceux empruntés à d'autres langues sont invariables (ils n'ont pas de féminin ni de pluriel). Souvent, les égyptiens utilisent simplement des mots anglais pour désigner les nuances spécifiques de couleur.

beige	*bēž* [invar.]	بيج
brun	*bunni* [invar.]	بني
fushia	*fūšiya* [invar.]	فوشيا

gris	*ruṣāṣi* [invar.] *ramādi* [invar.]	رصاصي رمادي
jaune citron	*lamūni* [invar.]	لموني
bleu clair	*labani* [invar.]	لبني
bleu marine	*kuḫli* [invar.]	كحلي
olive	*zitūni* [invar.]	زيتوني
orange	*burtuʔāni* [invar.]	برتقاني
rose	*bambi* [invar.] *pīnk* [invar.]	بمبي بينك
pourpre, violet	*banafsigi* [invar.]	بنفسجي
turquoise	*turkwāz* [invar.]	تركواز

nuance	*daraga*	درجة
__ clair	*__ fātiḫ*	فاتح
vert **clair**	*axḍar fātiḫ*	اخضر **فاتح**
__ sombre	*__ ɣāmiʔ*	غامق
rouge **sombre**	*aḫmar ɣāmiʔ*	احمر **غامق**
coloré, multicolore	*milawwin*	ملون

47 Les Formes, les Tailles et les Mesures

forme	*šakl (aškāl)*	شكل (اشكال)
cercle	*dayra (dawāyir)*	دايرة (دواير)

circulaire	*dayri*	دايري
ovale	*šaklᵊ bayḑāwi*	شكل بيضاوي
ovale (de forme)	*bayḑāwi*	بيضاوي
carré ; carrée (de forme)	*murabba3*	مربع
rectangle ; rectangulaire	*mustaţīl*	مستطيل
triangle ; triangulaire	*musallas*	مثلث

grand	*kibīr (kubār)*	كبير (كبار)
petit	*şuɣayyar (şuɣār)*	صغير (صغار)
longueur **hauteur** (personne)	*ţūl (aţwāl)*	طول (اطوال)
long **grand** (de taille)	*ţawīl (ţuwāl)*	طويل (طوال)
petit (de taille)	*ʔuşayyar (ʔuşār)*	قصير (قصار)
largeur	*3arḑ (a3rāḑ)*	عرض (اعراض)

mesure	*miqyās (maqayīs)*	مقياس (مقاييس)
mesurer	*ʔās* [1h2]	قاس
taille, volume	*ɧagm (aɧgām)*	حجم (احجام)
surface	*misāɧa*	مساحة
distance	*masāfa*	مسافة

millimètre	*millimitr*	مليمتر
centimètre	*santimitr* *santi*	سنتمتر

		سنتي
mètre	*mitr (amtār)*	متر (امتار)
kilomètre	*kīlumitr* *kīlu*	كيلومتر كيلو
pouce	*būṣa*	بوصة
pied	*ʔadam (aʔdām)*	قدم (اقدام)
mile	*mīl (amyāl)*	ميل (اميال)
mètre carré	*mitr^{ə} murabba3*	متر مربع
mètre cube	*mitr^{ə} muka33ab*	متر مكعب
poids	*wazn (awzān)*	وزن (اوزان)
peser	*wazan* [1s2]	وزن
gramme	*girām*	جرام
kilogramme	*kīlugrām* *kīlu*	كيلوجرام كيلو
tonne	*ṭinn (aṭnān)*	طن (اطنان)
once	*unṣa*	اونصة
livre	*pawnd* *raṭl (artṭāl)*	باوند رطل (ارطال)

48 La Quantité

chaque ; tout	*kull*	**كل**
chaque enfant	*kullᵊ ṭifl*	كل طفل
tous les enfants	*kull ilʔaṭfāl*	كل الاطفال
la plupart	*mu3ẓam*	**معظم**
la plupart des gens	*mu3ẓam innās*	معظم الناس
certains, quelques, des	*ba3ḍ*	**بعض**
certaines personnes	*ba3ḍ innās*	بعض الناس
aucun	*wala wāɦid min* *wala ɦaddᵊ min*	**ولا واحد من** **ولا حد من**
aucun étudiant, aucun des étudiants	*wala wāɦid min iṭṭalaba*	ولا واحد من الطلبة
beaucoup de	*kitīr* [often invar.]	**كتير**
beaucoup d'argent	*filūs kitīr*	فلوس كتير
beaucoup de gens	*nās kitīr*	ناس كتير
un peu	*ʔulayyil*	**قليل**
un peu de temps	*waʔtᵊ ʔulayyil*	وقت قليل
un peu d'argent	*filūs ʔulayyila*	فلوس قليلة
quelques	*šuwayyit* *kām*	**شوية** **كام**
quelques personnes	*šuwayyit nās* *nās ʔulayyilīn*	شوية ناس ناس قليلين
quelques jours	*kam yōm*	كام يوم

deux __	__-*ēn* [dual]	ــــين
deux mois	*šahrēn* [dual]	شهرين
plusieurs	*kaza*	كذا
plusieurs personnes	*kaza nō3*	كذا نوع

49 Les Nombres

nombre, chiffre	*raqam (arqām)*	رقم (ارقام)
numéro (quantité)	*3adad (a3dād)*	عدد (اعداد)
compter	*3add* [1g3]	عد
impair	*fardi*	فردي
pair	*zawgi*	زوجي
zéro	*ṣifr*	صفر
nombre cardinal	*3adad aṣli*	عدد اصلي
un	__ *wāḫid* [m.] __ *waḫda* [f.]	__ واحد __ واحدة

واحد *wāḫid* et واحدة *waḫda* suivent le nom qu'ils modifient et s'accordent en genre.

deux	*itnēn*	اتنين

اتنين *itnēn* n'est généralement pas nécessaire pour modifier un nom. Au lieu de cela, le suffixe *-ēn* est utilisé, comme dans l'exemple ci-dessous.

deux tables et deux chaises	*ṭarabiztēn wi kursiyēn*	طرابيزتين و كرسيين

Les nombres de 3 à 10 ont deux formes. La forme complète, se terminant par un ـَة *-a*, est utilisée lorsqu'elle n'est pas suivie par un nom, notamment lors du décompte : « واحد *wāɦid*, اتنين *itnēn*, تلاتة *talāta*, اربعة *arba3a*... » «un, deux, trois, quatre ... ». La forme abrégée précède le nom qu'elle modifie.

trois	*talāta* *talat* __	تلاتة تلات __
quatre	*arba3a* *arba3* __	اربعة اربع __
cinq	*xamsa* *xamas* __	خمسة خمس __
six	*sitta* *sitt* __	ستة ست __
sept	*sab3a* *saba3* __	سبعة سبع __
huit	*tamanya* *taman* __	تمانية تمان __
neuf	*tis3a* *tisa3* __	تسعة تسع __
dix	*3ašara* *3ašar* __	عشرة عشر __
onze	*ɦidāšar*	حداشر
douze	*itnāšar*	اتناشر
treize	*talattāšar*	تلاتاشر
quatorze	*arba3tāšar*	اربعتاشر
quinze	*xamastāšar*	خمستاشر

seize	*sittāšar*	ستاشر
dix-sept	*saba3tāšar*	سبعتاشر
dix-huit	*tamantāšar*	تمانتاشر
dix-neuf	*tisa3tāšar*	تسعتاشر
vingt	*3išrīn*	عشرين
Les nombres composés avec 20, 30, etc., sont littéralement formulés «un et vingt», «deux et vingt», etc.		
vingt et un	*wāḫid wi 3išrīn*	واحد و عشرين
vingt-deux	*itnēn wi 3išrīn*	اتنين و عشرين
Dans les nombres composés, les chiffres de 3 à 9 apparaissent dans leur forme complète		
vingt-trois	*talāta w 3išrīn*	تلاتة و عشرين
trente	*talatīn*	تلاتين
quarante	*arba3īn*	اربعين
cinquante	*xamsīn*	خمسين
soixante	*sittīn*	ستين
soixante-dix	*sab3īn*	سبعين
quatre-vingts	*tamanīn*	تمانين
quatre-vingt dix	*tis3īn*	تسعين
cent	*miyya* *mīt* __	مية
deux cent	*mitēn*	ميتين
trois cent	*tultumiyya* *tultumīt* __	تلتمية
quatre cent	*rub3umiyya* *rub3umīt* __	ربعمية

cinq cent	*xumsumiyya* *xumsumīt* __	خمسمية
six cent	*suttumiyya* *suttumīt* __	ستمية
sept cent	*sub3umiyya* *sub3umīt* __	سبعمية
huit cent	*tumnumiyya* *tumnumīt* __	تمنمية
neuf cent	*tus3umiyya* *tus3umīt* __	تسعمية
mille	*alf*	الف
deux mille	*alfēn*	الفين
trois mille	*talat-talāf*	تلاتلاف
quatre mille	*arba3-talāf*	اربعتلاف
cinq mille	*xamas-talāf*	خمستلاف
six mille	*sit-talāf*	ستلاف
sept mille	*saba3-talāf*	سبعتلاف
huit mille	*taman-talāf*	تمنتلاف
neuf mille	*tisa3-talāf*	تسعتلاف
dix mille	*3ašar-talāf*	عشرتلاف
onze mille	*ɧidāšar alf*	حداشر الف
vingt mille	*3išrīn alf*	عشرين الف
cent mille	*mīt alf*	مية الف
million	*milyōn*	ميليون
milliard	*bilyōn*	بيليون

arithmétique, calcul	*ɧisāb*	**حساب**
calculer, résoudre	*ɧasab* [1s2]	**حسب**
calculatrice	*āla ɧasba* *kalkulētur*	**آلة حاسبة** **كلكوليتر**
Comment as-tu calculé ça dans ta tête ? J'ai besoin d'une calculatrice !	*inta ɧasabt^{ə} da b-dimāɣak izzāy? ana miɧtāg āla ɧasba!*	انت حسبت ده بدماغك ازاي ؟ انا محتاج آله حاسبة!
additionner, ajouter	*gama3* [1s1]	**جمع**
Ajoute le prix de tous les articles pour obtenir le total.	*igma3 si3r^{ə} kull ilɧagāt 3ašān ti3raf igmāli -ssi3r.*	اجمع سعر كل الحاجات عشان تعرف اجمالي السعر.
soustraire	*ʈaraɧ* [1s1]	**طرح**
Soustrais le plus petit montant du plus grand pour trouver la différence.	*iʈraɧ irraqam iʂʂuɣayyar min ilkibīr 3ašān ti3raf ilfarʔ.*	اطرح الرقم الصغير من الكبير عشان تعرف الفرق.
multiplier par	*ɖarab* [1s1] *fi*	**ضرب في**
Multiplie la longueur et la largeur pour trouver la surface du rectangle.	*iɖrab iʈʈūl fi -l3arɖ 3ašān tiɧsib misaɧt ilmustaʈīl.*	اضرب الطول في العرض عشان تحسب مساحة المستطيل.
diviser par	*ʔasam* [1s1] *3ala*	**قسم على**
Divise le total par le nombre de personnes pour trouver la moyenne.	*iʔsim irraqam 3ala 3adad innās 3ašān ti3raf ilmutawassiʈ.*	اقسم الرقم على عدد الناس عشان تعرف المتوسط.
être égal à	*sāwa* [3d]	**ساوى**

égal, font	*yisāwi* *yibʔa* *bi*	**يساوي** **يبقى** **بـ**
plus, et	*zāʔid* *wi*	**زائد** **و**
Trois plus deux font cinq.	*talāta zāʔid itnēn yisāwi xamsa.*	تلاتة زائد اتنين يساوي خمسة.
moins	*nāʔiṣ* *min*	**ناقص** **من**
Dix moins neuf égal un.	*3ašara nāʔiṣ tis3a ysāwi wāḫid.* *tis3a min 3ašara ysāwi wāḫid.*	عشرة ناقص تسعة يساوي واحد. تسعة من عشرة يساوي واحد.
fois	*fi*	**في**
Trois fois quatre égal douze.	*talāta f- arba3a bi-tnāšar.*	تلاتة في اربعة باتناشر.
divisé par	*3ala*	**على**
Vingt divisé par quatre égal cinq.	*3išrīn 3ala arba3a b- xamsa.*	عشرين على اربعة بخمسة.

nombre ordinal	*3adad tartībi*	**عدد ترتيبي**
premier	*awwal* [m.] *ūla* [f.]	**اول** **اولى**
deuxième	*tāni* [m.] *tanya* [f.]	**تاني** **تانية**

troisième	*tālit* [m.] *talta* [f.]	تالت تالتة
quatrième	*rābi3* [m.] *rab3a* [f.]	رابع رابعة
cinquième	*xāmis* [m.] *xamsa* [f.]	خامس خامسة
sixième	*sādis* [m.] *sadsa* [f.]	سادس سادسة
septième	*sābi3* [m.] *sab3a* [f.]	سابع سابعة
huitième	*tāmin* [m.] *tamna* [f.]	تامن تامنة
neuvième	*tāsi3* [m.] *tas3a* [f.]	تاسع تاسعة
dixième	*3āšir* [m.] *3ašra* [f.]	عاشر عاشرة

Il n'y a pas de forme particulière pour les nombres supérieurs à 10. Le nombre cardinal est utilisé. Un nombre ordinal peut se distinguer d'un nombre cardinal car il suit le nom qu'il modifie et en général prend l'article defini. Comparez ce qui suit :

Il y a une vingtaine de livres, et le vingtième livre est le mien.	*fī 3išrīn kitāb w ilkitāb il3išrīn bitā3i.*	فيه **عشرين** كتاب و الكتاب **العشرين** بتاعي.
le dernier __	*āxir __*	آخر __
fraction	*guzʔ (agzāʔ)*	جزء (اجزاء)

entier	*kull*	**كل**
demi	*nuṣṣ (anṣāṣ)*	**نص (انصاص)**
Deux moitiés font un tout.	*innuṣṣēn yi3malu guzʔᵊ kāmil.*	النصين يعملوا جزء كامل.
un tiers	*tilt (atlāt)*	**تلت (اتلات)**
un quatrième, un quart	*rub3 (arbā3)*	**ربع (ارباع)**
un cinquième	*xums (axmās)*	**خمس (اخماس)**
trois cinquièmes	*talat axmās*	تلات اخماس

Les fractions supérieures à 10 sont formées avec les nombres ordinaux séparés par على *3ala*.

un douzième (1/12)	*wāḫid 3ala -tnāšar*	**واحد على اتناشر**
trois vingtièmes (3/20)	*talāta 3ala 3išrīn*	**تلاتة على عشرين**

pourcentage	*nisba (nisab) miʔawiyya*	**نسبة (نسب) مئوية**
un fort pourcentage	*nisba kbīra*	**نسبة كبيرة**
Quel pourcentage de __	*kām fi -lmiyya min __*	**كام في المية من __**
pour cent	*fi -lmiyya*	**في المية**
cinquante pour cent des gens	*xamsīn fi -lmiyya min iššа3b*	خمسين في المية من الشعب

50 Le Temps

temps	*waʔt (awʔāt)*	وقت (اوقات)

jour	*yōm (ayyām)*	يوم (ايام)
dans la matinée	*işşubɧ*	الصبح
à midi	*iḍḍuhr*	الضهر
dans l'après midi	*ba3d iḍḍuhr*	بعد الضهر
le soir, la nuit	*bi-llēl*	بالليل
à minuit	*fi nuşş illēl*	في نص الليل

il y a trois jours	*min talat tiyyām*	من تلات ايام
avant hier	*awwil imbāriɧ*	أول امبارح
hier	*imbāriɧ*	امبارح
hier matin	*imbāriɧ işşubɧ*	امبارح الصبح
hier soir	*imbārlh bi-llēl*	امبارح بالليل
aujourd'hui	*innaharda*	النهارده
ce matin	*innaharda -şşubɧ*	النهارده الصبح
cet après-midi	*innaharda ba3d iḍḍuhr*	النهارده بعد الضهر
ce soir	*innaharda bi-llēl*	النهارده بالليل
demain	*bukra*	بكرة
demain matin	*bukra -şşubɧ*	بكرة الصبح
demain soir	*bukra bi-llēl*	بكرة بالليل

après-demain	*ba3dᵊ bukra*	بعد بكرة
dans trois jours	*ba3dᵊ talat tiyyām*	بعد تلات ايام

tous les jours	*kullᵊ yōm*	كل يوم
un jour sur deux	*marra kullᵊ yumēn*	مرة كل يومين
toute la journée	*ṭūl ilyōm*	طول اليوم

semaine	*isbū3 (asabī3)*	اسبوع (اسابيع)
jour de semaine, journée de travail	*yōm iššuɣl*	يوم الشغل
(durant) le weekend	*āxir ilʔisbū3* *nihāyit ilʔisbū3*	آخر الاسبوع نهاية الاسبوع
dimanche	*ilḥadd*	الحد
lundi	*ilʔitnēn*	الاتنين
mardi	*ittalāt*	التلات
mercredi	*ilʔarba3*	الاربع
jeudi	*ilxamīs*	الخميس
vendredi	*ilgum3a*	الجمعة
samedi	*issabt*	السبت
On se voit samedi !	*ašūfak yōm issabt!*	اشوفك يوم السبت!

la semaine dernière	*ilʔisbū3 illi fāt*	الاسبوع اللي فات
cette semaine	*ilʔisbū3 da*	الاسبوع ده

la semaine prochaine	*il?isbū3 ilgayy* *il?isbū3 illi gayy*	**الاسبوع الجاي** **الاسبوع اللي جاي**
Je te dirai la semaine prochaine ou la semaine suivante.	*a?ullak il?isbū3 ilgayy aw illi ba3du.*	اقولك الاسبوع الجاي او اللي بعده.

mois	*šahr (ašhur)*	**شهر (اشهر)**
janvier	*yanāyir*	**يناير**
février	*fibrāyir*	**فبراير**
mars	*māris*	**مارس**
avril	*ibrīl*	**ابريل**
mai	*māyu*	**مايو**
juin	*yunyu* *yunya*	**يونيو** **يونية**
juillet	*yulyu* *yulya*	**يوليو** **يولية**
août	*aɣusṭus*	**اغسطس**
septembre	*sibtimbir*	**سبتمبر**
octobre	*uktōbar*	**اكتوبر**
novembre	*nuvimbir, nufimbir*	**نوفمبر**
décembre	*disimbir*	**ديسمبر**
Je suis né en décembre.	*ana -twaladt^{ə} f šahr^{ə} disimbir.*	انا اتولدت في شهر ديسمبر.
calendrier	*taqwīm (taqawīm)*	**تقويم (تقاويم)**

le mois dernier	*iššahr illi fāt*	الشهر اللي فات
ce mois-ci	*iššahrᵊ da*	الشهر ده
le mois prochain	*iššahr ilgayy* *iššahr illi gayy*	الشهر الجاي الشهر اللي جاي

saison	*faṣl (fuṣūl)*	فصل (فصول)
printemps	*irrabīʒ*	الربيع
été	*iṣṣēf*	الصيف
automne	*ilxarīf*	الخريف
hiver	*iššita*	الشتا
Je voudrais aller à Alexandrie en hiver.	*baḥibb arūḥ iskindiriyya fi -ššita.*	بحب اروح اسكندرية في الشتا.

jour férié	*3īd (a3yād)*	عيد (اعياد)
réveillon de Nouvel An	*lēlit rās issana*	ليلة راس السنة
le jour de l'An	*rās issana*	راس السنة
la Saint Valentin	*3īd ilvalentāyn* *3īd ilḥubb*	عيد الفالانتاين عيد الحب
le jour de l'Indépendance	*3īd ilʔistiqlāl*	عيد الاستقلال
Halloween	*ilhaluwīn*	الهالوين
Thanksgiving	*yōm iššukr*	يوم الشكر

Les dates pour les fêtes célébrées en Égypte sont précisées entre parenthèses.

Journée Nationale de la Police (25 Janvier)	*3īd iššurṭa*	عيد الشرطة
Jour de la Révolution de 2011 (25 Janvier)	*3īd sawrit xamsa wi 3išrīn yanāyir*	عيد ثورة ٢٥ يناير
Fête des Mères (21 Mars)	*yōm ilʔumm*	يوم الام
Sham el-Nessim (célébré au lendemain de la Pâques orthodoxe copte)	*šamm innisīm*	شم النسيم

Sham el-Nessim est une fête de printemps célébrée par tous les égyptiens, indépendamment de la religion. Les familles passent généralement la journée en plein air, pique-niquent et font des promenades.

Journée de la libération du Sinaï (25 Avril)	*3īd taɧrīr sīna*	عيد تحرير سينا
La fête du Travail (1er mai)	*3īd il3ummāl*	عيد العمال
Jour de la Révolution (23 Juillet)	*sawrit talāta wi 3išrīn yulyu*	ثورة ٢٣ يوليو
Wafaa el-Nil (crue du Nil) (15 Août)	*3īd wafāʔ innīl*	عيد وفاء النيل
Journée des Forces armées (6 Octobre)	*3īd ilquwwāt ilmusallaɧa*	عيد القوات المسلحة

Les fêtes musulmanes suivent le calendrier lunaire islamique, et peuvent donc tomber à différents moments de l'année.

le Ramadan	*ramaḑān*	رمضان
Eid Al-Fitr, la petite fête (3 jours)	*3īd ilfiṭr* *il3īd iṣṣuɣayyar*	عيد الفطر العيد الصغير
Aïd Al-Adha, la fête du Sacrifice, la grande fête (4 jours)	*3īd ilʔaḑɧa* *il3īd ilkibīr*	عيد الاضحى العيد الكبير
Mawlid (la naissance du Prophète Mohammad)	*il mawlid (innabawi)* *muld innabi*	المولد (النبوي) مولد النبي

Noël (en Égypte, les chrétiens coptes célèbrent Noël le 7 Janvier)	*3īd ilmilād* *ilkrismas*	عيد الميلاد الكريسماس
l'Epiphanie (célébrée en Janvier)	*ilɣuṭās*	الغطاس
Pâques (La Pâques copte peut être célébrée une semaine ou deux après la Pâques des chrétiens d'occident.)	*3īd ilʔiyāma*	عيد القيامة

an	*sana (sinīn)*	سنة (سنين)
il y a vingt ans	*min 3išrīn sana*	من عشرين سنة
l'année dernière	*issana illi fātit*	السنة اللي فاتت
cette année	*issanādi*	السنة دي
l'année prochaine	*issana -lgayya*	السنة الجاية
dans cinq ans	*ba3dᵊ xamas sinīn*	بعد خمس سنين

période, époque, âge	*3aṣr (3uṣūr)*	عصر (عصور)
décennie	*3aʔd (3uʔūd)*	عقد (عقود)
dans les années 80	*fi -ttamaninat*	في التمانينات
siècle	*qarn (qurūn)*	قرن (قرون)
au 19ème siècle, dans les années 1800	*fi -lqarn ittisa3tāšar*	في القرن التسعتاشر
millénaire	*alfiyya*	الفية

actuellement, de nos jours	*fi -lḫāḍir*	**في الحاضر**
maintenant	*dilwaʔti*	**دلوقتي**
dans le passé	*ʔablᵊ kida* *fi -lmāḍi*	**قبل كده** **في الماضي**
juste, juste maintenant	*lissa*	**لسه**
Je suis juste allé à la banque.	*ana kuntᵊ lissa fi -lbank.*	انا كنت لسه في البنك.
il y a longtemps, autrefois	*zamān*	**زمان**
dans le futur	*fi -lmustaʔbal*	**في المستقبل**
maintenant, tout de suite	*dilwaʔti ḫālan*	**دلوقتي حالا**
OK, je vais le faire tout de suite !	*tamām, ana ha3mal kida dilwaʔti ḫālan!*	تمام، انا هعمل كده دلوقتي حالا!
bientôt, dans quelque temps	*ba3dᵊ šwayya ṣuɣayyarīn* *kamān šuwayya*	**بعد شوية صغيرين** **كمان شوية**
Je vais me coucher tôt.	*ana dāxil issirīr ba3dᵊ šwayya ṣuɣayyarīn.* *ana hanām kamān šuwayya.*	انا داخل السرير بعد شوية صغيرين. انا هنام كمان شوية.
plus tard	*ba3dēn*	**بعدين**
un jour, un de ces jours	*fi yōm min ilʔayyām*	**في يوم من الايام**

heure	*sā3a*	**ساعة**
minute	*diʔīʔa (daʔāyiʔ)*	**دقيقة (دقايق)**
seconde	*sanya (sawāni)*	**ثانية (ثواني)**

Quelle heure est-il?	*issā3a kām?*	**الساعة كام؟**
Il est une heure pile.	*issā3a waħda.*	الساعة واحدة.
Il est deux heures.	*issā3a itnēn.*	الساعة اتنين.
Il est trois heures.	*issā3a talāta.*	الساعة تلاتة.
Il est trois heures **cinq.**	*issā3a talāta wi xamsa.*	الساعة تلاتة **و خمسة.**
Il est trois heures **dix.**	*issā3a talāta wi 3ašara.*	الساعة تلاتة **و عشرة.**
Il est trois heures **et quart.**	*issā3a talāta wi rub3.*	الساعة تلاتة **و ربع.**
Il est trois heures **vingt.**	*issā3a talāta wi tilt.*	الساعة تلاتة **و تلت.**
Il est trois heures **vingt-cinq.**	*issā3a talāta wi nuşş illa xamsa.*	الساعة تلاتة **و نص الا** خمسة.
Il est trois heures **et demie.**	*issā3a talāta wi nuşş.*	الساعة تلاتة **و نص.**
Il est quatre heures **moins vingt-cinq.**	*issā3a talāta wi nuşşᵊ w xamsa.*	الساعة تلاتة **و نص و خمسة.**
Il est quatre heures **moins vingt.**	*issā3a arba3a illa tilt.*	الساعة اربعة **الا تلت.**
Il est quatre heures **moins le quart.**	*issā3a arba3a illa rub3.*	الساعة اربعة **الا ربع.**
Il est quatre heures **moins dix.**	*issā3a arba3a illa 3ašara.*	الساعة اربعة **الا عشرة.**
Il est quatre heures **moins cinq.**	*issā3a arba3a illa xamsa.*	الساعة اربعة **الا خمسة.**
Il est presque quatre heures.	*issā3a daxla 3ala arba3a.* *issā3a arba3a taʔrīban.*	**الساعة داخلة على** اربعة. **الساعة** اربعة **تقريبا.**

Les expressions suivantes sont les équivalents arabes de 'du matin' et 'de l'après-midi' Les heures pour lesquelles chaque expression est couramment utilisée sont répertoriées. Il y a un certain chevauchement, permettant plus d'une expression pour certains moments de la journée.

dans la matinée (4-11 heures du matin)	*iṣṣubḫ*	**الصبح**
9 heures du matin	*issā3a tis3a -ṣṣubḫ*	الساعة تسعة الصبح
dans l'après midi (de midi à 15 heures)	*iḍḍuhr*	**الضهر**
15 heures	*issā3a talāta -ḍḍuhr*	الساعة تلاتة الضهر
dans l'après midi (de 15 à 18 heures)	*il3aṣr*	**العصر**
dans la soirée (de 17 à 19 heures)	*ilmaɣrib*	**المغرب**
dans la nuit (de 19 heures à trois heures)	*bi-llēl*	**بالليل**
le matin (de trois à 6 heures du matin)	*ilfagr*	**الفجر**

à quelle heure, quand	*issā3a kām*	**الساعة كام**
À quelle heure te lèves-tu ?	*bitiṣḫa -ssā3a kām?*	بتصحى الساعة كام؟
à __ heures	*issā3a __* *il__*	**الساعة __** **الـ __**
autour de __ heures	*ḫawāli -ssā3a __* *3a-ssā3a __* *kida -ssā3a __*	**حوالي الساعة __** **ع الساعة __** **كده الساعة __**
Je me lève généralement vers sept heures.	*ana fi -l3āda baṣḫa 3a-ssab3a.*	انا في العادة بصحى عالسبعة.
à __ heures précises	*issā3a __ bi-ẓẓabṭ*	**الساعة __ بالظبط**

de bonne heure	*badri*	**بدري**
Je suis rentré de l'école tôt aujourd'hui.	*rawwaħt ilbēt badri min ilmadrasa innaharda.*	روحت البيت بدري من المدرسة النهارده.
en retard	*mitʔaxxar* *waxri*	**متأخر** **وخري**
Il est rentré tard dans la nuit.	*rigi3 ilbēt bi-llēl mitʔaxxar.*	رجع البيت بالليل متأخر.

depuis	*min*	**من**
Je vis au Caire depuis 2010.	*ana 3āyiš fi -lqāhira min alfēn wi 3ašara.*	انا عايش في القاهرة من الفين و عشرة.
pour	*baʔālu*	**بقاله**
J'apprends l'arabe depuis deux ans.	*bat3allim 3arabi baʔāli sanatēn.*	بتعلم عربي بقالي سنتين.
jusqu'à	*li-ħadd*	**لحد**
J'ai regardé la télévision jusqu'à onze heures.	*itfarragtᵊ 3ala -ttilivizyōn li-ħadd issā3a ħidāšar.*	اتفرجت على التلفزيون لحد الساعة حداشر.

51 Les Pronoms

je	*ana*	**انا**
nous	*iħna*	**احنا**
tu, vous (masculin)	*inta* [m. sing.]	**انت**
tu, vous (féminin)	*inti* [f. sing.]	**انتي**
vous (pluriel)	*intu* [pl.]	**انتو**

il	*huwwa*	**هو**
elle	*hiyya*	**هي**
ils	*humma*	**هما**

ce ; ceci, cela, ça	*da*	**ده**
cette ; ces ; ceux-ci, ceux-là	*di*	**دي**
ces ; celles-ci, celles-là	*dōl*	**دول**

tout le monde	*kull innās*	**كل الناس**
Tout le monde a besoin d'amis.	*kull innās miђtagīn aşђāb.*	كل الناس محتاجين اصحاب.
quelqu'un	*ђadd*	**حد**
Il y a quelqu'un à la porte.	*fī ђaddᵊ 3ala -lbāb.*	فيه حد على الباب.
n'importe qui	*ayyᵊ ђadd*	**اي حد**
N'importe qui peut le faire.	*ayyᵊ ђaddᵊ mumkin yi3mal kida.*	اي حد ممكن يعمل كده.
personne	*ma-ђaddiš* *ma-fīš ђadd*	**محدش** **مفيش حد**
Personne ne vit éternellement.	*ma-ђaddiš biy3īš li-lʔabad.*	محدش بيعيش للابد.

tout	*kullᵊ ђāga* *kullu*	**كل حاجة** **كله**
Tout est prêt.	*kullᵊ ђāga gahza.*	كل حاجة جاهزة.

quelque chose	*ɧāga*	**حاجة**
Je veux manger quelque chose de sucré.	*3āyiz ākul ɧāga msakkira.*	عايز آكل حاجة مسكرة.
n'importe quoi	*ayyᵊ ɧāga*	**اي حاجة**
Que veux-tu manger ? - Tout me va.	*3āyiz tākul ʔē? - ayyᵊ ɧāga.*	عايز تاكل ايه؟ - اي حاجة.
rien	*wala ɧāga*	**ولا حاجة**
Qu'as-tu acheté ? - Rien !	*ištarēt ʔē? - wala ɧāga.*	اشتريت ايه؟ - ولا حاجة.

52 Les Particules Interrogatives

quoi	*ʔē*	**ايه**
Qu'est-ce que c'est ?	*ʔē da?*	ايه ده؟
Qu'est-ce que tu veux ?	*inta 3āyiz ʔē?*	انت عايز ايه؟
qui	*mīn*	**مين**
Qui t'as dit ça ?	*mīn ʔallak kida?*	مين قالك كده؟
À qui l'as-tu dit ?	*inta ʔultᵊ l-mīn?*	انت قلت لمين؟
lequel __ ; laquelle __	*anhi __*	**انهي __**
Quel film veux-tu voir ?	*3āyiz tišūf anhi film?*	عايز تشوف انهي فيلم؟
où	*fēn*	**فين**
Où habites-tu ?	*inta 3āyiš fēn?*	**انت عايش فين؟**
quand	*imta*	**امتى**
Quand pars-tu en vacances ?	*hatiţla3 agāza imta?*	هتطلع اجازة امتى؟

à quelle heure	*issā3a kām*	**الساعة كام**
À quelle heure es-tu arrivé ici ?	*inta gīt hina issā3a kām?*	انت جيت هنا الساعة كام؟
comment	*izzāy*	**ازاي**
Comment fais-tu d'habitude pour te rendre au travail ?	*bitrūḫ iššuɣl izzāy fi-l3ādi?*	بتروح الشغل ازاي في العادي؟
pourquoi	*lē*	**ليه**
Pourquoi es-tu en retard ?	*it?axxartᵊ lē?*	اتأخرت ليه؟
combien	*kām*	**كام**
Lorsque كام *kām* precède un nom, il est prononcé kam.		
Combien de personnes y a-t-il dans ta famille ?	*fī kam fardᵊ f 3iltak?*	فيه كام فرد في عيلتك؟
Combien ça coûte ?	*bi-kām da?*	بكام ده؟
combien ; combien de temps ; quelle quantité	*?addᵊ ?ē*	**اد ايه**
Combien d'eau y at-il dans la bouteille ?	*fī mayya ?addᵊ ?ē guwwa -l?izāza?*	فيه مية اد ايه جوه الازازة؟
Combien de personnes sont mortes pendant la révolution ?	*nās ?addᵊ ?ē mātit fi -ssawra?*	ناس اد ايه ماتت في الثورة؟
Combien de temps te faut-il pour aller au travail ?	*inta btāxud ?addᵊ ?ē 3ašān tiwṣal iššuɣl?*	انت بتاخد اد ايه عشان توصل الشغل؟
Depuis quand es-tu marié ?	*inta mitgawwiz ba?ālak ?addᵊ ?ē?*	انت متجوز بقالك اد ايه؟
Combien mesure ce tapis ?	*ṭūl issiggāda di ?addᵊ ?ē?*	طول السجادة دي اد ايه؟
quel âge	*kam sana*	**كام سنة**
Quel âge as-tu ?	*3andak kam sana?*	انت عندك كام سنة؟

de quelle taille	*misaħtu ʔaddᵊ ʔē*	**مساحته اد ايه**
Quelles sont les dimensions de ta maison ?	*bētak misaħtu ʔaddᵊ ʔē?*	بيتك مساحته اد ايه؟
à quelle distance	*ilmasāfa ʔaddᵊ ʔē*	**المسافة اد ايه**
Quelle est la distance d'ici au centre-ville ?	*ilmasāfa ʔaddᵊ ʔē min hina l-wisṭ ilbalad?*	المسافة اد ايه من هنا لوسط البلد؟
à quelle fréquence, tous les combien	*kullᵊ ʔaddᵊ ʔē*	**كل اد ايه**
Tu t'entraînes tous les combiens ?	*bititmarran kullᵊ ʔaddᵊ ʔē?*	بتتمرن كل اد ايه؟

53 Les Adverbes

doucement	*bi-rāħa*	بالراحة
rapidement	*bi-sur3a*	بسرعة
particulièrement	*xuṣūṣan*	خصوصا
au moins	*3ala -lʔaʔall*	على الاقل
presque, autour de, environ	*taʔrīban*	تقريبا
encore, de nouveau	*tāni*	تاني
tout seul, en solo	*liwaħdu*	لوحده
également, aussi	*barḍu*	برضه

ici	*hina*	هنا
là	*hināk*	هناك

partout	*fī kullᵊ makān*	**في كل مكان**
Je le vois partout.	*ana bašūfu fi kullᵊ makān.*	انا بشوفه في كل مكان.
quelque part	*ɧitta* *makān*	**حتة** **مكان**
Je veux aller quelque part où l'on s'amuse.	*3āyiz arūɧ ɧitta mumti3a.*	عايز اروح حتة ممتعة.
n'importe où	*ayyᵊ makān*	**اي مكان**
Tu peux l'acheter n'importe où.	*mumkin tištarī min ayyᵊ makān.*	ممكن تشتريه من اي مكان.
nulle part	*ma-fīš makān*	**مفيش مكان**
Aucun endroit n'est sûr.	*ma-fīš makān ʔamān.*	مفيش مكان امان.

toujours	*dayman* *3ala ţūl*	**دايما** **على طول**
Elle fait toujours ses devoirs.	*hiyya 3ala ţūl bit3amal ilwāgib.*	هي على طول بتعمل الواجب.
un de ces quatre	*fi marra*	**في مرة**
Allons prendre un café un de ces quatre.	*ma tīgi nišrab ʔahwa f- marra.*	ما تيجي نشرب قهوة في مرة.
de temps en temps	*aɧyānan* *sa3āt*	**احيانا** **ساعات**
Il m'arrive de me lever tard.	*ana sa3āt başɧa mitʔaxxar.*	انا سعات بصحى متأخر.
à n'importe quelle heure, n'importe quand	*ayyᵊ waʔt*	**اي وقت**

Tu peux m'appeler à n'importe quelle heure.	*mumkin tikallimni fi ayyᵊ waʔt.*	ممكن تكلمني في اي وقت.
jamais	*3umru ma-*	**عمره ما**
Je ne prends jamais de petit déjeuner.	*3umri ma bafṭar.*	عمري ما بفطر.
Ils n'ont jamais quitté l'Égypte.	*3umruhum ma safru barra maṣr.*	عمرهم ما سافروا بره مصر.
en général, habituellement	*3ādatan* *fi -l3ādi* *3umūman*	**عادة** **في العادي** **عموما**
Je vais habituellement au travail en voiture, mais il m'arrive parfois de marcher.	*ana 3ādatan barūɧ iššuɣlᵊ bi-l3arabiyya, bass aɧyānan bamši.*	انا عادةً بروح الشغل بالعربية، بس احيانا بمشي.
souvent	*kitīr* *ɣāliban*	**كتير** **غالبا**
Je le vois souvent au café.	*ana bašūfu ktīr fi -lʔahwa.*	انا بشوفه كتير في القهوة.
d'une manière ou d'une autre	*ma-3rafš izzāy*	**معرفش ازاي**
D'une manière ou d'une autre, le chat est entré dans la maison.	*ma-3rafš izzāy ilʔuṭṭa daxalit ilbēt.*	معرفش ازاي القطة دخلت البيت.
très	*ʔawi* *giddan* *xāliṣ*	**اوي** **جدا** **خالص**
très bon	*kuwayyis giddan*	كويس جدا

assez __	*kifāya*	**كفاية**
assez grand	*kibīr kifāya*	كبير كفاية
trop __	*__ ʔawi*	**__ اوي**
trop grand	*kibīr ʔawi*	كبير اوي
trop de __	*kitīr ʔawi*	**كتير اوي**
trop d'argent	*filūs kitīr ʔawi*	فلوس كتير اوي
trop de gens	*nās kitīr ʔawi*	ناس كتير اوي

bien	*kuwayyis*	**كويس**
Elle parle bien l'arabe.	*hiyya btitkallim 3arabi kuwayyis.*	هي بتتكلم عربي كويس.

encore	*lissa*	**لسه**
J'ai encore faim.	*ana lissa ga3ān.*	انا لسه جعان.

pas encore	*li-ɦaddᵊ dilwaʔti* *lissa*	**لحد دلوقتي** **لسه**
Il est pas encore là ?	*huwwa lissa ma-gāš li-ɦaddᵊ dilwaʔti?*	هو لسه مجاش لحد دلوقتي؟
Je n'ai pas encore fini mon café.	*ma-xallaştiš ʔahwati li-ɦaddᵊ dilwaʔti.* *ana lissa ma-xallaştiš ʔahwati.*	مخلصتش قهوتي لحد دلوقتي. انا لسه مخلصتش قهوتي.

déjà	*xalāş*	**خلاص**

Je te l'ai déjà dit !	*ana ʔultilak xalāṣ!*	انا قلتلك خلاص!
J'ai déjà pris mon déjeuner.	*ana -tɣaddēt xalāṣ.*	انا اتغديت خلاص.

juste	*lissa* *yadūb*	**لسه** **يادوب**
Je viens juste de manger.	*ana lissa wākil.*	انا لسه واكل.
Je viens juste de te le dire !	*ana lissa yadūb ʔaylak.*	انا لسه يادوب قايلك!

dedans, à l'intérieur	*guwwa*	**جوه**
Il fait chaud aujourd'hui. Restons à l'intérieur.	*iddunya ɧarr innaharda. xallīna guwwa aɧsan.*	الدنيا حر النهارده. خلينا جوه احسن.
dehors, à l'extérieur	*barra*	**بره**
Asseyons-nous à l'extérieur.	*yalla nuʔ3ud barra.*	يلا نقعد بره.
à l'étranger, outre-mer	*barra (-lbalad)*	**بره (البلد)**
Est-ce qu'il vit à l'étranger ?	*huwwa 3āyiš barra -lbalad?*	هو عايش بره البلد؟
Je pars à l'étranger la semaine prochaine.	*ana msāfir barra -lʔisbū3 ilgayy.*	انا مسافر بره الاسبوع الجاي.

en haut	*fōʔ*	**فوق**
Viens à l'étage !	*iţla3 fōʔ!*	اطلع فوق!
en bas	*taɧt*	**تحت**

54 Les Conjonctions

et	*wi*	**و**
ou	*aw*	**او**
mais	*bass*	**بس**
si	*law*	**لو**
que	*inn*	**ان**
parce que, car	*3ašān* *3alašān*	**عشان** **علشان**
Je suis fatigué aujourd'hui parce que je me suis couché tard la nuit dernière.	*ana ta3bān innaharda 3ašān nimtᵊ mitʔaxxar imbāriḫ.*	انا تعبان النهارده عشان نمت متأخر امبارح.
Je me sens bien parce que je fais de l'exercice chaque jour.	*ana kwayyis 3ašān batmarran kullᵊ yōm.*	انا كويس عشان بتمرن كل يوم.
donc, alors	*3ašān kida*	**عشان كده**
Je me suis couché tard la nuit dernière, alors aujourd'hui je suis fatigué .	*ana nimtᵊ mitʔaxxar imbāriḫ, 3ašān kida ana ta3bān innaharda.*	انا نمت متأخر امبارح، عشان كده انا تعبان النهارده.
pour, dans le but de, afin de	*3ašān* *3alašān*	**عشان** **علشان**
Tu dois étudier dur pour bien apprendre l'arabe.	*lāzim tizākir kuwayyis 3ašān tit3allim il3arabi kwayyis.*	لازم تذاكر كويس عشان تتعلم العربي كويس.

Nous avons dû quitter la maison tôt pour arriver à l'heure.	*lāzim nimši min ilbēt badri 3ašān niwṣal fi mi3adna.*	لازم نمشي من البيت بدري عشان نوصل في ميعادنا.
après que, après avoir..., quand	*ba3dᵊ ma*	**بعد ما**
J'ai dîné après être rentré hier soir.	*it3aššēt ba3dᵊ ma rawwaḫt ilbēt imbāriḫ bi-llēl.*	اتعشيت بعد ما روحت البيت امبارح بالليل.
Je dîne toujours quand je rentre chez moi.	*ana dayman bit3ašša ba3dᵊ ma -rawwaḫ ilbēt.*	انا دايما بتعشى بعد ما اروح البيت.
Je dînerai après être rentré chez moi ce soir.	*hat3ašša ba3dᵊ ma -rawwaḫ ilbēt innaharda bi-llēl.*	هتعشى بعد ما اروح البيت النهارده بالليل.
avant que, avant de	*ʔablᵊ ma*	**قبل ما**
Il a ouvert la fenêtre avant de se coucher la nuit dernière.	*huwwa fataḫ iššubbāk ʔablᵊ ma ynām imbāriḫ.*	هو فتح الشباك قبل ما ينام امبارح.
Il ouvre toujours la fenêtre avant de se coucher.	*huwwa dayman biyiftaḫ iššubbāk ʔablᵊ ma ynām.*	هو دايما بيفتح الشباك قبل ما ينام.
Il va ouvrir la fenêtre avant d'aller au lit ce soir.	*huwwa hayiftaḫ iššubbāk ʔablᵊ ma ynām innaharda.*	هو هيفتح الشباك قبل ما ينام النهارده.
jusqu'à ce que, au moment où	*li-ḫaddᵊ ma*	**لحد ما**
J'ai vécu à Alexandrie jusqu'à l'obtention de mon diplôme de l'université.	*ana 3ištᵊ f- iskindiriyya l-ḫaddᵊ ma -txarragtᵊ min ilgam3a.*	انا عشت في اسكندرية لحد ما اتخرجت من الجامعة.
Je vais rester dans un hôtel jusqu'à ce que je trouve un appartement.	*ana hanzil fi funduʔ li-ḫaddᵊ ma -lāʔi šaʔʔa.*	انا هنزل في فندق لحد ما الاقي شقة.

Il était neuf heures quand il s'est levé.	*li-ђaddᵊ ma ș(i)ђi min innōm kānit issā3a baʔit tis3a.*	لحد ما صحي من النوم كانت الساعة بقت تسعة.
pendant que, en même temps que	*wi*	**و**
Je faisais mes devoirs pendant que je regardais la télévision.	*ana 3amalt ilwāgib wi ana batfarrag 3ala -ttilivizyōn.*	انا عملت الواجب و انا بتفرج على التلفزيون
si	*law*	**لو**
Si j'ai assez d'argent, je l'achéterai.	*law kān ma3āya flūs kifāya, haštarīha.*	لو كان معايا فلوس كفاية هشتريها.
Si j'avais assez d'argent, je l'achèterais.	*law kān ma3āya flūs kifāya, kuntᵊ haštarīha.*	لو كان معايا فلوس كفاية كنت هشتريها.
Si j'avais eu assez d'argent, je l'aurais acheté.	*law kān ma3āya flūs kifāya, kunt ištaritha.*	لو كان معايا فلوس كفاية كنت اشتريتها.
lorsque, quand	*lamma* *imta*	**لما** **امتى**
Quand nous sommes rentrés du travail, nous sommes allés directement au lit.	*lamma rawwaђna -lbēt min iššugl, nimna 3ala ţūl.*	لما روحنا البيت من الشغل نمنا على طول.
Je ne sais pas quand ils vont venir.	*ana ma-3rafš humma gayyīn imta.*	انا معرفش هما جايين امتى.
où	*fēn*	**فين**
Je ne peux pas me rappeler où j'ai mis mes clés.	*ana miš fākir ђaţţēt ilmafatīђ fēn.*	انا مش فاكر حطيت المفاتيح فين.

pourquoi	*lē*	**ليه**
Sais-tu pourquoi il a dit ça ?	*ti3raf huwwa ʔāl kida lē?*	تعرف هو قال كده ليه؟
qui	*mīn*	**مين**
Je veux savoir qui a fait ça.	*3āyiz a3raf mīn illi 3amal kida.*	عايز اعرف مين اللي عمل كده.
ce que	*illi* *ʔē*	**اللي** **ايه**
Je veux savoir ce que tu as fait.	*ana 3āyiz a3raf inta 3amaltᵊ ʔē.*	انا عايز اعرف انت عملت ايه؟
Je sais ce que tu as fait.	*ana 3ārif illi -nta 3amaltu.*	انا عارف اللي انت عملته.

55 Les Prépositions

à, dans, sur	*fi* *f-*	**في** **ف**
à l'intérieur de ; dans	*guwwa*	**جوه**
dans la boîte	*guwwa -ṣṣandūʔ*	جوه الصندوق
en dehors de ; hors de	*barra*	**بره**
sur	*3ala*	**على**
sur la table	*3ala -ṭṭarabēza*	على الطرابيزة
Il est tombé sur le capot de la voiture.	*huwwa wiʔi3 3ala kabbūt il3arabiyya.*	هو وقع على كبوت العربية.
à	*li-*	**لـ**

de	*min* *mi-*	**من** **مـ**
de ma maison à l'école	*min bēti li-lmadrasa*	من بيتي للمدرسة
au-dessus, par-dessus	*fōʔ* *min fōʔ*	**فوق** **من فوق**
Le tableau est accroché au-dessus du canapé.	*illōḫa mit3allaʔa fōʔ ilkanaba.*	اللوحة متعلقة فوق الكنبة.
L'avion a survolé les montagnes.	*iṭṭayyāra ṭārit fōʔ ilgibāl.*	الطيارة طارت فوق الجبال.
Il a sauté par-dessus la clôture.	*huwwa naṭṭᵊ min fōʔ issūr.*	هو نط من فوق السور.

sous, au-dessous	*taḫt*	**تحت**
sous la table	*taḫt iṭṭarabēza*	تحت الطرابيزة
entre	*bēn*	**بين**
Le bureau de poste est situé entre la banque et le supermarché.	*maktab ilbarīd bēn ilbank w issuper market.*	مكتب البريد بين البنك و السوبر ماركت.
près de, à proximité de	*ʔurayyib min*	**قريب من**
Le Sphinx est près des Pyramides.	*abū -lhōl ʔurayyib min ilʔahramāt.*	ابو الهول قريب من الاهرامات.
loin de	*bi3īd (bu3ād) 3an*	**بعيد (بعاد) عن**
Assouan est loin d'Alexandrie.	*aswān bi3īda 3an iskindiriyya.*	اسوان بعيدة عن اسكندرية.
à côté de ; le long de	*gamb*	**جنب**

Il y a un café à côté de mon bureau.	*fī ʔahwa gambᵊ maktabi.*	فيه قهوة جنب مكتبي.
Nous avons marché le long de la rivière.	*mišēna gamb innahr.*	مشينا جنب النهر.
en face de ; de l'autre côté de, opposé à	*ʔuddām*	**قدام**
Je me suis assis en face de la télé.	*ana ʔa3adtᵊ ʔuddām ittilivizyōn.*	انا قعدت قدام التلفزيون.
Il était assis en face de l'interviewer.	*huwwa ʔa3ad ʔuddām iššaxṣ illi byi3malu muʔabla.*	هو قعد قدام الشخص اللي بيعمله مقابلة.
derrière	*wara*	**ورا**
Je me suis garé derrière la maison.	*ana rakant il3arabiyya wara -lbēt.*	انا ركنت العربية ورا البيت.
autour de	*ḫawalēn*	**حوالين**
Il y a une clôture autour de la maison.	*fī sūr ḫawalēn ilbēt.*	فيه سور حوالين البيت.
par, à travers	*min guwwa*	**من جوه**
Le train a traversé le tunnel.	*ilʔaṭrᵊ 3adda min guwwa -nafaʔ.*	القطر عدى من جوه النفق.

Souvent, un verbe suivi ou non d'une préposition particulière en français va se traduire par un verbe sans une préposition en arabe.

Il a traversé la rivière à la nage.	*3adda -nnahrᵊ 3ōm.*	عدى النهر عوم.
Ne descends pas de l'échelle.	*ma-tinziliš issillim da.*	متنزلش السلم ده.
Le chat a grimpé dans l'arbre.	*ilʔuṭṭa ṭil3it iššagara.*	القطة طلعت الشجرة.
au bas de	*min 3ala*	**من على**
Le chat est descendu (au bas) de l'arbre.	*ilʔuṭṭa nizlit min 3ala -ššagara.*	القطة نزلت من على الشجرة.

Le livre est tombé de la table.	*ilkitāb wiʔi3 min 3ala -ṭṭarabēza.*	الكتاب وقع من على الطرابيزة.
(passer) devant	*min ʔuddām* *min gamb*	**من قدام** **من جنب**
Je suis passé devant le restaurant.	*ana mšīt min ʔuddām ilmaṭ3am.*	انا مشيت من قدام المطعم.

Les prépositions sont très idiomatiques, ce qui les rend notoirement difficiles à traduire. Remarquez comment «contre» est traduit dans les phrases suivantes par «sur» et «devant» en arabe.

Il se pencha contre la voiture.	*huw wa sanad 3ala -l3arabiyya.*	هو سند على العربية.
Le table est contre le mur.	*iṭṭarabēza ʔuddām ilḫēṭa.*	الطرابيزة قدام الحيطة.
vers	*naḫyit*	**ناحية**
Il a couru vers la porte.	*huwwa giri naḫyit ilbāb.*	هو جري ناحية الباب.
Le train se dirige vers le Caire.	*ilʔaṭr rāyiḫ naḫyit ilqāhira.*	القطر رايح ناحية القاهرة.
avec	*ma3a*	**مع**
J'ai dîné avec mes amis.	*it3aššēt ma3a -ṣḫābi.*	اتعشيت مع اصحابي.
par, en, à ; avec	*bi-*	**بـ**
Je me suis rendu au travail en bus.	*ana gīt iššuɣlᵊ bi-lbāṣ.*	انا جيت الشغل بالباص.
Elle a écrit la lettre à la main.	*hiyya katabit ilgawāb bi-idha.*	هي كتبت الجواب بايدها.
Elle a écrit la lettre avec un crayon.	*hiyya katabit ilgawāb bi-ʔalam ruṣāṣ.*	هي كتبت الجواب بقلم رصاص.
sans	*min ɣēr*	**من غير**
Je ne peux pas vivre sans toi.	*ma-ʔdarš a3īš min ɣērak.*	مقدرش اعيش من غيرك.

56 Les Verbes

Les verbes courants qui suivent ne rentrent pas parfaitement dans les autres catégories. Si vous ne trouvez pas un verbe ici, essayez l'index à la fin du livre pour voir s'il est mentionné dans une autre catégorie. En outre, vous pouvez trouver plus de 1000 verbes repris dans l'index des verbes de l'ouvrage *Egyptian Colloquial Arabic Verbs: Conjugation Tables and Grammar* publié par Lingualism.

abandonner, déserter	*hagar* [1s3]	هجر
accepter	*wāfiʔ* [3s]	وافق
accompagner	*rāɧ* [1h1] *ma3a* *miši* [1d5] *ma3a*	راح مع مشي مع
ajuster	*ẓabbaṭ* [2s2]	ظبط
admettre	*i3taraf* [8s1]	اعترف
conseiller, recommander	*naṣaɧ* [1s1]	نصح
affecter	*assar* [2s2] *3ala*	اثر على
autoriser	*samaɧ* [1s1]	سمح
répondre	*raddᵊ* [1g2] *3ala* *gāwib* [3s] *3ala*	رد على جاوب على
s'excuser de	*i3tazar* [8s1] *3an*	اعتذر عن
apparaître	*ẓahar* [1s1]	ظهر
apprécier	*qaddar* [2s2]	قدر
approuver	*riḍi* [1d4] *bi-*	رضي بـ
arranger, organiser	*naẓẓam* [2s2]	نظم
monter, s'élever	*ṭili3* [1s4]	طلع

demander	*saʔal* [1s1]	سأل
assister	*ɧaɖar* [1s1]	حضر
être	*kān* [1h1]	كان
pouvoir, savoir	*ʔidir* [1s4] *3irif* [1s4]	قدر عرف
Sais-tu nager ?	*ti3raf ti3ūm?*	تعرف تعوم؟
Je ne comprends pas un mot de ce que tu dis.	*ma-ʔdarš afham ɧāga min kalāmak.*	مقدرش افهم حاجة من كلامك.
devenir, être	*baʔa* [1d1]	بقى
mendier	*itwassil* [5s1]	اتوسل
commencer, démarrer	*badaʔ* [1s1]	بدأ
se comporter	*iɧtaram* [8s1]	احترم
parier	*rāhin* [3s]	راهن
blâmer __ pour	*lām* [1h1] *__ 3ala*	لام __ على
briser	*kasar* [1s1]	كسر
apporter, obtenir	*gāb* [1h2]	جاب
brûler	*ɧaraʔ* [1s1]	حرق
prendre soin de	*ihtamm* [8g]	اهتم
transporter, soulever, ramasser, prendre	*šāl* [1h2]	شال
A t-elle porté la boîte jusqu'à la cuisine ?	*hiyya šālit iṣṣandūʔ li-lmaʈbax?*	هي شالت الصندوق للمطبخ؟
Il a soulevé l'enfant.	*šāl iʈʈifl.*	شال الطفل.

Il a pris le livre de la table.	*huwwa šāl ilkitāb min 3ala -ṭṭarabēza.*	هو شال الكتاب من على الطرابيزة.
changer	*ɣayyar* [2s2]	غير
changer, être changé	*itɣayyar* [5s2]	اتغير
chasser, poursuivre	*ṭārid* [3s]	طارد
tricher, tromper	*ɣašš* [1g3]	غش
acclamer, encourager	*šagga3* [2s2]	شجع
choisir	*ixtār* [8h]	اختار
monter, grimper	*ṭili3* [1s4]	طلع
fermer, verrouiller	*ʔafal* [1s2]	قفل
venir	*gih* [i1]	جه
comparer	*qārin* [3s]	قارن
contacter	*ittaṣal* [8s1] *bi-*	اتصل بـ
continuer	*kammil* [2s1]	كمل
décliner	*rafaḍ* [1s3]	رفض
diminuer, réduire	*ʔall* [1g3]	قل
demander	*ṭalab* [1s3]	طلب
nier	*nakar* [1s2]	نكر
descendre	*nizil* [1s5]	نزل
décrire	*waṣaf* [1s2]	وصف
concevoir	*ṣammim* [2s1]	صمم
différer	*ixtalaf* [8s1]	اختلف
disparaître	*ixtafa* [8d]	اختفى

faire, fabriquer	*3amal* [1s2]	عمل
lâcher, laisser tomber	*waʔʔa3* [2s2]	وقع
Il a laissé tomber son livre.	*waʔʔa3 kitābu.*	وقع كتابه.
modifier, rectifier	*ḫarrar* [2s2] *3addil* [2s1]	حرر عدل
exprimer	*3abbar* [2s2] *3an*	عبر عن
Je ne sais pas très bien m'exprimer en arabe.	*ma-baʔdarš a3abbar 3an nafsi bi-l3arabi kuwayyis.*	مبقدرش اعبر عن نفسي بالعربي كويس.
tomber ; survenir	*wiʔi3* [i5]	وقع
trouver	*lāʔa* [3d], *laʔa* [i4]	لاقى، لقى
finir, terminer	*intaha* [8d]	انتهى
mettre un terme, achever, accomplir	*xallaṣ* [2s2] *naha* [1d2]	خلص نهى
arranger	*ṣallaḫ* [2s2]	صلح
flotter	*ṭafa* [1d2]	طفا
Le ballon flotte dans l'eau.	*ilkōra btiṭfu fōʔ ilmayya.*	الكورة بتطفو فوق المية.
obtenir, prendre, recevoir	*ḫaṣal* [1s1] *3ala*	حصل على
donner	*idda* [i2]	ادى
aller	*rāḫ* [1h1]	راح
se passer, arriver	*gara* [1d1] *ḫaṣal* [1s1]	جرى حصل
avoir	*kān* [1h1] *3andu*	كان عنده

aider	*sā3id* [3s]	ساعد
frapper	*ḍarab* [1s1] *xabaṭ* [1s1]	ضرب خبط
imaginer	*itxayyil* [5s1]	اتخيل
avoir l'intention de	*nawa* [1d2]	نوى
J'ai l'intention de réussir dans mon travail.	*ana nāwi angaɧ fi šuɣli.*	انا ناوي انجح في شغلي.
sauter	*naṭṭ* [1g2]	نط
continuer (de faire)	*istamarrᵊ* [10g1] *fi-* *fiḍil* [1s4]	استمر في فضل
quitter	*sāb* [1h2]	ساب
mentir	*kidib* [1s5]	كدب
habiter	*3āš* [1h2]	عاش
regarder	*baṣṣᵊ* [1g2] *li-*	بص لـ
perdre	*xisir* [1s4]	خسر
signifier	*ʔaṣad* [1s3]	قصد
bouger	*itɧarrak* [5s2]	اتحرك
Il n'a pas bougé depuis dix minutes.	*huwwa ma-tɧarrakšbaʔālu 3ašar daʔāyiʔ.*	هو متحركش بقاله عشر دقايق.
bouger, déplacer	*ɧarrak* [2s2]	حرك
Je ne peux pas bouger ma jambe !	*miš ʔādir aɧarrak rigli!*	مش قادر احرك رجلي!
ouvrir	*fataɧ* [1s1]	فتح
ordonner, commander	*amar* [1s3]	امر

commander, solliciter	*ṭalab* [1s3]	طلب
passer, passer devant	*3adda* [2d]	عدى
préparer	*gahhiz* [2s1]	جهز
interdire	*mana3* [1s1]	منع
punir	*3āqib* [3s]	عاقب
mettre, poser, placer	*ɧaṭṭ* [1h1]	حط
Il a posé le livre sur la table.	*huwwa ɧaṭṭ ilkitāb 3ala -ṭṭarabēza.*	هو حط الكتاب على الطربيزة.
dire, raconter	*ʔāl* [1h1]	قال
montrer	*warra* [2d]	ورى
couler	*ɣiriʔ* [1s4]	غرق
Le Titanic a coulé il y a plus de cent ans.	*ittaytānik ɣirʔit min aktar min mīt sana.*	التايتانيك غرقت من اكتر من مية سنة.
rester	*istanna* [10.2i] *ʔa3ad* [1s3]	استنى قعد
réussir	*nigiɧ* [1s4]	نجح
suggérer, proposer	*iqtaraɧ* [8s1]	اقترح
prendre	*axad* [i3] *xad* [i3]	اخد خد
pleurer	*mazzaʔ* [2s2]	مزق
remercier	*šakar* [1s3]	شكر
attacher	*rabaṭ* [1s3]	ربط
toucher	*lamas* [1s2]	لمس

essayer, tenter	*ḫāwil* [3s]	حاول
essayer (quelque chose)	*garrab* [2s2]	جرب
utiliser	*ista3mil* [10s1] *istaxdim* [10s1]	استعمل استخدم
attendre	*istanna* [10.2i]	استنى
marcher, partir, quitter	*miši* [1d5]	مشي
accueillir, saluer	*raḫḫab* [2s2]	رحب

57 Les Adjectifs

Les adjectifs communs suivants ne correspondaient pas parfaitement avec les autres catégories. Si vous ne trouvez pas un adjectif ci-après, essayez l'index à la fin du livre pour voir s'il est indiqué dans une autre catégorie.

bon	*kuwayyis*	كويس
mauvais	*wiḫiš*	وحش
dur	*ṣulb*	صلب
doux	*ṭari*	طري
difficile, dur	*ṣa3b*	صعب
facile	*sahl*	سهل
important	*muhimm*	مهم
nécessaire	*ḍarūri*	ضروري
fort	*qawi (aqwiya)*	قوي (اقويا)
faible	*ḍa3īf (ḍu3afa)*	ضعيف (ضعفا)
profond	*3amīq*	عميق

peu profond	*ɖaɦl*	**ضحل**
long ; grand (de taille)	*ţawīl (ţuwāl)*	**طويل (طوال)**
Il est très grand.	*huwwa ţawīl ʔawi.*	هو طويل اوي.
court ; petit (de taille)	*ʔuşayyar (ʔuşār)*	**قصير (قصار)**
Elle est assez petite.	*hiyya ʔuşayyara ʔawi.*	هي قصيرة اوي.
vieux, antique	*ʔadīm (ʔudām)*	**قديم (قدام)**
neuf	*gidīd (gudād)*	**جديد (جداد)**
clair, évident	*wāɖiɦ*	**واضح**
Sa réponse a été très claire.	*igabtu kānit waɖɦa giddan.*	اجابته كانت واضحة جدا.
pas clair, imprécis	*miš wāɖiɦ*	**مش واضح**
propre	*niɖīf (nuɖāf)*	**نضيف (نضاف)**
sale	*wisix*	**وسخ**
lourd	*tiʔīl*	**تقيل**
léger	*xafīf (xufāf)*	**خفيف (خفاف)**
prêt	*gāhiz*	**جاهز**
Es-tu déjà prêt ?	*inta gāhiz?*	انت جاهز؟
Je suis prêt !	*ana gāhiz!*	**انا جاهز!**
avoir raison	*şaɦɦ* [invar.] *3andu ɦaʔʔ*	**صح** **عنده حق**
Oui, tu as raison !	*aywa. inta şaɦɦ!*	ايوه. انت صح!
dans l'erreur (personne)	*ɣalţān*	**غلطان**
Je pense que tu te trompes (à ce sujet).	*a3taqid innak ɣalţān.*	اعتقد انك غلطان.

lent	*baṭīʔ (buṭāʔ)*	بطيء (بطاء)
rapide	*sarī3 (surā3)*	سريع (سراع)
chaud	*suxn*	سخن
tiède	*dāfi*	دافي
frais, froid	*sāʔi3*	ساقع
célèbre	*mašhūr*	مشهور
indépendant	*mustaqill*	مستقل
occupé	*mašɣūl*	مشغول
vide ; disponible, libre	*fāḍi*	فاضي
Es-tu libre demain ?	*inta fāḍi bukra?*	انت فاضي بكرة؟
complet	*malyān*	مليان
utile	*mufīd*	مفيد
inutile	*ma-lūš lazma* *min ɣēr fayda*	ملوش لازمة من غير فايدة
soigneux, minutieux	*ɧarīṣ (ɧuraṣāʔ)* *bi-htimām*	حريص (حرصاء) باهتمام
négligent	*muhmil*	مهمل
distrait	*sarɧān*	سرحان
ouvert	*maftūɧ*	مفتوح
fermé	*maʔfūl*	مقفول
humide	*mablūl*	مبلول
sec	*nāšif*	ناشف
silencieux	*hādi*	هادي

bruyant	*muz3ig*	مزعج
rugueux	*xišin*	خشن
lisse	*nā3im*	ناعم
étroit ; serré	*ḍayyaʔ*	ضيق
large ; desserré	*wāsi3*	واسع
sombre	*ḍilim* *miḍallim*	ضلم مضلم
brillant, lumineux	*minawwar*	منور
pointu	*ɧādd*	حاد
émoussé	*miš ɧādd*	مش حاد
supplémentaire	*iḍāfi*	اضافي
le même __	*nafs il__*	نفس الـــ
similaire	*mušābih*	مشابه
différent	*muxtalif*	مختلف
possible	*mumkin*	ممكن
impossible	*mustaɧīl*	مستحيل
probable, plausible	*muɧtamal*	محتمل

Notes

Section	Français	Prononciation	Arabe

Index

Les numéros renvoient à la section (ou aux sections) dans laquelle un mot ou une expression apparaît.

à **55**
à bord **24**
à côté de **55**
à l'étranger **24**
à plein temps **9**
à quelle heure **52**
À ta santé ! **8**
à travers **55**
abaisser **23**
abandonner **56**
abdomen **5**
abeille **44**
ablution **37**
Abou Simbel **40**
abricot **8**
académie **10**
accéder (à Internet) **12**
accélérateur **13**
accélérer **13**
accent **38**
accepter **56**
accident **13**
acclamer **56**
accompagner **56**
accomplir **56**
accord **35**
accordé **22**
accoucher **1**
accrochage **13**
accrocher **7**
accueillir **56**
accusation **26**
accuser **26**
acheter **19**
achever **56**
acide **8**
acier **15**
acné **5**
acrobate **21**
acteur **9, 21**
actuellement **50**
adaptateur **7**
addition **20**
additionner **49**
adhésion **23**
adjectif **38**
admettre **56**
administration **28**
admirer **34**
adolescence **1**
adolescent **1**
adopté **2**
adopter **2**
adoption **2**
adresse **17**
adulte **1**
adverbe **38**
aérobic **23**
aéroport **24**
affaire **28**
affamé **8**
affecter **56**
affiche **7**
affranchir **17**
afghan **39**
Afghanistan **39**
afin de **54**
Afrique **42**
Afrique du Sud **39**
agaçant **32**
Agami **40**
âge **1, 50**
âgé **1**
âge mûr **1**
agent (de voyage, immobilier) **9**
agneau **8**
Agouza **41**
agrafe **18**
agrafer **18**
agrafeuse **18**
agréable **21, 33, 43**
agresser **26**
agression **26**
agriculture **29**
agripper **5**
aide auditive **5**
aider **56**
aigle **44**
aiguille (à coudre) **21**
ail **8**
aile **44**
aile (de voiture) **13**
aimable **33**
aimer **3, 34**
air **42**
aire de jeux **10**
aisselle **5**
ajouter **49**
ajuster **23, 56**
Al-Mahalla Al-Kubra **40**
alcool **8**
Alexandrie **40**
Algérie **39**
algérien **39**
alias **4**
aliéné **31**
alimentation animale **44**
aliments **8**
Allah **37**
allaiter **1**
allée **14**
Allemagne **39**
allemand **38, 39**
aller **56**
alliance **6**
allumer **7, 21**
allumette **21**
allô **12**
alors **54**
alphabet **38**
amande **8**
âme **37**
amer **8**
américain **39**
Amérique **42**
ami **21**
amical **33**
amour **3**
amoureux **3**
amphithéâtre **10**
ample **6**
amusant **21**
amygdales **5**
an **1, 50**
analphabète **10**
ananas **8**
ancêtres **2**
âne **29**
ange **37**
anglais **38, 39**
Angleterre **39**
animal **44**
animé **33**
année **1, 10, 50**
anniversaire **1, 3**
annonce **19**
annulaire **5**
annulé **24**
annuler **28**
antenne **21, 44**
antibiotiques **11**
antique **57**
anus **5**
août **50**
app(lication) **12**

apparaître **56**
appareil auditif **5**
appareil photo **21**
apparence **5**
apparenté à **2**
appartement **7**
appât **21**
appel à la prière **37**
appel téléphonique **12**
appeler **4, 12**
applaudir **21**
applaudissements **21**
appliqué **33**
apporter **56**
apprécier **34, 56**
apprendre **10, 38**
approuver **56**
après **54**
après midi **50**
après-demain **50**
après-midi **50**
arabe **38, 39**
Arabie Saoudite **39**
araignée **44**
arbre **45**
arbuste **45**
arc-en-ciel **43**
architecte **4, 9**
Arcticque **42**
arête de poisson **8**
argent **6, 27**
Argentine **39**
aride **43**
arithmétique **49**
armée **30**
armoire **7**
arracher une dent **11**
arranger **56**
arrêt de bus **13, 24**
arrêter **13, 21, 26**
arrière-grand-père **2**
arrivée **24**
arriver **24, 56**
arroser **45**
art **21**
artère **5**
article **18, 38**
articulations **5**
artisanat **9**
artiste **9, 21**
ascenseur **15**
Asie **42**
asperge **8**
aspirateur **7**
aspirer bruyament la soupe **8**
aspirine **11**
assassiner **26**
assez **53**
assiette **7**
Assiout **40**
assister **10, 56**
assoiffé **8**
Assouan **40**
assurance auto **13**
asthme **11**
astucieux **31**
athée **37**
athéisme **37**
athlète **9**
attacher **6, 56**
attaquer **26, 30**
attelle **11**
attendre **56**
atterrir **24**
attirail de pêche **21**
attraper **23**
au bas **55**
au bord de la mer **24**
au moins **53**
au-dessous **55**
au-dessus **55**
aubergine **8**
aucun **48**
auditorium **10, 21**
augmentation **9**
augmentation de salaire **9**
augmenter le volume **21**
aujourd'hui **50**
auriculaire **5**
aussi **53**
Australie **39, 42**
autel **37**
auteur **18**
auto-stop **24**
autobus **13, 24**
automatique **13**
automne **50**
autoriser **56**
autoroute **13**
autour de **50, 53, 55**
autrefois **50**
Autriche **39**
autrichien **39**
autruche **44**
avaler **5, 8**
avancé **38**
avancer **21**
avant **54**
avant hier **50**
avec **55**
aventure **3**
aveugle **5**
aviation **30**
avide **33**
avion **24**
avis **35**
avocat **9, 26**
avoir **56**
avoir (un enfant) **2**
avoir __ ans **1**
avorter **11**
avril **50**
backgammon **23**
bague **6**
baguette **8**
Bahreïn **39**
baie **8, 42**
baignoire **7**
bailler **5**
bailleur **7**
bain **7**
bain de bouche **7**
baiser **3**
baisser **21**
balai (à franges) **7**
balance **23**
balayer **7**
baleine **44**
balle **23**
balle de la main **5**
bambin **1**
bambou **45**
banane **8**
bandage **11**
bande **22**
bande dessinée **21**
bander **5**
banque **14, 16**
banquier **9**
baptême **37**
baptiser **37**
barbe **5**
barbe à papa **8**
barbiche **5**
barette **6**
barrage d'Assouan **40**
barre d'haltère **23**
bas-côté **21**
base-ball **23**
basilic **8**
basket **23**
bataille **30**
bateau **13**
bâtiment **15**
battre **5, 7, 23**
beau **5, 33, 43**
beau-fils **2**
beau-frère **2**
beau-père **2**
beaucoup de **48**
bébé **1**
bec **44**
beige **46**
Belgique **39**
belle-fille **2**
belle-mère **2**
belle-sœur **2**

Benha **40**
Beni Suef **40**
berger **29**
bétail **29**
béton **15**
betterave **8**
beurre **8**
beurre d'arachide/de cacahuète **8**
Bible **37**
bibliothèque **7, 10, 18**
bien **53, 57**
bien élevé **1**
bien s'entendre avec **35**
bientôt **50**
bière **8**
bijoux **6**
bikini **6**
billet **21, 24, 27**
biologie **10**
biscuit **8**
bite **5**
blâmer **56**
blanc **46**
blanc d'oeuf **8**
blanc de peau **5**
blanchir les dents **11**
blé **29**
blessure **11**
bleu **46**
boeuf **8**
boire **8**
bois **15**
bois de cervidé **44**
boisson **8**
boisson gazeuse **8**
boîte à fusibles **7**
boîte à gants **13**
boîte aux lettres **17**
bol **7**
bombe **30**
bon **57**
bon marché **19**
bon pour la santé **8**
bonbon **8**
bonne affaire **19**
bonne chance **37**
bonnes manières à table **8**
bonnet (en laine) **6**
bonus **9**
bosse **13**
bottes **6**
bouc **5**
bouche **5**
bouche pleine **8**
bouchée **8**
boucher **9**
boucherie **14**
boucle **6**
boucles d'oreilles **6**
Bouddha **37**
Bouddhisme **37**
bouddhiste **37**
bouger **56**
bougie **7**
bouilli **8**
bouillir **7**
bouilloire **7**
boulanger **9**
boulangerie **14**
bourdonnements dans l'oreille **5**
bourse d'études **10**
boussole **42**
bout du doigt **5**
bouteille **8**
boutique **19, 28**
bouton **6**
bouton (d'acné) **5**
boutonner **6**
boxe **23**
bracelet **6**
branche **45**
brancher **7**
bras **5**
Brésil **39**
brillant **57**
brique **15**
briquet **21**
briser **56**
briser son cœur **3**
broccoli **8**
broche **6**
broder **21**
bronzé **24**
bronzer **24**
brosse à dents **7**
brouillard **43**
brûler **11, 56**
brûler des calories **23**
brun **46**
bruyant **57**
buffle **44**
buisson **45**
Bulgarie **39**
bulletin de notes **10**
bulletin météo **21**
bureau **7, 9, 10, 28**
bureau de change **24**
bureau de poste **14, 17**
bureau du médecin **11**
bus scolaire **10**
but **23**
cabinet **25**
caca **5**
cacahuète **8**
cachet **11**
cactus **45**
cadavre **1**
cafard **44**
café **7, 8, 14**
café instantané **8**
café turc **8**
cafétéria **10**
cage **44**
cahier (de texte) **10**
Caire **40, 41**
caissier **9, 19**
caissier de banque **9**
calcul **49**
calculatrice **49**
calculer **49**
caleçon **6**
calendrier **50**
calligraphie **38**
calmar **8**
camion **13**
campement **24**
camping **24**
campus **10**
Canada **39**
canal **21, 42**
Canal de Suez **40**
canapé **7**
canard **29**
canari **44**
cancer **11**
candidat **9**
canette **8**
canicule **43**
canne à pêche **21**
cannelle **8**
capitale **25**
capot **13**
car **54**
caractères chinois **38**
cardiologue **11**
carie **11**
carnet de notes **10**
carotte **8**
carré **47**
carreaux **7**
carrière **9**
carte **10, 42**
carte de crédit **19**
carte postale **17**
carton **8**
cas **38**
cascade **42**
caserne de pompiers **14**
casier **23**
casque **13, 21**
casquette **6**
casserole **7**

cassette **21**
castor **44**
cataracte **42**
cauchemar **7**
cavalier **23**
CD **21**
ce que **54**
ceci **51**
céder à **13**
ceinture **6**
ceinture de sécurité **13**
cela **51**
célèbre **57**
céleri **8**
célibataire **3**
celles-ci/là **51**
cendrier **21**
cent **49**
centimètre **47**
centre commercial **19**
centre ville **14**
cercle **47**
cercueil **1**
céréales **29**
cérémonie **37**
cerf **44**
cerise **8**
cernes sous les yeux **5**
certain **35**
certains **48**
certificat **10**
cérumen **5**
cerveau **5**
cette année **50**
cette semaine **50**
ceux-ci/là **51**
chaîne **13**
chaîne de montagnes **42**
chaîne hifi **21**
chaire **37**
chaise **7**
chaleur **43**
chambre **7, 24**
chambre à coucher **7**
chameau **29**
champ **29**
champignon **8**
champion **23**
chandail **6**
changer **56**
changer de l'argent **24**
changer de train **24**
changer de vêtements **6, 23**
changer de vitesse **13**
changer de voie **13**
changer l'huile **13**
changer un pneu à plat **13**
chanson **21, 22**
chanter **22**
chanteur **22**
chapeau **6**
chaque **48**
char d'assaut **30**
charbon **21**
charpentier **9**
chasse **21**
chasser **21, 56**
chasseur **21**
chat **44**
châtiment **26**
chatte **5**
chaud **57**
chauffage **7**
chauffe-eau (à gaz) **7**
chauffeur **9, 13**
chaussée **13**
chaussettes **6**
chaussure **6**
chaussures **6**
chauve **5**
check-up **11**
chef **9, 20**
chef d'entreprise **28**
chemin de fer **24**
chemise **6**
chemise à manches longues **6**
chemise de nuit **6**
chemisier **6**
chêne **45**
cher **19**
chercher un emploi **9**
chéri **3**
cheval **29**
cheveux **5**
cheville **5**
chèvre **29**
chewing-gum **8**
chicha **21**
chien **21, 44**
chier **5**
chiffre **49**
chignon **5**
Chili **39**
chimie **10**
Chine **39**
chinois **38**
chips **8**
chirurgicale **11**
chirurgie **11**
chirurgien **11**
chocolat **8**
choisir **56**
chômage **9**
chômeur **9**
chorale **37**
chou **8**
chou-fleur **8**
chrétien **37**
Christ **37**
Christianisme **37**
chrysanthème **45**
ciboulette **8**
cicatrice **5**
ciel **37, 42, 43**
cigare **21**
cigarette **21**
cigogne **44**
cil **5**
cimetière **1**
cinéma **21**
cinq **23, 49**
cinquante **49**
cinquième **49**
cintre **7**
cirage **6**
circulaire **47**
circulation **13**
cire d'oreille **5**
cirer ses chaussures **6**
cirque **21**
ciseaux **18**
Citadelle **41**
citoyen **25**
citoyenneté **39**
citron **8**
clair **46, 57**
classe **10**
classe affaire **24**
classe économique **24**
classe moyenne/ouvrièr e/supérieure **27**
clavier **12**
clé **7**
clé de serrage **7**
client **9, 19**
cligner des yeux **5**
clignotant **13**
climat **43**
climatisation **7**
climatisé **24**
clin d'œil **5**
clinique **11**
cliquer **12**
clôture **7**
clou **7**
clou de girofle **8**
clown **21**
club de golf **23**
club de santé **23**
cobra **44**
Coca Cola **8**

Coca Light **8**
cochon **29**
cocotte **7**
cœur **5**
coeur de la tempête **43**
coffre **13**
coiffeur **9**
coin **14**
Coke **8**
col **6**
cola **8**
colis **17**
collants **6**
collège **10**
collègue **9**
collier **6**
collier pour chien **44**
colline **42**
colombe **44**
Colombie **39**
colonne **18**
colonne vertébrale **5**
coloré **46**
combien **52**
comédie **21**
comète **42**
comité **28**
commander **56**
commencer **56**
comment **52**
commerce **9, 28**
commerçant **9, 19**
commercial **28**
commettre **26**
commissariat de police **14**
commission **28**
commode **7**
compagnie **9, 28**
comparer **56**
compartiment **24**
complet **57**
composition **10**
compréhension de l'oral **38**
comprendre **31**
comprimé **11**
comptable **9**
compte **16**
compter **49**
compteur **7, 13**
compteur de vitesse **13**
comptoir **17**
concevoir **56**
concombre **8**
concours d'entrée **10**
condamné **26**
condamner **26**
condiments **8**
condor **44**
conduire **13**
conférence **10, 28**
conférencier **10**
confiture **8**
confortable **24**
congé **9**
congélateur **7**
congestion nasale **11**
conjecture **31**
conjugaison **38**
conjuguer **38**
connaissance **31**
conscience **31**
conseil **28**
conseiller **56**
consonne **38**
constipé **11**
constitution **25**
construction **15**
construire **15, 24**
contacter **56**
contagieux **11**
conte de fée **18**
content **32**
continent **42**
continuer **56**
continuer (de faire) **56**
contrarié **32**
contrebande **24**
contrôle **10**
cookie **8**
copier **10**
coq **29**
coquelicot **45**
Coran **37**
corbeau **44**
corde à linge **6**
corde à sauter **23**
cordes de guitare **22**
Corée **39**
coréen **38**
corne **44**
corneille **44**
corniche du Nil **41**
corps **1, 5**
corpulent **5**
correct **10**
corriger **10**
cosmos **42**
costume **6**
côte **5**
côte nord **40**
coton **6**
cou **5**
couche-culotte **1**
coucher avec **3**
coucher du soleil **42**
coude **5**
coudre **21**
couette **7**
couilles **5**
couler **56**
couleur **46**
coup **23**
couper **7**
couper du bois **7**
couper en dés **7**
couper en deux **7**
couper les cheveux **5**
couple **3**
coupon **19**
coups de soleil **24**
coupure **11**
cour **7**
cour de l'école **10**
cour intérieure **7**
couramment **38**
courant **42**
courgette **8**
courir **23**
courrier **17**
cours **10**
courses **19**
court **57**
court de tennis **23**
cousin **2**
coussin **7**
couteau **7**
coûter **19**
couverture **7**
crabe **8**
crachat **5**
cracher **5**
craie **10**
craindre **32**
crâne **5**
cravate **6**
crayon **18**
crème **8**
crème à raser **7**
crème solaire **5**
crépuscule **42**
creuser **7**
crevette **8**
crime **26**
criminel **26**
critique **34**
critiquer **34**
crochet **21**
crocodile **44**
croire **31, 37**
croyance **37**
croyant **37**
cruel **33**
cuillère **7**
cuir **6**

cuire **7**
cuisine **7**
cuisinier **9, 20**
cuisinière **7**
cuisse **5**
cuit **8**
cul **5**
culotte **6**
culture **39**
cumin **8**
curry en poudre **8**
cuvette (des toilettes) **7**
cycliste **13**
cyclone **43**
cygne **44**
d'accord **35**
d'accord avec **35**
Damanhur **40**
Damiette **40**
Danemark **39**
dans **55**
dans quelque temps **50**
danse **22**
danser **22**
danseur **22**
danseur de ballet **22**
date d'expiration **8**
datte **8**
dauphin **44**
de **55**
dé **21, 23**
de là **55**
de nouveau **53**
de temps en temps **53**
débarquer **13**
débarrasser la table **7**
déboutonner **6**
débrancher **7**
débutant **38**
décédé **1**
décéder **1**
décembre **50**
décennie **50**
décider **31**
décision **31**
déclarer **24**
déclarer la guerre **30**
décliner **38, 56**
décoller **24**
découper **7**
décrire **56**
décès **1**
dedans **53**
déesse **37**
défaire sa valise **24**
défendre **30**
défense **26, 30**
déféquer **5**
défini **38**
dehors **53**
déjà **53**
déjeuner **8**
délivrer un visa **24**
Delta (région) **40**
demain **50**
demain matin **50**
demain soir **50**
demander **56**
demandeur **9**
démarrer **56**
démarrer sa propre entreprise **28**
démarrer une voiture **13**
demi **49**
demi-frère **2**
demi-sœur **2**
démissionner **9**
démocratie **25**
démocratique **25**
démolir **15**
démon **37**
dénouer ses lacets **6**
dent **5**
dent ébréchée **11**
dentifrice **7**
dentiste **9, 11**
dentisterie **10**
dents de devant **5**
dépanneur **9**
départ **24**
département **10, 25**
dépasser **13**
dépenses **27**
déplacer **56**
déposer **13**
dépôt **16**
depuis **50**
dernier **49**
dernier étage **15**
dérober **26**
derrière **5, 55**
désaccordé **22**
descendants **2**
descendre **13, 15, 56**
descendre la vitre **13**
désert **42**
désert blanc **40**
déserter **56**
désigner **25**
désir **36**
désirer **36**
desserré **57**
dessin **21**
dessin animé **21**
dessiner **21**
détartrage **11**
détester **34**
détrousser **26**
détruit **13**
dette **16**
deuil **1**
deux **23, 48, 49**
deuxième **49, 50**
devant **55**
devenir **56**
deviner **31**
devise **27**
devoirs **10**
dézipper **6**
diabète **11**
diabétique **11**
diable **37**
diagnostic **11**
diagnostiquer **11**
dialecte **38**
diamants **6**
diarrhée **11**
dictateur **25**
dictature **25**
dictionnaire **38**
dieu **37**
différent **57**
différer **56**
difficile **57**
dimanche **50**
diminuer **56**
dinde **29**
dîner **8**
diplôme **10**
diplômé **10**
dire **56**
directeur **9, 10**
directeur de banque **9**
diriger **25**
discours **38**
discussion **35**
discuter **35**
disparaître **56**
disponible **57**
disque (vinyle) **21**
dissertation **10**
distance **47**
distrait **31, 57**
distributeur automatique bancaire **16**
divan **7**
divertir des invités **21**
diviser par **49**
divorce **3**
divorcé **3**
divorcer **3**
dix **49**
dixième **49**

djinn **37**
docteur **4, 9, 11**
doctorat **10**
documentaire **21**
dodu **5**
doigt **5**
doigt de pied **5**
dollar **27**
donc **54**
donner **56**
Doqqi **41**
dormeur **7**
dormir **7**
dormir ensemble **3**
dortoirs **10**
dos **5**
dos de la main **5**
dossier **12**
douane **24**
douanier **24**
doubler **13**
doucement **53**
douche **7**
douleur **11**
doux **33, 57**
douze **49**
downloader **12**
Dr **4**
drame **21**
drap de lit **7**
dresser **44**
droit **13**
drôle **33**
duel **38**
Duha (prière volontaire du matin) **37**
dunes de sable **42**
duplex **7**
dur **33, 57**
durée de vie **1**
eau **8, 42**
eau chaude **7**
eau froide **7**
eau minérale **8**
éboueur **9**
ecchymose **11**
échanger **19**
écharpe **6**
échecs **23**
échouer à un examen **10**
école **10**
économie **10**
économiser **16**
écorce **45**
Écosse **39**
écoute **38**
écouter **38**
écouter de la musique **22**
écouter la radio **21**
écouteurs **21**
écran **12, 21**
écran solaire **24**
écrire **38**
écriture **38**
écrivain **9, 18**
écureuil **44**
écurie **29**
éditeur **9**
édredon **7**
éducation **10**
éducation physique **10**
effacer **18**
égal **49**
égal à **49**
également **53**
église **37**
Égypte **39**
égyptien **38, 39**
Eid Al-Fitr **50**
électeur **25**
élections **25**
électricien **9**
éléphant **44**
élève **10**
élire **25**
elle **51**
éloge **34**
email **12**
emballé par **32**
embarrassé par **32**
embonpoint **5**
embouchure (de chicha) **21**
embouteillage **13**
embrasser **3**
embrayage **13**
émeraudes **6**
émirati **39**
Émirats **39**
émission de télé **21**
émission de télévision **21**
émotion **32**
émoussé **57**
empereur **25**
empire **25**
emploi **9**
employé **9**
employer **9**
employeur **9**
empreinte digitale **5**
emprisonné **26**
emprunter **16**
en **55**
en bas **53**
en chantant **22**
en cinquième année **10**
en dehors de **55**
en désaccord avec **35**
en face de **55**
en général **53**
en haut **53**
en ligne **12**
en retard **50**
en sixième année **10**
en sommeil **42**
en sueur **5**
en troisième année au lycée **10**
en vie **1**
encas **8**
enceinte **11**
enclos **29**
encore **53**
encourager **56**
encre **18**
endormi **7**
enfance **1**
enfant (0-17 ans) **1**
Enfer **37**
enfreindre la loi **26**
ennuyer **32**
enrôler **30**
enseigner **10**
enseigner un cours **10**
enseigner une leçon **10**
entendre **5**
entente **35**
enterré **1**
enterrement **1**
enterrer **1**
entier **49**
entorse à la cheville **11**
entracte **21**
entraînement **23**
entraîneur personnel **23**
entre **55**
entreprise **28**
entreprise (commerciale) **28**
entrer en éruption **42**
entretenir sa barbe **5**
entretien d'embauche **9**
enveloppe **17**
envelopper **19**
envieux **33**
environ **53**
envoyer par la poste **17**
envoyer un email **12**
épaule **5**
épaules larges **5**

épeler **38**
épicé **8**
épicerie **14**
épices **8**
épinards **8**
épingle **18**
Epiphanie (célébrée en Janvier) **50**
épisode **21**
éponge **7**
époque **50**
épouse **2**
épousseter **7**
épreuve **10**
équateur **42**
équipe **23**
érection **5**
erreur **10, 57**
éruption **42**
éruption cutanée **11**
escale **24**
escalier **15**
escalier mécanique **15**
escargot **44**
espace **42**
Espagne **39**
espagnol **38**
espérer **36**
espiègle **1**
espresso **8**
esprit **5, 31**
esquisser **21**
essai **10**
essayer **56**
essayer (quelque chose) **56**
essence **13**
est **42**
estomac **5**
et **49, 54**
étage **7, 15**
étagère **7**
état **25**
États-Unis **39**
été **50**
éteindre l'ordinateur **12**
éteindre la lumière **7**
éteindre la télé **21**
éteindre le moteur **13**
éteint **42**
étendre les doigts de la main **5**
éternuer **5**
Éthiopie **39**
étoile **42**
étoile filante **42**
étrange **33**
étranger **39, 53**
être **56**
étroit **57**
études **10**
études de premier cycle **10**
étudiant **10**
étudier **10**
étudier à l'université **10**
euro **27**
Europe **42**
évangélique **37**
éveiller **7**
événement sportif **21**
éventé **8**
évident **57**
examen **10, 11**
examen de mi-saison **10**
examen écrit **10**
examen final **10**
examen oral **10**
examiner **11**
excitant **32**
excréments **5**
exécuter un test sanguin **11**
exercice **23, 38**
expédition **13**
expérience **9**
expirer **23, 24**
exploser **30**
explosion **30**
express **24**
exprimer **56**
extérieur **53**
extra-large (XL) **6**
fabriquer **28, 56**
Facebook **12**
facile **57**
facteur **17**
facture **19, 27**
faculté **10**
fade **8**
faible **57**
faim **8**
faire **56**
faire une sieste **7**
faire voler un cerf-volant **21**
falafel **8**
falaise **42**
famille **2**
fantastique **21**
Farafra (l'oasis et le village) **40**
farine **8**
farsi **38**
fast-food **8, 20**
fatigant **32**
fatiguant **24**
fatigué **32**
faucon **44**
fauteuil **7**
fauteuil roulant **11**
faux **10**
fax **12**
faxer **12**
Fayoum **40**
felouque (voilier de la rivière) **21**
féminin **38**
femme **1, 2**
femme d'affaires **28**
femme de __ **2**
femme de ménage **9**
femme de ménage/chambre **7**
fenêtre **7, 13**
fer **15**
fer à repasser **6**
ferme **29**
fermé **57**
fermer **12, 56**
fermer les yeux **5**
fermer sa bouche **5**
fermeture éclair **6**
fermier **9, 29**
fertiliser **45**
fesses **5**
fête **50**
feu de circulation **13**
feuille **45**
feuille de papier **18**
fève **8**
février **50**
fiançailles **3**
fiancé(e) **3**
fiche **7**
fichier **12**
fichu **13**
fier de **32**
fièvre **11**
figue **8**
fil **21**
fil dentaire **7**
filet de poulet **8**
filet de tennis **23**
filet de volleyball **23**
fille **1, 2**
film (d'action, d'horreur, etc) **21**
fils **2**
fils adoptif **2**
financer **16**
financier **27**
finir **56**
Finlande **39**

fiscal **27**
flamboyant **45**
flashcard **38**
fleur **45**
fleuve **42**
flotter **56**
flûte **22**
foi **37**
foie **5**
foin **29**
fois **49**
fonctionnaire d'État **9**
fondre **42**
fonds **27**
font **49**
fontaine **14**
football **23**
football américain **23**
forêt **42**
forme **47**
forme du corps **5**
forme physique **23**
fort **57**
fou **23, 31**
foudre **43**
foulard **6**
foule **21**
four **7**
fourchette **7**
fourmi **44**
fourrure **44**
fraction **49**
fraîcheur **43**
frais **8, 19, 57**
fraise **8**
framboise **8**
français **38, 39**
France **39**
frange **5**
frapper **23, 56**
fratrie **2**
frein **13**
frein à main **13**
freinage d'urgence **13**
freiner **13**
frère **2**
fret **13**
frire **7**
frit **8**
froid **43, 57**
froissé **6**
fromage **8**
froncer **5, 32**
front **5**
frontière **24**
fruit **8**
fruit de mer **8**
fruits de mer **8**
ful (fèves frites) **8**
ful médamès (bouillie de fèves) **8**
fumer **21**
fumer (fait de fumer) **21**
fumer la chicha **21**
fumeur **21**
funérailles **1**
fushia **46**
fusible **7**
fusil de chasse **21**
futur **38, 50**
gabarit **5**
gagner (une partie) **23**
gagner de l'argent **9**
galabeya **6**
galerie commerciale **19**
gant **6**
gants **6**
garçon **1**
garde-robe **7**
Garden City **41**
gare **24**
gâteau **8**
gauche **13**
gauffre **8**
gazelle **44**
geler **42**
gencives **5**
généreux **33**
génie **37**
génitaux **5**
genou **5**
genre **38**
gens **1**
géographie **10**
géologie **10**
géométrie **10**
ghee **8**
gingembre **8**
girafe **44**
Gizeh **40**
Gizeh **41**
glace **8**
glande **5**
glande thyroïde **5**
gobelet **8**
golf **23**
golfe **42**
Golfe d'Aqaba **40**
Golfe de Suez **40**
gombo **8**
gomme **18**
gorge **5, 42**
gorgée **8**
goût **8**
goûter **5, 8**
gouvernante **7**
gouvernement **25**
gouverner **25**
grain **29**
grain de raisin **8**
graine **45**
graines d'anis **8**
grains de café **8**
graisse **5**
graisseux **8**
grammaire **38**
grammatical **38**
gramme **47**
grand **5, 6, 47**
grand (de taille) **47, 57**
Grand Caire **41**
grand frère **2**
grand-maman **2**
grand-mère **2**
grand-papa **2**
grand-père **2**
Grande-Bretagne **39**
grandir **1**
grange **29**
gras **8**
gratte-ciel **15**
gratuitement **19**
grec **38**
grêle **43**
grenade **8, 30**
grenouille **44**
griffe **44**
grillé **8**
grille-pain **7**
griller un feu rouge **13**
grillon **44**
grimper **56**
grippe **11**
gris **46**
gros grain de beauté **5**
gros titre **18**
grossesse **11**
groupe **22**
guépard **44**
guêpe **44**
guérir **11**
guérison **11**
guerre **30**
guichet **17**
guide touristique **24**
guillemets **38**
guitare **22**
gymnase **10**
habiter **1, 56**
habituellement **53**
hache **7**
Hadith **37**
haleine **5**
hall **24**
Halloween **50**

haltère **23**
hamburger **8**
hanches **5**
handicapé **11**
haricot (vert) **8**
hâte de **36**
haut-parleurs **21**
Haute-Égypte **40**
hauteur **5, 47**
hauteur moyenne **5**
hébreu **38**
héler un taxi **13**
Héliopolis **41**
Helwan **41**
herbes fraîches **8**
herbes sèches **8**
hésitant **38**
heure **50**
heure de pointe **13**
heures de travail **9**
hier **50**
hier matin **50**
hier soir **50**
hijab **6**
hindi **38**
hindou **37**
Hindouisme **37**
hippopotame **44**
hirondelle **44**
histoire **10, 18**
histoire d'amour **3**
hiver **50**
hockey **23**
hollandais **38**
Hollande **39**
homard **8**
homme **1**
homme d'affaires **28**
homme politique **9**
Hongrie **39**
honoraire **19**
hôpital **11**
horloge murale **7**
hors de **55**
hot-dog **8**
hôtel **24**
hôtel de ville **14**
hôtesse de l'air **9, 24**
huile (végétale) **8**
huileux **8**
huit **49**
huitième **49**
huître **8**
humide **43, 57**
Hurghada **40**
hypotension artérielle **11**
hypothèque **16**
ici **53**
idiotie **31**
il **51**
île **42**
île de Gezira **41**
illégal **26**
illisible **38**
ils **51**
image **7**
imagination **31**
imaginer **31, 56**
imam **9, 37**
immeuble d'appartements **15**
immeuble de bureaux **15**
impair **49**
impératrice **25**
important **57**
impossible **57**
impôt **27**
imprécis **57**
imprimante **12**
imprimer **12, 18**
incinération **1**
incinérer **1**
inconfortable **24**
incorrect **10**
Inde **39**
indéfini **38**
indépendant **57**
index **5**
indigestion **11**
Indonésie **39**
industrie **28**
infection **11**
infirmier **9,11**
inflexion **38**
informations **21**
ingénieur **9**
injection **11**
inondation **43**
inscription **10**
insecte **44**
insomnie **7**
inspirer **23**
inspirer profondément **5**
instruit **10**
instrument de musique **22**
intelligence **31**
intelligent **31**
intention **36**
intention de **56**
Interdiction de fumer **21**
interdire **56**
intéressé par **34**
intérêt **16**
intérieur **53, 55**
intermédiaire **38**
international **39**
Internet **12**
interpréter **21**
interrogation **10**
interroger **9, 26**
interrupteur **7**
intersection **13**
intervention chirurgicale **11**
intestins **5**
inutile **57**
Irak **39**
irakien **39**
Iran **39**
iris **5**
Irlande **39**
irriguer **29**
Islam **37**
islamique **37**
Ismaïlia **40**
Italie **39**
italien **38**
ivre **8**
jaloux **33**
jamais **53**
jambe **5**
jambe de pantalon **6**
jambon **8**
janvier **50**
Japon **39**
japonais **38**
jardin **7**
jardin d'enfants **10**
jardin public **14**
jardiner **7**
jardinier **7, 9**
jauge d'essence **13**
jaune **46**
jaune citron **46**
jaune d'oeuf **8**
jazz **22**
je **51**
jeans **6**
Jésus **37**
jeter **7, 23**
jeu **23**
jeu télévisé **21**
jeudi **50**
jeune **1**
jeune femme **1**
jeune homme **1**
jeunes **1**
jeunes mariés **3**
jeunesse **1**
jmoment **54**
jogging **23**
jointures **5**
joli **5**
Jordanie **39**
jordanien **39**
joue **5**
jouer **21**

jouer (d'un instrument) **22**
jouer (un CD) **21**
jouer (un film) **21**
jouer à un jeu **23**
jouer au billard **23**
jouer aux cartes **23**
jouer contre **23**
jouer le rôle de __ **21**
jouet **23**
joueur **23**
joufflu **5**
jour **50**
jour de congé **21**
jour de l'An **50**
jour de paie **9**
jour férié **50**
journal **18, 21**
journée **50**
Journée Nationale **50**
jovial **33**
joyeux **33**
Judaïsme **37**
juge **9, 26**
jugement **26**
juif **37**
juillet **50**
juin **50**
jumeau **2**
jungle **42**
jupe **6**
juridique **26**
juriste **9**
jus **8**
jus d'orange **8**
jusqu'à **50**
jusqu'à ce que **54**
juste **53**
juste (maintenant) **50**
juste bien **6**
justice **26**
kangourou **44**
ketchup **8**
khamsin **43**
Khan el-Khalili **41**
kilogramme **47**
kilomètre **47**
koala **44**
Koweit **39**
koweïtien **39**
là **53**
laboratoire **10**
labourer **29**
lac **42**
lacets de chaussure **6**
lâcher **56**
lacher un gaz **5**
laid **5**
laine **6**
laisse **44**
laisser tomber **56**
lait **8**
lame **7**
lampe **7**
lancer (une balle) **23**
langage familier **38**
langue **5, 38**
lapin **44**
large **57**
largeur **47**
larme **5**
larynx **5**
lavabo **7**
lave **42**
laver le visage **5**
laver les fenêtres **7**
laïque **37**
lecteur CD **21**
lecteur MP3 **21**
lecture **38**
léger **57**
légume **8**
légumes marinés **8**
lent **57**
lentilles de contact **6**
léopard **44**
lequel **52**
Les Philippines **39**
lessive **6**
lettre **17, 38**
lettré **10**
levantin **38**
lever du soleil **42**
lever la main **10**
levier de changement de vitesse **13**
lèvre **5**
levure **8**
lézard **44**
liaison **3**
Liban **39**
libanais **39**
libellule **44**
libération **30**
libérer **30**
liberté **25**
librairi **18**
libre **9, 19, 2557**
Libye **39**
libyen **39**
licence de lettres **10**
licencier **9**
ligne **12**
limitation de vitesse **13**
lin **6**
linguistique **10**
lion **44**
lion de mer **44**
liquide vaisselle **7**
lire **21, 38**
lisible **38**
lisse **57**
lit **7**
lit simple/double **7**
littérature **10**
livre **18, 21, 47**
livre de cuisine/recettes **7**
livre de référence **18**
livre égyptienne **27**
livre sterling **27**
livrer le courrier **17**
lobe de l'oreille **5**
locataire **7**
location **7**
loi **10, 26**
loin de **55**
loisir **34**
long **47, 57**
longueur **47**
lorsque **54**
lotion **5**
louange **34**
louché **5**
louer **7, 34**
loup **44**
lourd **57**
Louxor **40**
loyer **7**
luffa **7**
lumière **7**
lumière du soleil **42**
lumineux **57**
lundi **50**
lune **42**
lune de miel **3**
lunettes **6**
luth **22**
lycée **10**
Maadi **41**
mâcher **5, 8**
mâcher du chewing-gum **8**
machine à café **7**
machine à coudre **21**
machine à écrire **18**
machine à laver **6**
mâchoire **5**
madame **4**
mademoiselle **4**
magasin **19, 28**
magazine **21**
mai **50**
maigre **5**
maillot de bain **6**

maillot de corps **6**
main **5**
maintenant **50**
mais **54**
maison **7**
maître d'école **9, 10**
maîtrise **10**
majeur (doigt) **5**
majorité **25**
mal **37**
mal à la gorge **11**
mal au cœur **11**
mal au ventre **11**
mal de dents **11**
mal de dos **11**
mal de tête **11**
malade **11**
maladie **11**
Malaisie **39**
malbouffe **8**
malchance **37**
malentendant **5**
mallette **6**
maman **2**
mamelon **5**
manche **6**
manches courtes **6**
mandarine **8**
mandat présidentiel **25**
manger **8**
manger de la soupe **8**
mangue **8**
manière **53**
manifestant **25**
manifestation **25**
manifester **25**
manoeuvrer **13**
Mansoura **40**
manteau **6**
manuel **13**
marchand **28**
marchander **19**
marche **25**
marché **19**
marche arrière **13**
marcher **56**
mardi **50**
marécage **42**
margarine **8**
marguerite **45**
mari **2**
mariage **3**
mariage arrangé **3**
marié **3**
marié à **3**
mariée **3**
marin **9, 30**
marine **30**
marionnette **23**
Maroc **39**
marocain **38, 39**
marque-page **18**
marquer un but **23**
mars **50**
Marsa Matrouh **40**
marteau **7**
marteler **7**
masculin **38**
match de football **21, 23**
matelas **7**
mathématiques **10**
matin **50**
matinée **50**
matière **10**
matière principale **10**
matière secondaire **10**
mauvais **37, 43, 57**
mauvais pour la santé **8**
Mawlid **50**
mayonnaise **8**
maïs **29**
mécanicien **9**
méchant **37**
médecine **10**
médicament **11**
méduse **44**
mégot de cigarette **21**
membre **23**
membre du parlement **25**
même **57**
mémoire **31**
ménage **7**
mendier **56**
mensualité **16**
menthe poivrée/verte **8**
mentir **56**
menton **5**
mer **42**
Mer Méditerrannée **40**
Mer Rouge **40**
mercredi **50**
merde **5**
mère **2**
messager **37**
mesure **47**
mesurer **47**
métal **15**
météo **43**
météorite **42**
mètre **47**
métro **13**
mettre **6, 56**
mettre la table **7**
meublé **7**
meubles **7**
meurtre **26**
meurtrier **26**
Mexique **39**
miche de pain **8**
micro-ondes (four) **7**
midi **50**
miel **8**
mignon **5**
migraine **11**
mile **47**
militaire **30**
mille **49**
millénaire **50**
milliard **49**
millimètre **47**
million **49**
mince **5**
mine **30**
ministère **25**
ministre **25**
minorité **25**
minuit **50**
minute **50**
minutieux **57**
Minya **40**
miroir **7**
missile **30**
mixeur **7**
mizmaar **22**
moche **5**
mode silencieux **12**
modeste **33**
modifier **56**
Mohandessin **41**
moineau **44**
moins **49**
mois **50**
mois dernier **50**
mois prochain **50**
moissonner **29**
molaire **5**
mollet **5**
monarchieroyauté **25**
monde arabe **39**
mondial **39**
moniteur **12**
monnaie **19, 27**
monsieur **4**
montagne **42**
montagneux **42**
monter **13, 15, 56**
montre **6**
montrer **56**
morceau **8**
morceau de pain **8**
mordre **5**
mort **1**
morve **5**

mosquée **37**
mosquée d'al-Azhar **41**
mosquée de Muhammed Ali **41**
mot **38**
mot de passe **12**
moto **13**
mouche **44**
mouette **44**
moufette **44**
moule **8**
mourir **1**
mousse **45**
moustache **5**
moustique **44**
moutarde **8**
mouton **29**
moyen **6**
moyennement sucré **8**
moyens de transport **13**
MP3 **21**
mug **8**
mule **29**
multicolore **46**
multiplier par **49**
mur **7**
mûr **1**
muscle **5**
musée **14**
Musée Copte **41**
Musée Égyptien **41**
musicien **9, 22**
musique (classique, pop, etc) **22**
musulman **37**
myrtille **8**
n'importe où **53**
n'importe qui **51**
n'importe quoi **51**
nager **24**
naissance **1**
naître **1**
narguilé **21**
narine **5**
Nasr City (quartier) **41**
natation **24**
nation **25, 39**
nationalité **39**
navet **8**
navire **13**
ne plus en pouvoir **8**
nécessaire **57**
négligent **57**
négocier **19**
négocier le prix **13**
neige **43**
nerf **5**
nettoyer **7**
neuf **49, 57**
neutre **38**
neuvième **49**
ney (flûte de roseau) **22**
nez (bouché/crochu) **5**
nez qui coule **5**
niche **44**
nichon **5**
nier **56**
Nigéria **39**
Nil **41**
niqab **6**
niveau **38**
noir **46**
noir de peau **5**
noisette **8**
noix **8**
noix de coco **8**
noix mélangées **8**
noix muscade **8**
nom **4, 38**
nom complet **4**
nom d'utilisateur **12**
nom de famille **4**
nombre (cardinal/ordinal) **49**
nombril **5**
nomination **25**
nommer **25**
non-fumeur **21**
nord **42**
nord-est **42**
nord-ouest **42**
Norvège **39**
note **10**
nouer sa cravate **6**
nourrir **44**
nourrir au sein **1**
nourrison **1**
nous **51**
nouveau né **1**
Nouveau Testament **37**
Nouvelle Zélande **39**
novembre **50**
nu **5**
nuage **43**
nuageux **43**
nuance **46**
nuit **50**
nuit tombante **42**
nulle part **53**
numéro **49**
numéro de page **18**
numéro de téléphone **12**
nuque **5**
nylon **6**
oasis **42**
oasis d'al-Bahariya **40**
objet **38**
Obour City **41**
obscurité **43**
obtenir **56**
occidental **42**
occupation **30**
occupé **57**
occuper **30**
océan **42**
océan Atlantique **42**
océan Indien **42**
océan Pacifique **42**
octobre **50**
odorat **5**
œil **5**
œillet **45**
œuf **8**
oeuf frit **8**
office de l'église **37**
officier de police **9**
oie **29**
oignon **8**
oignon vert **8**
oiseau **44**
olive **8, 46**
Oman **39**
omanais **39**
omelette **8**
once **47**
oncle **2**
ongle **5**
onze **49**
Opéra du Caire **41**
opération **11**
opérer sur **11**
ophtalmologiste **11**
opinion **35**
opposé à **55**
or **6**
orageux. **43**
orange **8, 46**
orchestre **22**
ordinateur **12**
ordinateur portable **12**
ordonnance **11**
ordonner **56**
ordre des mots **38**
ordures **7**
oreille **5**
oreiller **7**
oreilles percées **5**
organes internes **5**
organiser **56**

oriental **42**
origan **8**
orphelin **2**
orphelinat **2**
orteil **5**
orthographe **38**
os **5**
os cassé **11**
ou **54**
oublier **31**
oud **22**
ouest **42**
Oui ? **4**
ouragan **43**
ours **44**
ours blanc **44**
ours en peluche **23**
outil **7**
outre-mer **53**
ouvert **57**
ouvrier **9**
ouvrier du bâtiment **15**
ouvrir **56**
ouvrir les yeux **5**
ouvrir sa bouche **5**
ouvrir un fichier **12**
ovale **47**
ovale (de forme) **47**
où **52, 54**
paganisme **37**
page **18**
page web **12**
paie **9**
paiement **16**
paiement sur un prêt **16**
pain **8**
pain pita **8**
pair **49**
paître **29**
paix **30**
Pakistan **39**
Palestine **39**
palestinien **39**
palmier **45**
palmier dattier **45**
palpeur **44**
palpiter **5**
pamplemousse **8**
panier à linge **6**
panier de basket **23**
pantalon **6**
panties **6**
pantoufles **6**
paon **44**
papa **2**
pape **37**
papeterie **18**
papier **18**
papier toilette **7**
papillon **44**
papillon de nuit **44**
paquet **17**
paquet de cigarettes **21**
par **55**
par-dessus **55**
Paradis **37**
paragraphe **38**
parasol **24**
parc **14**
parc Al-Azhar **41**
parce que **54**
pare-brise **13**
pare-chocs **13**
parent **2**
parenthèse **38**
paresseux **33**
parier **56**
parking **13**
parking de stationnement **13**
parlement **25**
parler **38**
parler au téléphone **12**
parler dans son sommeil **7**
parler la bouche pleine **8**
parole **38**
parti **25**
particulièrement **53**
partir **24, 56**
partir à la retraite **9**
partir en excursion **24**
partout **53**
pas clair **57**
pas encore **53**
passage piéton/clouté **13**
passager **13**
passé **38, 50**
passe-temps **34**
passeport **24**
passer (un film) **21**
passer au micro-ondes **7**
passer devant **56**
passer l'aspirateur sur le tapis **7**
passer un examen **10**
passer une radio **11**
passion **3**
pasteur **37**
pastrami **8**
patate douce **8**
patchwork **21**
pâtes **8**
patient **11**
pâtisseries **8**
patron **9**
patte **44**
pattes **5**
paume **5**
paupière **5**
pause **9, 10, 21**
pause déjeuner **9, 10**
pauvre **27**
pauvreté **27**
payer (une dette) **16**
payer en espèces **19**
payer pour **19**
pays **39**
Pays de Galles **39**
Pays-Bas **39**
païen **37**
peau **5**
péché **37**
pêche **8, 21**
pêche (fait de pêcher) **21**
pécher **37**
pêcheur **9**
pédale **13**
peignoir **6**
peindre **21**
peine capitale **26**
peintre (en bâtiment) **9**
peinture **7, 21**
pelle **7**
pelote de laine **21**
pelouse **7**
pendant que **54**
pendu **26**
pénétrer dans une maison **26**
péninsule **42**
pénis **5**
penser à **31**
pension de retraite **9**
Pepsi **8**
Pepsi Diet **8**
perdre **56**
perdre (une partie) **23**
perdre contre **23**
perdre du poids **23**
père **2**
période **50**
période de cours **10**
permis de conduire **13**

permis de résidence **24**
permis de travail **24**
perroquet **44**
perruque **5**
persil **8**
personnalité **33**
personne **1, 51**
personnel de nettoyage **9**
personnes **1**
peser **47**
pet **5**
pétale **45**
péter **5**
petit **5, 47, 57**
petit ami **3**
petit copain **3**
petit déjeuner **8**
petit doigt **5**
petit gâteau **8**
petit nez **5**
petit pois **8**
petit-fils **2**
petite (S) **6**
petite amie **3**
petite-fille **2**
petits-enfants **2**
peu **48**
peu profond **57**
peuple **25**
peur **32**
phare **13**
pharmacien **9**
philosophie **10**
phoque **44**
photo de passeport **24**
photocopie **18**
photocopier **18**
photocopieuse **18**
photographe **21**
photographie **21**
photographier **21**
phrase **38**
physique **10**
piano **22**
piastre **27**
pick-up **13**
pickpocket **26**
pièce (d'échecs) **23**
pièce de monnaie **27**
pied **5, 47**
pierre tombale **1**
piétons **13**
pieux **37**
pigeon **44**
pilote **9, 24**
piment doux **8**
piment rouge **8**
pince à cheveux **6**
pingouin **44**
pinson **44**
pion **23**
pipe **21**
pipe à eau **21**
pipi **5**
piqure **11**
piqure de moustique **44**
piqûre d'abeille **44**
pis **44**
piscine **24**
pisser **5**
piste **21**
piste cyclable **13**
pizza **8**
placard **7**
place **14**
place du Sphinx **41**
place Tahrir **41**
Place Talaat Harb **41**
placer **56**
plafond **7**
plage **24**
plaines **42**
plainte **34**
planche à repasser **6**
plancher **7**
plancher de bois **7**
planète **42**
planifier **31**
plante **5, 45**
planter **29, 45**
plaque d'immatriculation **13**
plat **7**
plat **42**
plateau **7, 42**
plâtre **11**
plausible **57**
pleurer **5, 32, 56**
pleuvoir **43**
plombier **9**
plongée avec tuba **24**
plonger (sous-marine) **24**
pluie **43**
plumes **44**
plupart **48**
pluriel **38**
plus **49**
plus tard **50**
plusieurs **48**
pluvieux. **43**
pneu **13**
pneu à plat **13**
pneu de rechange **13**
poche **6**
poêle à frire **7**
poème **18**
poésie **18**
poète **18**
poids **5, 23, 47**
poids libres **23**
poids moyen **5**
poignée de porte de voiture **13**
poignet **5**
poing **5**
point d'exclamation **38**
point d'inter-rogation **38**
point de suture **11**
point final **38**
pointer vers **5**
points de suture **11**
pointu **57**
pointure **6**
poire **8**
pois chiche **8**
poisson **8, 44**
poitrine **5**
poitrine plate **5**
poivre noir **8**
poivron **8**
pôle Nord **42**
pôle Sud **42**
police touristique **24**
politicien **25**
politique **25**
polo **6**
Pologne **39**
pomme **8**
pomme de terre **8**
pompe à essence **13**
pompes **23**
pompette **8**
pompier **9**
ponctuation **38**
pondre un œuf **29**
pont **13**
Pont du 6 Octobre **41**
pont Qasr Al-Nil **41**
pop-corn **21**
porc **8**
Port-Saïd **40**
portable **12**
portail **7**
porte **7, 24**
porte d'entrée **7**
porte de voiture **13**
porte-serviette **7**
portefeuille **6**
porter **6**
porter des lunettes **5**

porter le deuil **1**
porteur **24**
portier **7**
portugais **38**
Portugal **39**
poser **56**
poser un plombage **11**
poser une question en classe **10**
possible **57**
poste aérienne **17**
poste de jour **9**
poste de nuit **9**
postérieur **5**
postiche **5**
postuler pour un poste **9**
pot **8**
pot de fleurs **45**
potage **8**
pou **44**
poubelle **7**
pouce **5, 47**
poulailler **29**
poule **29**
poulet **8, 29**
poulpe **8**
pouls **5**
poumon **5**
poupée **23**
pour **50, 54**
pour cent **49**
pourboire **20**
pourcentage **49**
pourpre **46**
pourquoi **52, 54**
pourrir **8**
poursuivre **56**
pousse-pousse **13**
pousser **23, 45**
poussière **7**
poussiéreux **7**
poussin **29**
pouvoir **56**
prairies **42**
pratique **38**
pratiquer **38**
prêcher **37**
préférer **34**
préfixe **38**
prélever du sang **11**
premier **49**
premier ministre **25**
première année **10**
première classe **24**
première vitesse **13**
prendre **13, 56**
prendre (un bus) **13, 24**
prendre une photo **21**
prénom **4**
préparer **56**
préparer le dîner **7**
préposition **38**
près de **55**
préscolaire **10**
prescrire **11**
présent **50**
présent de l'indicatif **38**
préservatif **11**
président **25, 28**
presque **53**
prêt **10, 16, 57**
prêter **16**
prêtre **9, 37**
prévisions météo **43**
prévoir **31**
prier **37**
prière **37**
prime **9**
prince **25**
princesse **25**
printemps **50**
priorité **13**
pris de vertiges **11**
prise **7**
prison **26**
prisonnier **26**
prix **19**
prix fixé **19**
probable **57**
problème **11**
procureur **26**
produits laitiers **8**
professeur **9, 10**
profond **57**
programme d'études **10**
programme de télé **21**
programme informatique **12**
projet **31**
projeter **31**
promotion **9**
prononcer **38**
prononciation **38**
prophète **37**
proposer **56**
proposition **28**
propre **57**
propriétaire **7**
prose **18**
protéine **8**
protestation **25**
protester contre **25**
province **25**
proximité **55**
prune **8**
pseudonyme **4**
psychologie **10**
public **21**
publicité **19**
publier **18**
puce **44**
puéril **1**
pull zippé **6**
punaise **18**
punir **56**
pupille **5**
purée de tomates **8**
pyjama **6**
pyramides de Gizeh **41**
Qatar **39**
Qatari **39**
Qena **40**
quai **24**
quand **50, 52, 54**
quarante **49**
quart **49**
quartier général **28**
quatorze **49**
quatre **23, 49**
quatre-vingt dix **49**
quatre-vingts **49**
quatrième **49**
que **54**
quel âge **52**
quelqu'un **51**
quelque chose **51**
quelque part **53**
quelques **48**
question **10**
queue **44**
queue de cheval **5**
qui **52, 54**
quinze **49**
quitter **56**
quitter **56**
quitter l'hôtel **24**
quitter le travail **9**
quitter son emploi **9**
quoi **52**
rabais **19**
raccommoder **21**
raccrocher **12**
raconter **56**
radio **21**
radiographie **11**
radis **8**
rails **24**
raison **57**
ralentir **13**
rallonge **7**
Ramadan **50**
ramasser **13, 56**
randonnée **24**

ranger **7**
rap **22**
rapide **57**
rapidement **53**
rapporter **19**
rapporter des intérêts **16**
raquette de tennis **23**
rasé de près **5**
raser **5, 7**
rasoir **7**
rasoir électrique **7**
rassasié **8**
rassis **8**
rat **44**
rater le bus **13**
ravin **42**
récepteur **12**
recette **7**
recevoir **12, 56**
réchauffer **7**
rechercher **38**
récipient en verre (de chicha) **21**
réciter le Coran **37**
récolte **29**
recommander **56**
reconnaissant **32**
récréation **10**
recruter **30**
rectangle **47**
rectangulaire **47**
rectifier **56**
reculer **13**
récupération **11**
réduction **19**
réduire **56**
réforme **25**
réfrigérateur **7**
regarder **56**
regarder la télé **7, 21**
régime alimentaire **23**
règle **18**
règle grammaticale **38**
régler **16**
rein **5**
reine **23, 25**
relation **3**
relations sexuelles **3**
relaxation **21**
relevé **8**
religieuse **37**
religieux **37**
religion **37**
rembobiner **21**
remboursement **19**
remercier **56**
remonter la vitre **13**
remplir un chèque **16**
renard **44**
rencontrer **28**
rencontrer des amis **21**
rendez-vous **3, 11, 28**
repas **8**
repasser **6, 10**
répéter **38**
répétition **23, 38**
répondre **10, 56**
répondre au téléphone **12**
réponse **10**
reporter **28**
repos **21**
représentant de la société **9**
représentant du service clients **9**
reptiles **44**
république **25**
République Tchèque **39**
requin **8, 44**
réservation **24**
réserver **24**
réserver un siège **24**
résoudre **49**
respecter la limite de vitesse **13**
respirer **5**
ressentir **32**
restaurant **14, 20**
rester **56**
rester debout **7**
rester tard au bureau **9**
résultats d'examen **10**
retardé **24**
retirer **6**
retrait **16**
retraite **9**
rétroviseur arrière **13**
rétroviseur extérieur de côté **13**
réunion **9, 28**
réussir **56**
réussir un examen **10**
rêve **7**
réveil-matin **7**
réveiller **7**
réveillon de Nouvel An **50**
revenir **21**
revenu **27**
rêver **7**
réviser **10**
revoir **10**
révolution **25**
rez-de-chaussée **15**
rhinocéros **44**
rhume **11**
riche **27**
richesse **27**
rickshaw **13**
rideaux **7**
rides **5**
rien **51**
rire **32**
riz **8**
riz au lait **8**
robe **6**
robe de chambre **6**
robinet **7**
roi **23, 25**
roman **18, 21**
roman graphique **21**
romarin **8**
rompre **3**
rond-point **13**
ronfler **7**
rose **45, 46**
rot **5**
roter **5**
rouge **46**
rouge sombre **46**
rouleau de pain **8**
Roumanie **39**
route **13**
route périphérique **41**
roux **5**
royaume **25**
ruban adhésif **18**
ruban de cheveux **6**
rubis **6**
ruche **44**
rue **14**
rue Ahmed Orabi **41**
rue des Pyramides **41**
rue Gameat el-Duwal el-Arabiya **41**
rue Qasr al-Ainy **41**
ruelle **14**
rugueux **57**
russe **38**
Russie **39**
rythme cardiaque **5**
s'appeler **4**

s'asseoir **21**
s'assoir à table **7**
s'attendre à **31**
s'échapper de prison **26**
s'écraser **13**
s'élever **56**
s'endormir **7**
s'enregistrer **24**
s'entraîner **23**
s'étouffer **5, 8**
s'étrangler **5**
s'évanouir **11**
s'excuser pour **56**
s'habiller **6**
s'inscrire **10**
sable **24**
sac **6, 8**
sac à dos **10**
sac à main **6**
sac de courses **19**
sac d'homme **6**
sac plastique **19**
sain **8, 11**
Saint Valentin **50**
saison **21, 50**
salade **8**
salade au tahini **8**
salade César **8**
salade de pois chiches **8**
salade de pommes de terre **8**
salade verte **8**
salaire **9**
salaire (mensuel) **9**
sale **43, 57**
salé **8**
salive **5**
salle à manger **7**
salle d'attente **24**
salle de bain **7**
salle de cinéma **21**
salle de classe **10**
salle de sport **23**
salon **7**
salon de réception **7**
saluer **56**
samedi **50**
sandales **6**
sandwich à la cervelle **8**
sandwich au foie **8**
sang **5**
sans **55**
sans emploi **9**
sans sucre **8**
santé **8, 11**
saoudien **39**
sapin **45**
Saqqara **40**
Satan **37**
sauce **8**
sauce de tomate **8**
sauce pimentée **8**
sauce soja **8**
saucisse **8**
sauge **8**
saule pleureur **45**
saumon **8**
sauter **56**
sauter à la corde **23**
sauterelle **44**
sauvegarder **12**
savoir **31, 56**
savon **7**
Sawy Culture Wheel **41**
scanner **12**
scarabée **44**
scie **7**
science **10**
science politique **10**
science-fiction **21**
sciences sociales **10**
scier **7**
sclère **5**
score **23**
scorpion **44**
scrotum **5**
se blesser **11**
se brosser **5**
se brosser les dents **5, 7**
se brûler **11**
se casser un os **11**
se comporter **56**
se coucher tard **7**
se déshabiller **6**
se détendre **21**
se fiancer **3**
se garer **13**
se garer dans la rue **13**
se gargariser **7**
se laver le visage **7**
se lever **7**
se marier **3**
se moucher **5**
se nommer **4**
se passer **56**
se peigner **5**
se peser **23**
se plaindre de **34**
se rappeler **31**
se rappeler de **31**
se remarier **3**
se reposer **21**
se réveiller **7**
se sécher **7**
se sentir bien **32**
se sentir mal **32**
se spécialiser en **10**
séance d'entraînement **23**
sec **43, 57**
sèche-cheveux **7**
sèche-linge **6**
sécher **6**
sécheresse **43**
seconde classe **24**
secrétaire **9, 25**
secteur privé **9**
secteur public **9**
séduisant **5**
seiche **8**
seins **5**
séisme **42**
seize **49**
sel **8**
selfie **21**
semaine **50**
semaine dernière **50**
semaine prochaine **50**
semestre **10**
séminaire **28**
sentence **26**
sentiment **32**
sentir **5**
sept **49**
septembre **50**
septième **49**
série **21, 23**
sérieux **33**
sermon **37**
sermon du vendredi **37**
serpent **44**
serre **44**
serré **6, 57**
serrer **5**
serveur **9, 20**
serveuse **9, 20**
service **20**
serviette **7**
servir un client **19**
serviteur **9**
seul **53**
sexe **3**
shampooing **7**
shopping **19**
short **6**
Shubra El-Kheima **41**
si **54**
sida **11**
siècle **50**
siège **21, 28**
siège arrière **13**
siège avant **13**

siège côté couloir **24**
siège côté fenêtre **24**
siège de toilette **7**
siège de vélo **13**
signature **16**
signe de ponctuation **38**
signer **16**
signifier **56**
silencieux **57**
similaire **57**
Sinaï **40**
singulier **38**
siroter **8**
sitcom **21**
site Internet **12**
Siwa **40**
six **23, 49**
sixième **49**
ski **23**
skier **23**
Slovaquie **39**
sms **12**
snack **8**
sociable **33**
social **25**
société **25**
soda **8**
sœur **2**
Sohag **40**
soie **6**
soif **8**
soigner **11**
soigneux **57**
soin **56**
soir **50**
soirée **50**
soixante **49**
soixante-dix **49**
sol **7, 42**
soldat **9, 30**
soldes **19**
soleil **24, 42, 43**
solliciter **56**
solo **53**
somali **39**
Somalie **39**
sombre **46, 57**
sommeil **7**
sommeil léger **7**
sommet **25**
somnambule **7**
somnolent **7**
somnoler **7**
sonner **12**
sonnerie **12**
sortir **6, 21**
sortir du lit **7**
sortir ensemble **3**
Soudan **39**
soudanais **39**
souffle **5**
souffler **43**
souhaiter **36**
soulever **23, 56**
soulever des poids **23**
soupe **8**
sourate **37**
sourcil **5**
sourd **5**
sourire **5, 32**
souris **12, 44**
sous **55**
sous-sol **15**
sous-vêtements **6**
soustraire **49**
soutien-gorge **6**
souvent **53**
spécialisation **10**
spécialiste **11**
spectateur **21**
Sphinx **41**
sport **23**
Sporting Club de Gezira **41**
squelette **5**
star (de cinéma) **21**
station balnéaire **24**
station d'essence **13**
station de métro **13**
station de radio **21**
steak (de bœuf) **8**
steward **9, 24**
stop **24**
strabisme **5**
structure **15**
studio **7**
stupide **31**
stupidité **31**
stylo **18**
stylo à bille **18**
sucre **8**
sucré **8**
sud **42**
sud-est **42**
sud-oest **42**
Suède **39**
suédois **39**
suer **5**
Suez **40**
suffixe **38**
suggérer **56**
Suisse **39**
suivre une recette **7**
sujet **10, 38**
Sunnah **37**
supermarché **14, 19**
superstitieux **37**
superstition **37**
supplémentaire **57**
supposition **31**
supprimer **12**
sûr **35**
sur **55**
sur la côte **24**
sur scène **21**
surface **47**
surnom **4**
surprenant **32**
surprendre **32**
surpris **32**
survenir **56**
suspendre son linge **6**
sweat-shirt **6**
sycomore **45**
syllabe **38**
Syrie **39**
syrien **39**
T-shirt **6**
tabac **21**
table **7**
table de chevet **7**
table de salle à manger **7**
tableau blanc **10**
tableau de bord **13**
tableau noir **10**
tâche **9**
tache de naissance **5**
taches de rousseur **5**
taie d'oreiller **7**
taille **5, 47**
taille (habillement) **6**
tailler un crayon **18**
talon **5**
talons hauts **6**
tambour **22**
tank **30**
Tanta **40**
tante **2**
tapis **7**
tapis de course / roulant **23**
tarte **8**
tasse **8**
tatouage **5**
taux de change **24**
taxer **27**
taxi **13**
taximètre **13**
Taïwan **39**
tchèque **39**
technicien **9**
technologie **12**
teddy **6**

teindre ses cheveux **5**
teint olivâtre **5**
teknonyme **4**
télé réalité **21**
télécharger **12**
télécharger un MP3 **21**
téléphone **12**
télévision **7, 21**
température **43**
tempête **43**
tempête de sable **43**
temps **38, 43, 50**
tenir **5**
tennis **23**
tente **24**
tenter **56**
terminer **56**
terminer le travail **9**
terrain **42**
terrain de football **23**
terrain de golf **23**
terre **42**
testicule **5**
testicules **5**
tête **5**
tête de lit **7**
téter **1**
texto **12**
Thanksgiving **50**
Thaïlande **39**
thé **7, 8**
théâtre **10, 21**
thèse **10**
thon **8**
thriller **21**
thym **8**
tibia **5**
ticket de caisse **19**
tiède **57**
tiers **49**
tige **45**
tigre **44**
timbre **17**
timide **33**
tirer **23**
tirer la chasse d'eau **7**
tiroir **7**
tissu **6**
titre **4**
toile d'araignée **44**
toilette **5**
toit **7**
toit (de la voiture) **13**
tomate **8**
tombe **1**
tomber **56**
tomber enceinte de **11**
tondre la pelouse **7**
tonne **47**
tonnerre **43**
topaze **6**
tornade **43**
torse **5**
tortue **44**
toucher **56**
touches de piano **22**
toujours **53**
tour **15, 23**
tour (faire un ~) **21**
tour d'habitation **15**
Tour du Caire **41**
tourbillon de poussière **43**
tourisme **24**
touristique **24**
tourner **8, 23**
tournesol **45**
tournevis **7**
tous les autres jours **50**
tous les jours **50**
tousser **5, 11**
tout **48, 51**
tout de suite **50**
tout droit **13**
tout le monde **51**
toute la journée **50**
toute sa vie **1**
toux **11**
trace d'impact **13**
tracteur **29**
tractions **23**
train **24**
train omnibus **24**
traire **29**
traitement **11**
traiter **11**
tranche de pain **8**
trancher **7**
transit **24**
transpiration **5**
transpirer **5**
transport **13**
transporter **56**
travail **9**
travailler **9**
travailleur **33**
travailleur de bureau **9**
traverser la rue **13**
trayon **44**
treize **49**
trekking **24**
tremblement de terre **42**
trente **49**
très **53**
tresses **5**
triangle **47**
triangulaire **47**
tribunal **26**
tricher **56**
tricostéril **11**
tricoter **21**
triste **32**
trois **23, 49**
troisième **49**
troisième classe **24**
trombone **18**
tromper **3, 56**
trompette **22**
tronc **45**
trop **53**
tropical **43**
tropiques **42**
trottoir **13**
trou du cul **5**
trouver **56**
trouver un travail **9**
tu **51**
tuer **26**
tulipe **45**
Tunisie **39**
tunisien **39**
tunnel **42**
turban **6**
turc **38, 39**
Turquie **39**
turquoise **46**
tuyau (de chicha) **21**
tuyau d'arrosage **7**
TVA (taxe de vente) **27**
Twitter **12**
typhon **43**
un **23, 49**
un de ces quatre **53**
un peu **48**
uniforme **6**
univers **42**
université **10**
Université Américaine du Caire (AUC) **41**
Université d'al-Azhar **41**
Université du Caire **41**
uploader **12**
urine **5**
uriner **5**
usine **28**
utile **57**
utiliser **56**
utiliser la contraception **11**

vacances **24**
vacances d'été **10**
vacances d'hiver **10**
vache **29**
vagin **5**
vague **24**
vague de chaleur **43**
vaisselle **7**
valide **24**
valise **24**
vallée **42**
Vallée des Rois **40**
vallonné **42**
vandaliser **26**
vandalisme **26**
vanille **8**
vase (à fleurs) **7**
vautour **44**
veine **5**
vélo **13**
vélo d'appartement **23**
vélo elliptique **23**
vendeur **9, 10**
vendre **19**
vendredi **50**
Vénézuela **39**
venir **56**
vent **43**
ventre **5**
ver **44**
verbe **38**
verdict **26**
verger **29**
vérifier **10, 13**
verre **8, 15**
verrouiller **56**
vers **55**
versements **16**
verset **37**
vert **46**
vert clair **46**
vertige **11**
vésicule biliaire **5**
vessie **5**
veste **6**
veste de costume **6**
vestiaires **23**
vêtements **6**
vêtements de sport **23**
vétérinaire **9**
veuf **3**
veuve **3**
viaduc **13**
viande **8**
vibration **12**
vice-président **25**
vide **57**
vide spatial **42**
vie **1**
vieil homme **1**
vieille femme **1**
vieillesse **1**
vieillir **1**
Vietnam **39**
vieux **1, 57**
vigne **45**
VIH **11**
vilain **1**
village **14**
ville **14**
Ville du 6 Octobre **41**
vin **8**
vinaigre **8**
vinaigrette **8**
vingt **49**
viol **26**
violer **26**
violet **46**
violette **45**
violon **22**
virer **9**
virgule **38**
vis **7**
visa **24**
visa touristique **24**
visage **5**
vision **5**
visite **21**
visiter **21**
vitesse **13**
vitesse **13**
vitesse enclenchée **13**
vivant **1**
vivre **1**
vocabulaire **38**
voie **13, 24**
voir **5**
voiture **13**
vol **24, 26**
volant **13**
volcan **42**
voler **24, 26**
volets **7**
voleur **26**
voleur à la tire **26**
volley **23**
volume **21, 47**
vomir **11**
voter **25**
vouloir **36**
vous **51**
voute plantaire **5**
voyage **24**
voyage d'affaires **9, 28**
voyager **24**
voyelle **38**
vrai **10**
vue **5**
Wafaa el-Nil **50**
wagon **13, 24**
weekend **50**
wifi **12**
yaourt **8**
Yémen **39**
yéménite **39**
yeux de serpent **23**
yoga **23**
Zagazig **40**
Zamalek **41**
zéro **49**
zézette **5**
zipper **6**
zizi **5**

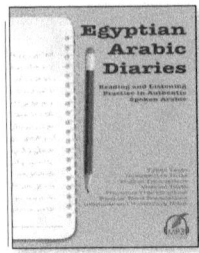

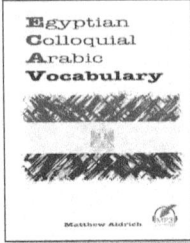

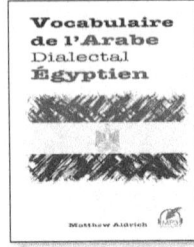

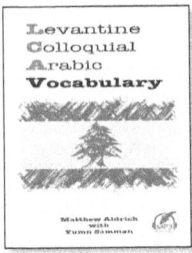

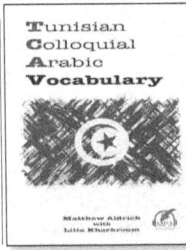

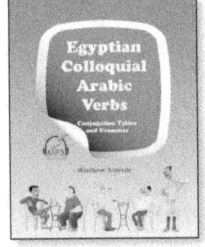

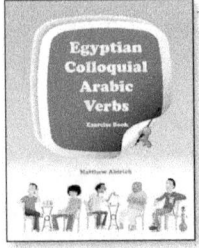

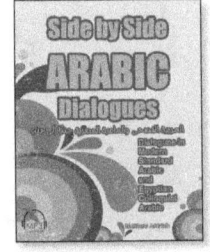

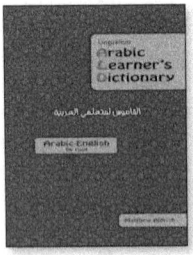

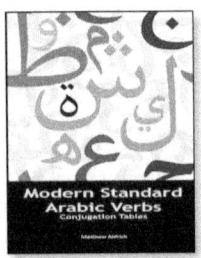

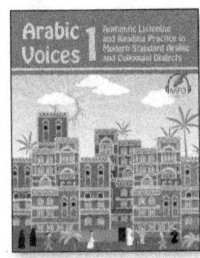

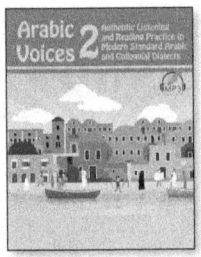

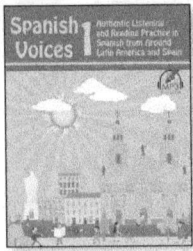

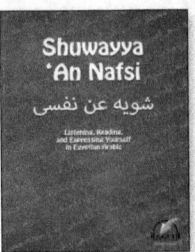

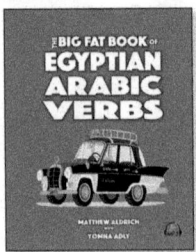

www.ingramcontent.com/pod-product-compliance
Lightning Source LLC
Chambersburg PA
CBHW051937290426
44110CB00015B/2010
* 9 7 8 0 6 9 2 6 6 0 3 8 6 *